U0730381

| 台湾研究系列 |

教育部人文社会科学研究青年基金项目（项目批准号：16YJC860032）

江苏省公共安全创新研究中心资助

台湾政党变革
对报业发展的影响研究

张彦华　著

九州出版社　全国百佳图书出版单位

JIUZHOUPRESS

图书在版编目（CIP）数据

台湾政党变革对报业发展的影响研究 / 张彦华著.
-- 北京：九州出版社，2019.9
　ISBN 978-7-5108-8336-1

　Ⅰ. ①台… Ⅱ. ①张… Ⅲ. ①报业－产业发展－研究
－台湾 Ⅳ. ①G219.245.8

中国版本图书馆CIP数据核字(2019)第213576号

台湾政党变革对报业发展的影响研究

作　　者	张彦华　著
出版发行	九州出版社
地　　址	北京市西城区阜外大街甲 35 号（100037）
发行电话	（010）68992190/3/5/6
网　　址	www.jiuzhoupress.com
电子信箱	jiuzhou@jiuzhoupress.com
印　　刷	北京九州迅驰传媒文化有限公司
开　　本	710 毫米 ×1020 毫米　16 开
印　　张	16
字　　数	276 千字
版　　次	2019 年 10 月第 1 版
印　　次	2019 年 10 月第 1 次印刷
书　　号	ISBN 978-7-5108-8336-1
定　　价	52.00 元

★版权所有　侵权必究★

目　录

导　言

2016 年台湾地区领导人选举，国民党媒体表现得差强人意，直接加速了其在"大选"中的溃败与执政党轮替进程。不仅如此，纵观自 1945 年台湾光复至今的台湾政党变革史，同样是一部媒体演化史、斗争史。两者关系错综复杂，并已经、正在或将要对岛内政治制度与生活方式的建构、岛外两岸关系发展及亚太区域资源整合与安全问题产生重大影响。实现祖国完全统一是中华民族伟大复兴的历史任务，探索并深化台湾政党变革对具有举足轻重地位的报业发展影响研究，加强和改善涉台问题研究，巩固并扩大对台影响力，是学术界所担负的光荣历史使命和重大社会责任。

一、国内外研究现状

基于台湾问题的特殊性及其代表的意义，国内外学者对其兴趣点不一样，所投入的时间和精力也有所差别。此种差别，不仅表现在相关研究成果的数量和质量方面，而且同样表现在研究的侧重点等方面。

（一）国外研究现状

台湾所处的独特地理位置，决定了台湾问题研究的敏感性与现实性。不仅如此，台湾与大陆之间一波三折的关系发展及其所带来的可能性，更牵动了国外相关人士的神经并促使他们对相关问题进行了深入思考。

然而，台湾在当今世界中所扮演的角色及其他独特价值却超出了其特殊的地理属性，而国外学者对其的关注也由此抬升到了政治、文化、经济等诸多层面。特别是当台湾在经济一度成为"亚洲四小龙"之一并在政治上实现由传统的威权统治向现代选举政治的顺利转型时，更吸引了广大传播学者的关注并试图从各个层面来对其进行诠释。

1. 台湾政党变革与媒体发展关系研究

近年来，国外学者对此方面的研究主要集在以下三个方面：

（1）对台湾地区光复时期媒体发展与政府关系的研究

Ting 和 Lee-hsia Hsu（1974 年）在 *Government Control of the Press in Modern China* (1900–1949) 中阐述了南京国民政府时期民营报纸的出版自由情况，间或也论及了台湾地区报业的发展。

（2）对台湾地方政治转型前后媒体与政治关系的分析

Daniel k.Berman（1992 年）在 *Words like colored glass : the role of the press in Taiwan's democratization process* 中对台湾地方媒体促进台湾社会运动发展四十年情况进行了分析并探讨了新闻媒介在台湾地方政治"民主化"转型进程中所扮演的角色。

（3）对台湾地区知名政治人物的研究

如 Lee Wei-chin 和 Te-yu Wang 等（2003 年）在 *Sayonara to the Lee Teng-hui Era:Politics in Taiwan* 对李登辉担任台湾地区领导人期间的政党政治情况进行了剖析，Jay Taylor（2012 年）在《蒋介石与现代中国》中对两岸分离之后的蒋介石进行了研究，而刘宜良（1993 年）和陶涵（2016 年）在《蒋经国传》中则以史学的观点考察了蒋经国的一生。

上述研究多从政治学视角切入，但部分研究成果稍显滞后，观点和立场也不尽中肯。具体而言，上述研究或者从一个侧面展示民营报业与政党变革关系衍变的语境，或者从多维视角来分析两者关系相互作用的语境，并共同构成了两者关系发生的社会语境。多数成果史料翔实，分析深入，具有较大的参考价值，但有时也会因立场问题做出有失公允的评价，因而需要经验对其进行批判式吸收。

2. 台湾政党变革对报业发展影响的场域研究

近年来，国外学者从多个学科视角对台湾政党变革与报业发展的场域进行了研究，主要集中于以下五个方面：

（1）以文化视角来切入的研究

克里斯·贝迪斯和玲丽·贝迪斯（2009 年）在《中国台湾》中着重阐述了台湾当地人的文化传统、价值观和生活方式；同时，他们也对当地文化产生的心理动机、生活态度及人际关系的建立等多个方面进行了阐述。此书的用语较为通俗，但学术性有待进一步提升。

（2）以政治学视角进行的考察，

Wu,Jaushieh Joseph（1995 年）在 *Taiwan's Democratization: Forces Behind the New Momentum* 中对台湾政治民主化进程的推动力量进行了分析，而 Dafydd Fell（2005 年）则在 *Party Politics in Taiwan:Party change and the democratic evolution of Taiwan* (1991–2004) 从意识形态和选举导向等假设出发，以选举议题的角度对台湾地区 1991 年至 2004 年期间分裂的台湾政治做了论述。

（3）从文化和政治学视角来切入的研究

Moody 和 Peter R.,Jr.（1988 年）在 *Political Opposition in Post-Confucian Society* 中从"后儒家"文化的视角对台湾地区政治反对行为进行了分析；Lucian W. Pye（1992）则在 *The spirit of Chinese politics : a psychocultural study of authority crisis in political development* 从中国人的政治文化视角对政治发展权威危机的心理文化进行了研究。

（4）从政治经济学的视角的考察

Winckler、Edwin A. 和 Susan Greenhalgh（1988 年）在 *Contending Approaches to the Political Economy of Taiwan* 著述中，从政治经济学的角度对台湾政治生态中的"互不相让"现象进行了剖析。此种观点，对于研究台湾问题中一些诸如政治斗争等问题，具有较大的启发意义。

（5）从政治与社会的二元视角的分析

Tien 和 Hung-mao（1989 年）在 *The Great Transition:Political and Social Change in the Republic of China* 中从政治与社会变迁的角度对台湾地区政党政治转型过程进行了探讨，但此种探讨多基于政治和社会变迁的层面；Gold,Thomas B.（1986 年）在 *State and Society in the Taiwan Miracle* 中对台湾当局与社会发展的二元视角对当时的社会环境进行了审视，并对其此种发展持肯定的态度，但部分观点则有失偏颇。

上述多个研究从多个层面和不同的维度对台湾政党变革与报业发展互相作用的整体社会场域进行了探讨。此种探讨，尽管随着台湾在不同时期总体实力及其重要性的变化而在关注强度、成果类型及其数量等方面表现出一定的差异，但对于从宏观上审视二者发展的时代语境、从微观上细致分析那些促成二者相互作用的重要关键因素等问题的推动具有重要意义。

不仅如此，多数成果能够站在客观、公正的基础上对相关问题进行科学而审慎的研究，而这种研究也为深入挖掘台湾政党变革对报业发展的影响研究提供了丰富的材料与有益的思考视角，因而具有重要参考价值。然而，基于相关研究者所掌握文献资料的不同、自身价值的倾向性、学科属性的不同以及在具体研究过程中其他诸多因素的掣肘，部分作者的观点或其评价有可待商榷之处。因此，对上述文献的梳理、挖掘和使用，同样应在秉持批判性借鉴态度下进行。

（二）国内研究现状

与大陆一衣带水的台湾地区，地理位置重要、历史曲折复杂、岛内民心多元化且在政治、文化等方面与大陆联系紧密。此种特性，不仅直接关系到祖国的完全统一及中华民族的复兴大业，更成为海峡两岸学者所必须面对并解决的问题。基于此种原因，众多学者和业界人士从各自研究视角出发，对相关问题进行了不懈的探索。

具体而言，国内学者对台湾政党变革对报业发展影响方面的研究，主要表现为以下三个方面：

1. 台湾政党变革研究

在经历了漫长的日据时期后，台湾光复。光复之后的台湾政治，历经"威权""自由""民主"和"民粹"等各个阶段，中间的诸多变革及其所引发的各种效应尤其引人注目。学界诸多学者也对此投入了强烈的关注并予以深入挖掘，从而形成了一系列富有影响力的成果。

具体而言，国内关于台湾政党变革的研究，主要集中于以下五个方面：

（1）台湾政治人物研究

大陆卞客生（2007年）在《蒋介石日记秘事》中对蒋介石手令、日记进行了深入研究；汪朝光、王奇生和金以林（2012）在《天下得失：蒋介石的人生》中，以不同的侧面对蒋介石做了描绘；冯玉祥（2011年）则以口述纪传体的方式，对其与蒋介石之间的恩怨情仇予以了写实性披露；漆高儒（2012年）和肖如平（2012年）则在《蒋经国传》中对蒋经国的人生予以了较为全面的记录。

上述诸多对台湾政治人物的文集、人物传记或回忆录等方面的部分研究，事例较为丰富，也对某些政治变革进程中的细节予以了认真的说明，故具有较大参考价值。

（2）台湾地方史研究

作为一个泛政治化的社会，台湾威权统治曾经渗透到社会肌体的每个角落，而后来的台湾政党轮替亦影响到了每个人的生活。由此可知，台湾地方史不仅是一部社会变迁史，也同样是一部政治变迁史与政党变革史。对此方面的研究，对于全面熟悉和把握台湾政治变革中的社会效应，具有重大的学术意义与现实价值。

国内诸多学者对台湾地方史方面的研究，主要表现在以下三个方面：

①对台湾政党政治变革史的研究

大陆李立（2014年）运用历史学视角对台湾政党变革进程予以了审视，并在《台湾政党政治发展史》中以历史的发展时间为线索，将岛内各时期的重大政治变革的原因、特点及其效应等做了深入探讨。

上述学者的此项研究，比较新颖，也富有参考价值。

②以史学视角对台湾历史兴衰的描绘

台湾学者对本土历史进行了大量的梳理和总结，并产生了一系列学术成果。其中，连横（2010年）在《台湾通史》中，对台湾自隋朝伊始至今的一千两百多年的历史进行的系统梳理，对其间台湾的政治变迁、经济发展和人文情况进行了研究；许倬云（2013年）在《许倬云说历史：台湾四百年》一书中，对台湾历史的演变、政治的衍变进行了简明扼要的总结，并对其发展历史进行了细致的梳理；戚嘉林（2014年）在《台湾史》中，从文化、地理等要素中对台湾历史进行了梳理和系统总结。

大陆学者也对于台湾历史进行了饱含热情和专业的系统整理，并对其进行了深入研究。其中，大陆陈孔立（1996）以历史为线索，将早期台湾、荷兰入侵的38年、明郑时期、清代前期、清代后期、日据的50年、当代台湾进行了体系化和系统化的研究；何海兵（2009）在《台湾六十年》中，对光复后的台湾历史脉络进行整理，并着重从政治、经济、社会、军事等方面对不同时期的台湾进行了深入研究；张海鹏和陶文钊（2012）则在《台湾史稿》中，从台湾旧石器时代的文化谈起，对台湾历史的兴衰进行了恢弘的描绘；董世明（2011年）在《台湾六十年史纲（1949—2009）》中，对国民党在台湾统治地位的确立、台湾形势的初步稳定、威权体制的加强、经济的发展及"解严"等政治发展史进行了充分论述。

以上述学者为代表的诸多论著史料翔实、内容丰富、观点新颖，论证细致而系统，对台湾各方面的历史发展进行了认真梳理并进行了系统化的研究。此种研究，有助于人们对台湾社会发展脉络的把握，也为相关研究者在本领域基础的继续推进夯实了基础。

③对台湾历史上的重大政治事件进行的研究

重大政治事件的发生，不仅对台湾民众的生活产生影响，更会直接导致台湾政治进程方向的变化。因为重大政治事件所具有的重大性、代表性、典型性和其强大的社会效能，故此方面的研究也成为诸多学者关注的领域。

其中，大陆洪卜仁（2010年）在《台湾光复前后（1943—1946）》中，对台湾民众反抗日本经济掠夺和文化奴役的重大政治抗争予以了研究；李松林（2013年）在《台湾政局60年》中，以时间为顺序，对台湾各个时期的时代特点和社会特征进行了研究，同时也将其中发生的重大政治事件放置于宏大的时空背景下进行了剖析；秦风（2015年）在《岁月台湾：1900年以来的台湾大事记》中，对台湾政治、经济、文化、社会、教育等各方面的重大事件进行了较为冷静和理性的记录。

以上述诸多学者为代表的众多学界人士，对台湾历史上的重大政治事件进行的研究，不仅文字简练、史料丰富，而且分析富有逻辑性，因而具有较大的参考价值。

（3）台湾政治利益团体研究

基于某种共同利益而形成的利益集团或某个政治组织，会因为其由于某种利益而产生的内向的凝聚力而呈现出较大的外向的影响力。特别是在民意、舆论、选举等氛围较为浓厚的台湾地区，利益集团或某个政治组织及其联合体所能够爆发出的能量，可能将直接影响某个重大事件的走向及整个社会的发展进程。因此，对此问题的剖析与研究，也是需要予以密切注意的一环。

基于台湾岛内诸多利益集团或政治组织所表现出的能量，国内学者也对此表示关注并出现了一系列针对其进行研究的论著。具体而言，若以研究对象和内容来对其进行分类，则主要分为以下两个方面：

1）对民进党等单个政治利益团体的研究

台湾何荣幸（2001年）在《学运世代——众声喧哗的十年》中，对以学生为代表的台湾"学生运动"十年间的成长与转变历程做了分析。大陆鞠海涛（2004年）和刘国深（2005年）分别在《民进党意识形态研究》中，对台湾"绿色"派系力量的民进党的意识形态做了系统梳理；张文生和王茹（2004年）在《民进党选举策略研究》中，对民进党及其所引发的台湾政治生态进行了深入分析；陈星（2012年）在《民进党权力结构与变迁研究》中，对民进党发展历程及其权力演变做了学术性的思考。

上述对台湾各个政党或利益团体的研究，是对岛内各个重要政治影响力量的系统挖掘，因而利于人们对相关问题的专门把握。

2）对多个政治利益团体的研究

刘国深等（2006年）在《台湾政治概论》中从历史唯物主义理论出发，从七个层面对台湾政治架构间的逻辑关系进行了梳理；李睿（2014年）则在《台湾地方选举中的派系研究》中对台湾派系力量的竞争与合作过程及其影响进行了研究；张嵘（2014年）在《台湾地方派系与国民党关系的演变》中，对岛内地方派系的发展及其与国民党之间的关系做了系统性梳理；杨毅周（2004年）的《民进党政治派系研究》及王建民等人（2007年）的《泛蓝·泛绿：台湾政坛》，以及周忠菲（2009年）的《"台独"的国际社会背景》等，均对多个利益团体或政党为代表的政治团体进行了研究。

上述诸多学者对多个政治利益团体的研究，以体系化、系统化的方式对台湾岛内诸多政治力量及其影响力进行了梳理和归纳，因而有利于研究者以更为宏大的视角对相关政治问题进行审视，具有较大的借鉴价值。

（4）台湾政治转型研究

台湾经历漫长的威权统治时期，而后在蒋经国的主导下进行了自由化尝试。不仅如此，在时代风云之下，台湾也以不流血的冲突而展开了民主化进程，但却因岛内环境乱象及诸多因素的影响而陷入民粹主义的陷阱。台湾政治的转型，是建立在和平而非冲突之上的。相对于阿富汗等诸多以激烈的军事冲突和众多流血事件的发生为代价方才实现政治转型的地区和国家而言，台湾的此种政治转型及其所具有的意义便凸显而出。

基于台湾政治转型所具有的重大价值，此领域的研究也吸引了诸多学者的关注；对此方面的研究，也主要表现在以下两个方面：

1）对某个历史阶段政治转型的部分特点所做的研究

大陆孙代尧（2003年）在《台湾威权体制及其转型研究》中，对台湾威权体制形成的原因、特点及其转型进程等进行了深入剖析，并经济发展等因素与政治转型之间的逻辑关系、特征等问题进行了探讨；严安林（2011年）在《台湾对外关系大变局》中，对马英九任台湾地区领导时期的岛内状况与对外关系进行了系统梳理；郭中军（2014年）在《台湾地区民主转型中的民粹主义：1987—2008》中，对台湾民粹主义的特质、产生机理等问题进行了深入分析。

上述研究从微观或中观视角出发，对台湾政治转型中的某一历史阶段进行了挖掘、整理及分析工作，视角较为开阔，理论指导性较强，也具有较为重要的历史价值与现实意义，因而具有较大的借鉴价值。

2）从宏观视野对台湾政治转型所做的整体研究

台湾李敖（2008年）在《李敖有话说之台湾假象》一书中，对台湾五十年间涉及政治、社会等方面的真实情况予以了批判性解剖。大陆王为（2011年）在《台湾地区政治研究》中，对台湾现有政治体制的形成及衍变以及台湾政治文化等内容做了系统性分析；杨华基（2013年）在《台湾族群问题与政治生态》中，从政治、经济、社会、文化等诸多层面多台湾族群问题与政治生态进行了细致的分析；宋桂芝等（2015）等则以宏观视野，对不同时期台湾地区领导人主政下的台湾政治状况，进行了整体研究。

以上述诸多学者为代表的相关研究，笔锋犀利，思想深刻，认识理性，案例和数据也较为丰富，因而具有较大参考价值。但是，两岸学者多从政治学视角展开分析，鲜从媒体角度切入研究，因而存在较大的拓展空间。

（5）台湾政党变革理论与实践研究

基于政治元素在台湾岛内所扮演的重要角色以及岛内民众对政治的敏感性，使得政治变革议题一直为学者所关注。对此方面的研究，也主要表现在以下两个方面：

1）对政党政治理论的研究

台湾祝基滢（1983年）在《政治传播学》中充分肯定了新闻媒体在政党政治及政党变革中所发挥的重要作用，并呼吁以新闻媒介的运用来提升人们文化水准、服务民主政治、保障人们自由权利，已达到协助国家发展与提供高尚娱乐的理想目标；林逢庆（1993年）在《知识分子与反对运动》中，对台湾知识分子在推动政治变革进程中所发挥的作用进行了分析，但部分观点待商榷；彭怀恩（1994年，2004年）分别在《台湾政党政治》和《政治传播与沟通》中，不仅以政党理论为主线，以发展理论为辅助，对台湾政党体系、政党组织结构进行了分析，而且还对如人际间的政治讨论、公共传播等政治体系内涉及的所有政治讯息及其传播行为进行了描述分析；中共中央台湾工作办公室（2015年）则在《中国台湾问题：干部读本》中对一些涉台问题进行了规范和指导。

以上述研究为代表的诸多对政党政治理论的相关研究，成果丰硕，分析深入，理论思辨性强，对某些问题的看法也较为深刻和透彻，对相关问题的分析也较为系统而全面，因而颇有学术价值。但是，上述研究由于两岸学者立场、史料掌握和格局的不同，对某些问题的看法有所分歧。

2）对政党变革理论与实践的研究

台湾吴重礼（2008 年）在《政党与选举：理论与实践》中，以不同的视角对台湾相关政治问题的争议、民众的政党认同、选举政治等多元议题进行了分析。大陆陈星（2013 年）则在《台湾民主化与政治变迁：政治衰退理论的视角》中，以政治衰退理论为指导，在对台湾政治变革进程的得失进行了分析后，认为近年来诸如政治道德的沦丧、社会失序等问题的出现，导致台湾政治已经偏离了其最初的民主目标而出现了较为严重的倒退现象。

上述诸多对政党变革理论与实践的研究，富有问题意识和质疑精神，所采用的理论及其对相关案例的分析也颇具新意，因而对本研究领域的开展具有较大价值。

2.台湾报业发展研究

关于台湾报纸发展状况的研究，主要集中于报业史、报人以及报业发展理论及实践等三个方面：

（1）报史研究

报业史是对以往真实社会状态的直接体现，是以历史形式来诉说鲜活的人物和故事。通过对其的系统梳理和挖掘，能够在较大程度上呈现所要研究的那一段珍贵的历史并发掘对本研究富有价值的宝藏。海峡两岸学者对此方面的研究，主要表现在以下五个方面：

1）报人的回忆录或传记

作为台湾"蓝色"阵营中坚力量，王惕吾（1991 年）在《我与新闻事业》中详细阐释了"正派办报"的理念，并回忆了在该理念指导下曾经为台湾第一大报的联合报系的发展历程；作为"绿色派系"的大咖级人物，蔡同荣（2004 年）在《民视与我》中不仅讲述了在较大程度上扮演民进党"喉舌"的台湾民视电视台的发展历程，而且也对该媒体在台湾政党斗争中所发挥的作用做了细致的说明。此外，曾虚白（1998 年）亦以自传的形式，对其新闻人生涯进行了回忆。

以王惕吾、蔡同荣和曾虚白等为代表的台湾报人的回忆录或传记，对相关政治事件或媒体事件做了相对权威的解释，故其是了解、掌握和发掘台湾政党变革对报业发展的重要文献，因而具有重要的参考意义。

2）报社记者的回忆录

如台湾张煦本（1982年）在《记者生涯四十年》中详细地阐述了自己作为记者的四十年生涯，其间也对其个人经历的各地风物及台湾威权期间的战乱景象有细致而直接的刻画；王新命（1993年）在《新闻圈里四十年》里，详细记录了其在新闻界里长达四十年的历史；叶建丽（1994年）和黄肇珩则分别在《新闻岁月四十年》（1994年）与《黄肇珩：记者生涯与真实人生》中，对其所历经的漫长岁月进行了记录；罗文辉（1994年）在《无冕王的神话世界》之中，认真记录并反思了新闻记者的日常工作；胡宗驹（2010）则在《新闻守望人：记者生涯四十年》中详细地记录了四十年中的记者岁月过往和人生的种种体会，也对台湾及两岸关系发展中的重大事件有写实而深刻思考。

上述诸多业界第一线记者以历史见证者和书写者的身份，留下了珍贵历史资料，是对当时以报业外代表的传媒生态的直接了解途径，因而具有重要借鉴价值。

3）报纸对自身报史的研究

台湾《自立晚报》（1989）在《自立晚报四十年》中对其草创时期及不同报纸发行人担纲下的发展历程予以了记录，也对其在台湾岛内的政治风云中扮演的角色及对社会公义的追求予以了系统总结、分析；台湾"中国时报社"（2000年）在《中国时报五十年》对其五十年办报风雨进行了系统整理，并对自身发展历程及其在助推台湾传媒发展、政治变革中的重要地位予以了翔实记录与研究。此外，"中华日报社"（1986年）在《中华日报创刊四十周年史页》中对自身报史予以了整理，而民众日报社（1990年）也在《民众日报四十年史》中对自身办报历程进行了总结和研究。

4）对个别报纸的专门研究

台湾蔡格森（1998年）在《民生报二十年》中，对《民生报》新闻人于威权政治体制夹缝中求生、政治自由化时期于多元的报业市场中求变谋发展的经历进行了研究；黄年（2011年）等在《联合报60年：1951—2011》中，对该报长达一甲子的办报历程进行了系统梳理，对其"总统有任期，报纸无任期"的办报理念的践行情况进行了总结，并就该报在台湾政治变革、两岸关系发展等所扮演的角色进行了详细研究。

上述对诸多单个报纸的专门研究，在较大程度上揭示了报纸在台湾岛内政治斗争中所扮演的重要角色，也体现出了新闻人浓厚的人文情怀与社会担当，

5）对报纸发展进行归纳总结的研究

台湾学者赖光临（1992年，1981年）在《七十年中国报业史》中，对台湾光复初期报业概况、国民党退台后报业的发展等问题进行了系统归纳和研究；陈国祥（1987年）和曾虚白（1989年）分别在《台湾报业演进40年》和《中国新闻史》之中，以不同视角对台湾报业的演进情况做了梳理和研究；王天滨（2002年，2003年）也分别在《台湾报业史》《台湾新闻传播史》中，对台湾报业在不同历史时期的发展历程和经营情况等做了系统研究，数据翔实，资料丰富，颇具参考价值。

大陆学者同样对台湾报业发展做出了系统的梳理，并进行了深入研究，成果颇丰。具体而言，方积根等（1990年）在《台湾新闻事业概观》中对台湾报业的发展概况及主要报纸进行了较为系统的归纳；辛广伟（2000年）则在《台湾出版史》中，以出版的视角，对台湾光复前的日据时期的中文报纸出版情况以及光复后不同历史时期台湾报纸的经营情况进行了统计和分析；陈扬明、陈飞宝和吴永长（2002年）在《台湾新闻事业史》，则以更为宏观的视角对台湾报业的发展进行了审视；陈飞宝（2007年，2014年）在《当代台湾传媒》《当代台湾媒体产业》中，以现代传媒经济学的视角，对包括报业在内的诸多台湾媒体的历史发展脉络和发展现状进行了深入分析；曹立新（2015年）则在《台湾报业史话》中对台湾报禁与解禁、市场力量与政治力量、个体权利与传媒力量等问题进行了研究。

上述诸多学者对报纸发展进行归纳总结的研究，研究视野开阔、理论指导性强，案例丰富、统计数据较多，切入角度也较为巧妙，因而具有较大的参考价值。

（2）报人研究

作为智力密集型产业，报业中人力资源的质量如何，直接决定该报发展程度的高低。对于某些主要报人而言，他们的每一个理念，都会对报业的发展发生重要影响。从此角度可知，如果欲对台湾报业的发展做一个深入而全面的把握，那么对相关知名报人的研究则成为一种必需；反之，如果对报人有了更为深刻的理解，那么其报纸的运行便不仅有迹可查，而且将会被认知得更为深刻。

事实上，很多学者均认识到了报人的重要性并对其展开了系统性研究，也进行了很多有益的探索。具体而言，在此方面的研究主要表现为以下三个方面：

1）对个别报人的研究

台湾杨锦麟（1993 年）和王文裕（1997 年）分别在《李万居评传》《李万居传》之中，对台湾知名报人李万居的一生做了全面考察，也对战后台湾岛内的政治斗争做了审视；王丽美（1994 年）在《报人王惕吾——联合报的故事》一书中，通过知名报人王惕吾创办并经营《联合报》的曲折历程，试图对台湾发展轨迹予以透视；张慧英（2002 年）在《提笔为时代》中，则将知名报人余纪忠坚持文人办报的历程及其对台湾社会发展的推动进行了研究。

李万居、王惕吾等知名报人的身上，铭刻着时代的特色，也反映出时代的脉搏。上述诸多对他们进行的研究，较为细致也较为客观，因而为本研究的顺利开展提供了鲜活的案例支撑。

2）对报人群体的研究

各个报人虽然有自身的特质，但不同报人之间也存在共性。对台湾报人群体共性的把握，有助于将台湾报业的运作机制以一种普遍性和规律性的因素提炼出来，从而能够得到更具指导性的价值。

台湾学者对报人群体进行了一系列研究，并表现为以下几个方面：卜幼夫（1962 年）在《台湾风云人物》中，以微观视角对当代书生政治代表人物李万居、与《民众日报》命运同归的李哲朗做了详细介绍，并将其列入影响台湾风云的社会名流之中，由此可以看出当时台湾报业与政治之间的微妙关系；台湾周安仪（1981 年）在《中国新闻从业人员群像》中，从宏观的角度对台湾新闻人物做了整体性的介绍并对其特质进行了总结；马之骕（1986 年）在《新闻界三老兵》中，从中观的角度对曾虚白、成舍我和马星野这三位代表性的新闻人做了研究。

上述对台湾报人群体的研究，角度不同，方法也有差异，但却对当时报人群体进行了比较深入的研究。此种研究，对于深入了解台湾报人的整体生存状况及其社会影响，起到了重要参考作用。

3）将报人与报业结合起来进行的研究

报人与报业具有天然的联合，而此种联系的系统归纳与梳理，则有助于深化对报业发展及其功能的认识。

针对此方面，台湾学者胡元辉（2007 年）在《媒体与改造》之中，直面台湾媒体中的暴力、煽情、炒作、编造假新闻等媒体乱象，呼吁新闻人等对其进行改造，并将媒体改造视为重塑台湾的关键工程。

上述学者关于媒体治理的观点，有助于推动本研究进程的加快，也为本领域其他研究的开展提供了有益的探索。

（3）报纸新闻理论和实务研究。

一般而言，新闻理论是对以往新闻业务规律的总结并用来指导新闻实践；而新闻实践也是新闻理论的具体运用，其具体实施效果反过来为修正或优化新闻理论提供重要现实依据。对台湾报业在内的新闻理论与业务的研究，不仅能够帮助人们熟悉并掌握以往报业的运行状况，而且还可以提升人们对台湾报业运行机制及其功能等相关方面的认知。

在此方面的研究，主要表现在以下两个方面：

1）对报纸新闻理论与实务的研究

台湾郑贞铭（1989 年，1993 年，2000 年，2001 年，2010 年，2010 年）撰写了《新闻采访的理论与实务》《新闻采访与编辑》《公共关系总论》《民意与民意测验》《新闻学与大众传播学》《新闻采访与写作》等著作，较为系统而全面地论述了台湾报业新闻媒体的理论与实践；王天滨（2000 年）将自身对于新闻理论与实务的见解撰写成著作，并以《台湾地方新闻理论与实务》的形式呈现出来；陈世敏（1988 年）、薛心镕（1995 年）、苏蘅（2002 年）亦对不同时期台湾新闻业务与实践的思考进行了归纳和深化，并先后形成了《媒介批评》《选举新闻陷阱多》《竞争时代的报纸》等著作。

上述学界与业界认识对报纸新闻理论与实务的研究，较为系统而全面，但却因时间限制或视野限制而带有鲜明的时代痕迹；同时，随着台湾所处的国际环境变化及岛内的风云变幻，台湾学者的视野逐渐在岛内聚焦，并对台湾报业等新闻媒体发展的特殊性予以了关注和研究。此种对于台湾新闻理论与实践特殊性的思考，对于台湾本土新闻理论的提升与岛内特色新闻学的产生，有较大的促进作用。

2）对媒体产业的研究

新闻媒体作为文化产品的重要组成部分，不仅具有经济属性，而且也具有公共财产属性。因此，学界对其的研究，也多从这两个方面来进行。

具体而言，台湾蔡念和张宏源（2005 年）在《汇流中的传播媒介》中，不仅从历史视角对新闻媒体的立足点进行了探讨，而且对媒体与社会的关系进行了深层次的探讨。马群杰（2011 年）的视野多关注于媒体的产业化运营；他在《台湾地区文化产业与文化营销》指出了台湾地区文化营销的基本理论与方法，同时也运用相关案例对上述基本观点进行了验证。

上述诸多学者对台湾传媒产业的研究，兼顾了经济性与公共性，也体现了传媒的经济功能与社会功能。因此，上述研究对于了解资本主义市场经济条件下台湾报业的当下发展具有较大参考价值。同时，在上述众多学者围绕台湾报纸发展状况进行的多种论述中，台湾学者研究领域广泛，史料翔实，但也存在视野较小或因"泛绿"意识制约而评价有失公允的情况；大陆学者多聚焦于报纸发展历程的归纳，参考价值较大，但研究领域有待拓展。

此外，由于台湾历史的复杂性、民心的丰富性、政治发展的特殊性，使得台湾发展的特殊性日益突出。不仅如此，干预两岸关系发展的势力强大性和国际环境的风云变幻，也大大增加了上述问题的研究难度。因此，两岸学者对此问题的部分研究，多侧重于从己方观点出发来探讨问题，带有明显的地域性特征。同时，由于部分学者囿于门派或地域之间，也往往受其偏见及政治意识形态影响，故部分观点也存在可待商榷之处；部分大陆学者多从新闻传播业的共性视角对其进行研究，但却在一定程度上忽视了对台湾媒体特殊性的深度剖析，因而存在可供探讨的空间。

3.政党变革与台湾报业关系互动的研究

基于政党变革过程中对于传媒功能的需求以及传媒自身所蕴含的政治属性和它对政治新闻及政治权力主导下的其他资源的需要，使得二者之间存在紧密合作的可能。特别是在台湾，传媒作为第四权力，不仅直接推动了台湾威权政治体制向现代政治体制的转型，而且也由此点燃了民众参与政治进程的热情。然而，后期传媒乱象的出现及其与政治势力之间的复杂关系，也严重影响了台湾政治进程的发展方向。

作为一个跨学科的研究领域，专门对台湾政党变革与台湾报业关系互动的研究相对较少，且主要集中于以下两个方面：

（1）侧重于政党变革对媒体发展影响的研究

如大陆杨久华（2012）主要从政治转型角度，以1949年后的台湾为案例，分析了威权政体政治转型过程中表达自由发展的理论问题。

（2）侧重于媒体发展对政党变革的影响研究

如台湾李筱峰（1987）以历史资料的呈现为主线，探讨了台湾杂志在政治"民主化"过程中发挥的作用；大陆佟文娟（2009）运用文化研究理论剖析了台湾政治和媒体间关系的变化过程，并认为台湾政治建立在高度的政治意识形态基础之上。

上述研究针对性强，分析较为深入，参考价值较大，但总体研究成果相对薄弱。其中，台湾学者多以杂志为主要研究对象来展开案例分析，理论阐释的深刻性有待提升；大陆学者多从文化研究理论来切入，在政党变革对报业发展影响方面的研究稀少，且以其他学科视角的系统性探讨较少。

（三）研究现状述评

1. 国内外多数学者运用政治学、社会学等单学科理论或政治传播学等跨学科视角对本研究的相关领域进行了多维度探讨，且已整理了丰富的史料并出版了众多研究成果，为后续研究提供了很好的范例、史料和启迪，也意味着继续推进该研究领域具有很大可能性。

2. 包括台湾"泛绿"学者、部分海外学者在内的一些学者，有时会因立场等原因而做出有失公允的分析或评价，也会因政治变迁、时间推移等因素使得部分研究内容相对滞后或存在些许遗漏，因而需要经验对其进行批判式吸收，并对相关问题进行再探讨。此种情况，意味着对该领域进行再探讨富有必要性。

3. 学者们对台湾媒体、政治和社会生态分别进行研究的文献较多，也较为深刻，但将台湾地方报业发展与政党变革两者结合起来的研究相对薄弱，而以传播政治经济学视角来对该问题进行审视的文献则鲜有涉足，因而在该领域的研究存在广阔的可作为的空间。

二、研究意义

当前对于台湾地区民营报业发展与政党变革关系研究的主要问题在于：其一，将台湾地方报业发展与政党变革两者结合起来的研究相对薄弱，且以传播政治经济学视角切入此问题的研究成果稀少；其二，部分研究成果内容存在或滞后于时代，或存有遗漏，或分析不够中肯等瑕疵。鉴于此，研究组提出本研究申请，基于台湾地区民营报业发展与政党变革关系衍变，力争揭示其相互作用的内在本质机理，努力探索对台工作新渠道，为两岸关系和平发展和促进国家早日统一做出贡献。

因此，本研究具有以下重要的理论意义与实践价值：

（一）理论意义

首先，从学术角度看，主要有以下三个方面的价值：

1. 本研究对 1949 年至 2018 年约 70 年间台湾媒介变迁与政党变革之间的关

系做系统性剖析，并对该关系做出客观审视，具有较大学术价值。

这是因为，纵观国内外，不乏对台湾政党变革的相关研究，也有对台湾某个别媒介特点进行挖掘的理论性文献，但将二者结合起来的专门研究则相对较少，而对于政党变革对台湾媒介变迁影响的相关系统性研究就更为稀缺。

2. 继续丰富台湾报业发展与政党变革关系研究领域成果，为大陆学界该研究相关学术话语权威体系的巩固和发展贡献力量。

台湾政治建立在高度的意识形态基础之上，且部分民众的心理敏感而脆弱，故传媒的舆论引导作用非常重要。换言之，台湾社会意识形态浓厚，其政治也主要以意识形态为主，因而传媒在台湾政治生态系统中占据重要地位。然而，在传媒乱象之下，媒体所表达的"民意"与民众真实想法之间却又较大的距离。本研究拟搜集台湾地区历史事件的第一手文献和关于最新时局变化的最新资料，对数十年间的台湾地方报业与政党变革史做系统性剖析，继续丰富该领域的研究成果，争取起到查漏补缺的效果；本研究对台湾社会的真实舆论进行较大程度上的客观考察，还对日益对台湾社会形成重大影响的新兴势力进行了深刻剖析，富有学术价值。同时，本研究努力发挥马克思主义的价值引领作用，对包括国内外"泛绿"等学者分析不够中肯的地方进行再审视、再深化和拓展，力争为大陆学界该研究相关学术话语权威体系的巩固和发展贡献力量。

3. 将传播政治经济学相关理论引入台湾政党变革对报业发展的影响研究领域，拓展研究空间。

我国大陆学术界对传播政治经济学的研究对象多界定为欧美，其次为大陆，而对台湾的相关重要论述基本呈现匮乏状态。换言之，目前国内外对上述领域的研究相对匮乏，且主要从新闻传播学、政治学视角展开，而主要从传播政治经济学视角来系统地对上述问题进行深化拓展的研究则有待开展。本研究拟将台湾相关问题纳入考察范畴，不仅可以丰富和完善本领域的研究理论与方法，丰富学界对该方面问题的思考，而且利于拓展大陆学界传播政治经济学的研究范围和相关认知，具有有一定创新价值。

（二）实践意义

其次，从实际应用角度来看，主要有以下三个方面的价值：

1. 有助于提升对台传播效果，扩大对台影响力。从 1949 年到 2018 年，台湾媒体变迁与政党变革作为重大社会变迁，牵涉到台湾社会的方方面面。对此方面的剖析，势必会对台湾社会及台湾民众真实心理状况有一个更为清晰的认识。这诸多真实状况的取得势必将为对台宣传的内容、方法等提供依据，并直接裨益于大陆对台传播效果的提升和对台影响力的提升。

2. 有助于充实大陆体制改革的经验，并提高自身对抗西方强权的能力。西方部分国家试图对外输出文化思想、社会和政治制度，并诱发部分国家和地区的"颜色革命"运动，而台湾正是早期受到该种影响的地区之一。本研究涉及西方列强所推崇的相关要素对同属于华夏文明圈的台湾所造成的影响等诸多重要问题的剖析，可以为相关部门决策提供参考。

3. 规避传媒民粹化，避免阶层对立。台湾特殊的社会环境使得民粹主义成为有力的政治工具，而民粹主义的盛行亦加剧了台湾不同媒体和政党等元素之间的激烈竞争，形成恶性循环，亦会加剧社会各阶层的对立。本研究对台湾民粹主义与传媒关系的探讨，将有利于深化国内相关人士对此问题的思考。

三、主要研究内容

就一般情况而言，传媒应该立足于受众，在各个政治势力之间保持中立，并遵循市场最大化、受众最大化和效益最大化的路径发展，但台湾传媒并不纯粹以经济利益为依归，而是呈现出与官商及其所代表的意识形态紧密相连并对某个或某类党派负责的特性。因而，台湾报业的市场化、民主化、民粹化发展过程及其运营既和其他国家和地区的报业发展存有共性，也具有自身独特的个性。

基于台湾报业的此种特性，在对当前台湾政党变革对报业发展影响研究中存在的主要问题进行思考的基础上，本研究在研究目的、研究内容、拟突破的重点和难点方面主要有以下针对性思考：

1. 以交叉学科视角切入该领域研究，确保该研究的宽泛性、深入性和全面性。

2. 已经收集并拟继续搜集海内外关于该研究领域的最新研究成果和第一手文献资料，切实加强文献挖掘工作，以减少研究成果相对滞后的瑕疵，努力保证研究成果的前沿性。

3. 针对自台湾"光复"后发展至今的长达约70年的台湾政党变革过程及其对报业发展的影响展开系统化和体系化研究，克服研究成果零散化或存有遗漏的瑕疵，努力保证研究成果的系统化和科学化。

4. 以唯物史观为指导原则，同时通过在研究原则、研究方法和研究理论使用中注意规避"泛绿"等意识形态或利益纠葛等因素所易导致的偏向后果等策略的实施，力图规避或减少对某些事物的分析或评价不够中肯的瑕疵，确保研究成果的科学性、客观性。

基于对上述诸多问题的思考，本研究对以下各方面内容进行了审慎的设定。

具体内容如下：

（一）研究目标

本研究针对台湾政党变革对报业发展影响的研究问题，以传播政治经济学视角切入台湾政党变革中的独特影响因子对报业发展影响的作用机理研究，深化对二者关系实质内涵的理解，并为大陆自身发展提供参照。

（二）主要研究内容

依据各内容在本研究问题挖掘中的不同层次，将本研究内容分为三个模块。研究内容与研究要点如下：

1. 不同时期台湾政党变革过程及其对报业发展的影响

自蒋介石败退至台湾以来，台湾政治体制先后经历了威权体制、自由化变革、民主化发展和民粹化发展时期，而其政党变革也经历了从"一党"到"多党"、从"威权"到"分权"和从"垄断"到"自由"的不同阶段。

基于报业与政治之间的天然联系，故台湾政党变革势必会对报业发展产生某些重大影响。具体而言，在政治体制变动之下，政党权力与报业之间的关系也先后经历了威权统治与报业的"仆从"角色、自由化转型与报业的表达自由、民主化发展与"第四权力"的行使以及民粹化倾向与"媒体乱象"等不同的阶段。

在上述各个阶段之中，以报业为代表的大众媒体自身属性的限制及台湾政治变革的特点，使得大众传媒易被政党、财团等多种利益集团所掌控，从而呈现出非理性色彩和攻击性特点；市场狭小而媒体众多，为争夺利润或生存权，各媒体之间呈现恶性竞争状况。种种原因的存在，导致台湾媒体乱象丛生，民意被代表，舆论存有被操作的嫌疑。然而，民众的舆论是真实存在的，探讨如何摆脱或削弱与舆论联系紧密的传媒的不良影响以及实现大众传媒与舆论良性互动的方法，真正把握台湾民众真实心声，是一个现实而重大的问题。

不仅如此，台湾民意呈现及舆论引导问题，同样涉及台湾社会的塑造问题。换言之，在短短数十年之间，台湾社会体制便经历了如此大的变化，并呈现出某种可塑性的存在。对台湾社会表现出的此种可塑性的理解和把握，将会有助于我们理解和掌握台湾大众传媒、市场经济及政党政治互动的社会基础，同时也从侧面印证了对台湾社会相关领域结构化介入的可行性。

2. 台湾政治权力对大众传媒的影响研究

由于传媒影响的复杂性，多数学者往往对如何对待传媒这个问题产生分歧。自由派认为，民主与自由的基石是自由的传媒；政府作为一种必要的恶，民众理应对其保持警惕，并使传媒避免被其干预或掌控。保守派认为，传媒所传播的暴力、色情等内容，是直接导致社会道德败坏的原因，政府有责任对传媒进行干预并限制此类内容的传播。从某种程度上讲，前者对政府权力的提防固然正确，但其忽略了来自资本的威胁，即市场的运行同样有可能使传媒的自由为之减少；后者也确实指出了传媒表现的不足，但更重要的是传媒的哪些内容对社会造成了伤害，它们又为何会出现。然而，无论是对资本威胁的分析，还是对受众因传媒诱导而产生的偏好的分析，都需要对传媒的经济运作进行研究，并找出基于客观事实所得出的答案。姑且不论市场力量介入与传媒的经济运作对台湾政党政治发展的重要影响，但就一般的关系而言，对台湾政治权力及传媒关系的研究，也应在此思考范围之内。

具体而言，随着台湾威权统治的逐渐瓦解，市场经济的力量对大众传媒的影响逐渐加深，而后者的商品化过程也逐渐加快。这种商品化，不仅包括传媒内容的商品化、受众的商品化，还包括其他延伸的商品化形式。随着传媒商品化程度的提高，其权力也开始扩张，并带来一系列社会效应。这种效应的存在，对于与其关系紧密的政党政治而言，在较大程度上表现出了经济运作对台湾大众传媒与政党政治关系的某种值得思考与挖掘的影响。

不仅如此，经济元素在台湾政党变革与报业发展中的此种作用力，亦会产生不可预知的外部性。以台湾传媒市场的外部性为例，传媒产品自身所具有的公共财产等性质，注定了其在进行经济运作时将产生强大的外部性。这些或正或负的外部性，将直接对第三者造成影响。通过对台湾传媒市场所形成的外部性进行分析，不仅将有助于我们厘清在当前或长远范围内，台湾传媒市场是否真的能有效运作——即是否真的能够提供受众所真正需要或想要的内容，又对直接接收其内容的受众之外的第三者带来了多少效益或福祉，或造成了多少负担或成本。通过对诸如此类的包括政治外部性在内的各种外部性进行分析，还将有助于我们理解台湾大众传媒及政党政治的现状及品质，进而帮助我们对其民主中介职能的履行程度进行界定，并可以作为是否需要外界力量进行干预的重要凭据。

在此基础上，就对政治与传媒市场运作的结构化介入的标准及方式而言，也需要进行审慎的考量。例如，传媒的经济运作毫无疑问地会产生外部性。正面外部性当然值得提倡，负面外部性也理应得到避免。当然，这些或正或负的外部性的认定，局部取决于人们认为哪些偏好的表达更值得珍视。从更广泛的意义上说，或许社会结构的存在就是人们偏好的证明，人们也愿意相信这些已经合理存在并固化的偏好表达理应优先得到尊重。事实上，正是这些固化的结构通过对权威的赋予，决定了相关行业领域内的运行规则。如果一个结构已经被证明是需要修订或需要重新构筑，那就有必要根据人们重新认定的良好偏好进行结构介入，来重新决定谁有权决定规则，并进而对旧有的不合理规则进行改善。对于传媒来讲，由于其公共财产属性的存在，致使其运行不免发生市场失灵的状况。所以，利用市场自身的运转来规避相关负外部性的办法理应被慎重考虑，对其产生负外部性的诱因，也需要有另外的力量来对其进行消除或转化。

当然，优待任何特定的偏好表达，历来总是备受争议。不同的偏好，有权利在不同的情况下以不同的方式进行表达，但究竟何种偏好应该受到优待或珍视，理应经过公众的集体选择——"所谓'公众'，就是市民"。[①]某些特定偏好的胜出，必须取决于民主过程，而且也应该公开让民主过程予以修正。这种要求，就需要我们对介入传媒领域的方式、标准等予以慎重的思考。

3. 良序政治与理想传媒的建构

自由传媒是民主政治为代表的良序政治的一个关键条件，多数人对此观点已经达成初步共识。然而，通往良序政治的道路不止一条，对良序政治的理解也不止一种——立宪民主论、自由多元论、共和民主论和精英民主论的存在，都蕴含着先贤们对此问题的独特见解。在这些见解之间，不乏共通的语言，但亦存相悖之处。如果不考虑自身实际情况，来追求全部意义上的民主，将会很可能导致整个社会的紊乱，从而与良序政治的实质相背离。

作为追求良序政治的众多地区中的一员，台湾自身亦存在很多特殊情况。这些特殊情况在一方面限制了台湾达成某些正义理念的路径，但在另一方面又为台湾通向另一个正义实践提供了便利。作为良序政治的关键环节，传媒在政

---

① 梁鹤年.公众（市民）参与：北美的经验与教训 [J]，城市规划，1999，（05）：49.

治治理结构之中的制度角色如何，直接影响了其目标的达成。至于适合该政治治理结构的制度设计，则取决于人们为该政治理论所设定的目标及功能。如何界定台湾式良序式政治体制，并在其治理结构中科学确定传媒的制度角色，进而促进二者之间的良性互动，无疑是一个值得研究的问题。

四、研究思路

（一）基本研究思路

经济利益等影响因子会驱使人们采取某些行为，但社会因素亦常会产生一种特殊的作用力，并影响这些行为的表现形式和发展方向。因此，要分析行动者追逐利益及彼此之间关系实质的方法，需要将其置于一个较广泛的社会历史脉络下，同时要充分考虑到由诸多社会关系所形成的社会结构的张力。

因此，以媒体的双重属性为切入点，以传播政治经济学视角来对长达70年之久的台湾地区民营报业发展与政党变革关系衍变史进行审视，力图抓住影响台湾地区民营报业发展与政党变革关系的关键要素，并对该关系衍变场域之间关键要素的作用机理进行分析，并将该研究推动至更深层面，以加强对台湾地方媒体与财团、政党等不同利益团体关系本质及其发展趋势的认知。同时，对研究结果的客观性进行再检验，并以此为依据对研究策略进行再优化，直至达到理论与实践的有机统一，以确保研究成果的科学、客观和可信。

（二）研究内容与研究要点

在上述基本研究思路的指导之下，本文主要分为四个版块。其中，在第一个版块，主要是明确问题，并对研究对象、研究方法和开展相关研究的理论背景进行分析；在第二个版块，主要是对问题进行分析，并通过对台湾政治变革对报业发展影响的历史变迁进行系统梳理和全面考察，来搜寻解决上述问题的方案；在第三个版块，主要是台湾政党变革对报业发展影响的启示。

具体研究内容及研究要点如下：

板块一：台湾政治变革对报业发展影响的历史变迁

研究要点：

1. 威权统治时期台湾政党变革与报业关系的衍变及相互规训（1949—1986）

2. 政治转型时期台湾政党变革对报业发展的影响（1987—1999）

3. 政治民粹化时期台湾政党变革对报业发展的影响（2000—2018）

板块二：台湾政治变革对报业发展影响的运作机理分析

研究要点：

1.市场经济对报业发展的影响

2.经济运作对台湾报业发展与政党变革关系的影响

3.民主的伪化

板块三：台湾政党变革对报业发展影响的启示

研究要点：

1.对台湾大众传媒的结构化治理

2.大众传媒对台湾政党政治的良性促动

（三）重点难点

1.研究重点：

（1）不同时期台湾政党变革对报业发展的影响研究（1945—2018）

该内容对本研究主旨的达成及研究目标的实现具有基础性作用，故拟对两岸互动场域中的相关元素从不同的维度来进行透彻、全面分析。

（2）台湾政党变革对报业发展影响的关键因素及其作用机理研究

拟以经济元素为核心变量，以其正外部性和负外部性为辅助变量，试图构建并还原一个完整的台湾政党变革对报业发展的影响模型。同时，通过相关数据、案例分析等技术手段，充分甄别各变量间的关系，以充分探索政党变革对台湾传媒影响的结构、功能及其政治运作、转化逻辑。

2.研究难点：

台湾政党变革与报业发展之间的关系比较复杂，而第四次工业革命的时代背景所赋予它的技术等新的元素，又加大了该场域中问题的复杂性。因此，针对两者之间的特质及其相互逻辑，在符合台湾传媒及政治特殊性与普遍性的基础上，对其媒介治理和政治介入方式进行的思考，显得较为重要而有难度。

基于此种思考，本研究在对该相关问题从点（案例分析）、线（实证调研）和面（规范研究＋经验研究）相结合、历时性与共时性的交叉分析相结合的基础上，确保研究结论的科学、客观。

五、主要研究方法

本研究拟秉持开放性研究和封闭性研究相结合、定性研究与定量研究相结合的研究原则，以期规避利益纠葛等因素所易导致的偏向后果，并努力确保研究成果的客观性和科学性。基于此种研究原则，本研究拟主要采用下列研究方法：

1. 文献研究，占领理论制高点。

广泛阅读国内外相关文献，规范、梳理、界定相关概念体系、要素体系，建构理论框架体系，为本研究提供理论与方法支持。

2. 实地调研，获取翔实信息。

拟通过有计划地通过到台湾（台中和台北）进行实地参观，或列席相关会议，或参加媒体等相关部门举行的活动，或对相关人士展开访谈，以观察和参与相结合的方式广泛搜集第一手资料，为理论分析和实证研究提供现实依据和资料准备。

3. 历史比较研究方法，打通文本内外因素。

以历史视角对不同时期民营报业发展状况以及其与政党变革之间的关系加以分析、比较，并对其所代表的深层意义进行深入挖掘，通过对其客观性的意义解读和阐释来达到对台湾地区报业发展与政党变革关系内涵的深层次理解。

第一章　理论背景

　　欧美国家对于传播政治经济学的研究相对发达，并涌现出了一系列知名学者和重要著作。其中，美国爱德华·S. 赫尔曼（Herman.E.S.）和诺姆·乔姆斯基（Chomsky.N.）在其所著的《制造共识：大众传媒的政治经济学》（2011 年）中指出，新闻媒体在实践中维护的是对国内社会、国家以及全球秩序起主导作用的精英阶层的经济、社会和政治议程，而加拿大文森特·莫斯可（Vincent Mosco）（2000 年）在《传播：在政治和经济的张力下》一书中，则对历史与文化情景中传播活动的生产分配和消费之间的关系进行了论述。其他相关的研究还有：*Global Communication: Toward a Transcultural Political Economy*（2007）等。上述研究在较大程度上夯实了传播政治经济学研究基础的同时，也大幅度拓展其研究范围。特别是它们对于某些问题的深层思考，特别具有启发意义。

　　受欧美发达国家的传播政治经济学的影响，国内学者也积极开始并拓展了该领域的研究。例如，台湾学者冯建三以其《传播政治经济学——再思考与再更新》（1998 年）、《媒体、市场与民主》（2008 年）等著作成为台湾研究传播政治经济学的代表人物。在大陆，曹晋等的《传播政治经济学》（2007 年）从广告的权力与受众商品的塑造等六个方面关注了传播与政治经济之间的关系，但其论述的对象主要为英美地区，对于台湾的关注却较少。此种特点，在其他学者的论述中亦有所呈现。但是，上述诸多文献对传媒的政治参与、经济运作及与其他政治权力之间互相建构的研究，显得颇具分量，也具有重大参考价值。

第一节　政治传播与表演政治 [①]

　　基于其与现实社会的紧密联系及重大影响，政治传播一直是国内外相关学者关注的重要领域之一。由于政治体制、社会实践等方面的原因，国外关于政治传播的研究相对较早。其中，本尼迪克特·安德森（Benedict Richard O'Gorman Anderson）（2011 年）在《想象的共同体》中对传媒和民族主义的起源、散布之间的联系做了部分阐释，而古斯塔夫·勒庞（Gustave Le Bon）（2011 年）在《乌合之众》中对社会运动中传媒与大众社会心理亦做了探讨。丹·尼谋（Dan·Nepal）和凯恩·桑德斯（Sanders Kane）（1981 年）的《政治传播手册》中对政治与大众媒介的关系、功能和制度等进行了阐述；Deutsch, K. W. 的《The Nerves of Government》（1966 年）对政治传播与控制的模式做了阐述；Alger 和 Deane（1989 年）的《The Media and Politics》及丹·尼谋（Dan·Nepal）（1990 年）的《政治传播新动向》等书，都对大众传播媒介的政治功能有不同程度的涉及和表述。

　　国内关于政治传播的相关研究成果也较为丰富。其中，台湾祝基滢（1983 年）的《政治传播学》初步介绍了西方学者关于政治传播研究的基本内容、理论和方法。大陆邵培仁（1991 年）的《政治传播学》初步界定了政治传播学的研究对象，并建立了自己的理论框架；张昆（2003 年）的《大众媒介的政治社会化功能》、谢岳（2006 年）的《当代政治沟通》等著作从不同角度和层面对大众传播媒介的政治功能进行了较为深入的研究。上述著作的相关论点，不仅推动了政治传播相关理论体系完善与拓展，而且它们提出的许多新思想以及对学术研究所做的总结，对分析政党变革与报业发展场域中各种因素之间错综复杂的关系具有启迪作用。

　　在上述诸多对政治传播进行研究的学者之中，英国学者 Brian Mcnair 尤为引人瞩目。换言之，作为从事政治传播学领域研究的国际知名新闻传播学者，Brian Mcnair 的研究对象广泛涉及新闻媒体、政党政治和文化传播，并围绕该领域发表了 *An Introduction to Political Communication*，*Journalism and Democracy-An Evaluation of the Political Public Sphere*，*Cultural Chaos-journalism, news, and power*

---

　　① 郭庆光. 传播学教程 [M]. 北京：中国人民大学出版社，2011:157.

in a globalised world 等一系列著作。其中 *An Introduction to Political Communication*
对相关问题的切入角度合理，阐述较为中肯，且相关论述也发人深省，浸透了他
对政治传播学领域相关研究的浓郁心得，在学界产生了重要影响。

同时，随着信息科技的飞速发展及"技术赋权"的加持作用，大众传媒影
响力得到全方位提升，并直接或间接地加快了全球一体化和政治民主化进程。
然而，我国的新闻事业虽然已经得到快速发展并正在走向繁荣之路，但面对西
方文化霸权及其信息传播的全球优势，仍然处于相对劣势之中。不仅如此，在
泛政治化的文化氛围之中，国内社会转型所激发的风险社会诱因及各利益团体
诉求方式的变化等因素所代表的可能性，使得我们有理由来深入思考资讯流通
与政治行为者之间的关系。

对于国内尚待发展和完善的政治传播学领域而言，对以 Brian Mcnair 为代
表的政治传播思想的评析或审视，将不仅有助于挖掘其思想中所蕴含的普适性
内容，同时也将服务于国内学界对相关理论的本土化改造事业，并进而服务于
国内政治传播学领域的整体发展。然而，目前国内对于 Brian Mcnair 的研究相
对单薄，且少见专文对其政治传播思想的研究。故本书拟从传媒在政治进程中
的角色、传媒的形象建构效应和表演政治的理论脉络等方面来对 Brian Mcnair
的政治传播思想进行述评，以期加深对其内容实质的认识。

一、传媒在政治进程中的角色

作为英国本土的政治传播学者，Brian Mcnair 对英国政治体制运行及传媒
在其中所扮演的角色有较深的感悟，同时也对与英国社会、政治体制相近的美
国所谓的民主政治体制运行机制较为感兴趣，也相对熟稔，故他的很多著作里
面选用的案例侧重于英美国家，而少见对于亚洲等发展中国家或地区的相关论
述。当然，作为英国斯特林大学的高级职员，他又较为侧重理论层次的提升与
宏观层面的架构，故其所探讨的对象多着眼于公共政治的修辞而少人际的传播，
多探讨国家宏观层面的问题而对于市、区等微观层面的问题着眼不多。同时，
他自早年便对政治传播表现出浓厚的兴趣，其后的诸多研究也多围绕政治组织、
受众和媒体这三个方面进行。他的研究领域涉及新闻传播学、政治学等多个学
科，一以贯之且学术成果丰硕，故他的交叉学科研究思想及其所取得的相关成
果也富有学术价值。

在他的 *An Introduction to Political Communication*，*Journalism and Democracy*

等书中，对于传媒在政治进程中所扮演的角色有较多的论述。就大众传媒而言，报社、电台、电视台等媒介结构是从事信息的采集、选择、加工、复制和传播的专业组织，从其生产规模的巨大性和受传者的广泛性而言，我们又把它们称为大众传播者，或称为大众传媒。① 它具有以下特点，即地位稳固；作为一种社会组织，具有自身的组织目标和组织结构；是大众传播生产资料的直接控制者和使用者。② 在对大众传媒性质及其作用有充分认识的基础上，Brian Mcnair 认为，对于那些欲通过某种形式的组织和制度的方式来影响某种决策过程的政治行为者来讲，如果缺乏对大众传媒角色作用的深刻认识，那么其在政治场域中优势地位的获得、对制度性权力的掌控过程注定波折丛生，甚至可能失败。为避免此种失败，包括政党在内的政治行为者往往根据其对传播策略与技巧的理解与应用，来试图获得受众的支持，并将此种支持作为自己政治诉求正当性与合法性的重要来源。当然，依据其与传媒合作程度的不同，所取得的最终效果也会有所差异。

事实确实如此。Brian Mcnair 认为，媒体传达或阐释政治领域客观发生的事件，并且促使受众的主观认知发生相应改变；由于媒体的偏差具有无比的政治重要性，故传媒在政治过程中扮演着枢纽角色。③ 由于政治事实包括客观事实、主观事实和建构的事实等三个范畴，而传媒可以通过对新闻业务操作过程中客观失误偏差的控制及主观性强且富有倾向性的信息选择等方式来建构某种真实，也可以通过类似策略的实施来影响或试图影响那些政治的介入者，故他的此种观点是有道理的。针对此点，沃尔特·李普曼也曾言道：

当代意义重大的革命不是经济革命或者政治革命，而是一场在被统治者中制造同意的艺术的革命……在新一代掌权者的政治生活中，劝服已然成为一门自觉的艺术与大众政府的常规器官……说如何制造同意的认识将改变所有的政治前提将毫不为过。④

如果我们将 Brian Mcnair 的观点与李普曼的上述看法进行对比，或许发现前者的观点还是有些保守的。基于此，我们甚至可以更夸张一点来讲，如果不

---

① 郭庆光.传播学教程 [M].北京：中国人民大学出版社，2011:157.
② 郭庆光.传播学教程 [M].北京：中国人民大学出版社，2011:157.
③ Brian Mcnair.*An Introduction to Political Communication*[M].New York:Routledge,2011:11.
④ 沃尔特·李普曼.公共舆论 [M].阎克文，江红译.上海：上海人民出版社，2002：182.

对传媒进行深入分析，则或许无法对当代政治有彻底的理解。

Brian Mcnair 对传媒在进程中所扮演的角色有较为透彻的认知，并认为现代民主社会之中的传媒本身所具有的信息传达、分析、评论或诠释功能的发挥，使它本身便成为政治运作进程中不可或缺的一环。同时，他还从民意与公共领域的建构、传媒与民主进程、媒体与民主政治、制造共识等四个方面来对上述观点进行了论述。

首先，就民意与公共领域的关系而言，他认为与极力维护自身统治过程私密性的专制政府不同，多数开明政府通过达成某种共识来进行统治，而相关政治精英等政治行为者也多由此来获取民众支持并获得某种普遍的正当性。然而，共识的形成、有意义的支持均需要在某种良性的资讯场域及相对理性的公民参与下方能形成。换言之，借助由传媒提供的资讯信息或交流渠道以及其他功能的有效发挥，良性民意得以在公共领域中酝酿，并进而形成一种保护私人领域免遭公共权力横加干预的自由，从而为民主政治奠定了坚实基础。

其次，针对传媒与民主进程的关系，Brian Mcnair 认为媒体至少具有五项功能，即环境告知与舆论监督功能、民众素养培育功能、政治论述的公共场域功能、新闻的守门人功能以及"鼓吹"政治观点和劝服功能。当然，上述五项功能的发挥是非常重要的——毕竟开放性是民主政治的一个重要特征，而人们相关媒介资讯的获取正是他们参与政治决策过程的重要环节。

再次，针对媒体与民主政治的关系，他以西方自由民主政治体制为例，认为媒体虽然是大部分人的消息来源并构成他们从事政治选择的重要依据，但要么由于教育系统的失败和缺少真正选择等原因的存在使得选民对政治日益疏离，要么使得普通选民陷入资本主义及其权力的运作下的虚幻真实之中而不自知。

第四，在共识制造方面，Brian Mcnair 认为即便西方所谓的自由民主政府的正当性可以由其统治下的民众的共识而获得，但此种共识可以通过制造而出。换言之，如果处于权力场域中的媒体所提供的资讯失真或富有某种不良的倾向性，或者相关政治行为者接受的资讯是人为制造而出的，那么公共领域的价值将被削减，而民主政治也终将失真。

传媒不仅是政府政策传达和保持与民意互动的重要工具，同时也对个人的政治行为及政治参与模式有重要的影响。[①]Brian Mcnair 对传媒在政治进程中所

---

① 沈游振 . 台湾"基督长老教会"政治论述之分析 [D]. 台北：台湾大学，2010：16.

扮演的日益重要的角色的论述以及对其所发挥的各种功能的辩证性剖析均富有借鉴价值。这是因为，尽管政治体制有所不同，但如今多数开明社会之中政府所进行的政治行动并不纯粹如以往那样由精英群体所发起并全面决定，而需要在某种程度上取得民众的支持。然而，在大众传媒的实际运作之中，也不排除出现一些其他情况。如在部分西方国家之中，借助操纵传媒的运作过程，公众舆论可以被引导，共识可以被制造，从而导致普通民众的政治疏离化现象日益严重，而所谓的民意也有畸变的可能，故我们应对此有足够清醒的认识。

二、传媒的形象建构效应

在 Brian Mcnair 关于政治传播学的相关研究之中，政党选举领域的研究史料往往较为丰富，这或许是因为通过此方面研究可以快而便捷地获得关于政治施为者借助传媒影响选民态度的相关实质性论据。借助此方面的丰富案例，他在部分著作中对政治传播中传媒的形象建构效应做了重点阐述。

Brian Mcnair 指出，在以选举为代表的国内事务之中，形象的重要性正变得非常重要。他认为，在碎片化的娱乐时代，通过电视等大众传媒直接展现在受众面前的政治选举，那些形象感官较好的选举人往往占有较大优势，而所谓的领导才能、政治智慧和远见多位列其后。学者 Joslyn 则从另一个方面印证了形象的重要性——他发现可以通过采用一些抹黑对手形象的政治广告来保持另外一方的相对竞争优势 ①，而纵观以美国为代表的西方国家政治选举之中负面政治形象广告泛滥的情况也可以验证出 Brian Mcnair 和 Joslyn 观点在某种程度上的正确性。Brian Mcnair 认为，在此种形象当道的趋势之下，各个政治行为者为塑造良好形象或塑造大众对自身的某种共识，不断加大用于民意测验、政治广告和传媒公关等方面的费用，进而进一步促进了政治商业化程度的加深；同时，基于控制而非理性论述基础上的传媒公关和政治广告等政治传播行为的泛滥，直接削弱了由公共领域所带来的民主政治的可贵品质。然而，民意测验等手法的运用，固然会使得个别政治人物或政党因为注重民意调研而对外显得尊重民意，从而使其更方便地建构起自己或自身所属政党的有利形象，但同样也有可能成为民意的俘虏，进而让不合理的舆论来影响或霸凌某些较为专业的政策的形成和制定过程。换言之，基于表现出对民意的尊重和迎合普通大众的口

① Joslyn,R..*Political Advertising and the Meaning of Elections*[C].LL Kaid，DD Nimmo，KR Sanders:*New Perspective on Political Advertising*, Carbondale,Southern Illinois University Press,1986:180.

味，某些对于政治权力较为渴望的政客或相关政府机构在制定公共政策的过程中，可能会为塑造表面上光鲜的政治形象而逐渐丧失可贵的政治操守，并会在某种情况下放弃对某些合理原则和基本价值的坚守，并可能诱发政治伦理败坏或狂热的民粹主义。目前，此一端倪已经在我国台湾地区有所显现。

同时，Brian Mcnair 也论及了国际政治传播中传媒的形象建构效应。他认为，与资讯社会之前的时代不同，秘密外交和暗室交易虽然仍旧在起作用，但国际政治的开展已经不可能再罔顾民意；同时，随着民众获取信息能力的增强和传媒影响力的扩大，国家的外交政策不仅需要在公众关注下进行，而且包括政府在内的相关政治行为者也需要通过新闻媒体来取得民意对某些政策的支持，因此对于相关政治行为者来说，形象甚至变得比实质内容还要重要。① 他的此种观点看似夸张，但却不无道理。这是因为，基于传媒对国际政治的强大影响力，国内外诸多政治行为者均积极借助其所能借助的信息传播系统来试图达到某种目标；伴随着全球一体化进程的加快，政治领域也变得越来越国际化，媒体在该领域的影响力势必将会被拓展，而媒体所建构的形象效应也将会越来越重要。因而，当代包括领土争端、政治反对运动，甚至战争在内的诸多行为均逐渐在媒体的关注之下展开，而能否成功取得全球舆论之下相对多数人的信任与支持，将影响着现代政府某些事务的进程和上述诸多国际政治行为的胜负。

Brian Mcnair 关于政治传播中传媒的形象建构效应是有一定道理的。现实社会之中确实存在部分媒体通过富有倾向性的设置议程等传播手段来影响受众观感，而那些被大财团及其幕后政经利益集团所控制的媒体也常会发出比其他组织更大的声音，并可能在沉默的螺旋效应下使得理想中的意见的自由市场处于失灵状况，进而使得形象的塑造和共识的培育变为一种技术性的工程。然而，当传媒精英能够形塑形象和制造共识时，他们在较大程度便处于某种霸权的地位。那些处于该霸权影响下的普通民众对该霸权所拥护的体制自觉和自发的服从和支持也不再依靠军队、警察等暴力机构的威胁，而多借助媒体所承载的文化传播和形象建构的过程。甚至在传媒精英和政治、经济精英结盟的情况下，传媒便可能通过不断加大或重复此种形象的塑造和共识的培育过程，来强化和延续它所拥护的包括体制在内的诸多事物的正当性、合法性及相应事物生存、发展所必需的能力。当然，由此些微迹象的流露，我们也可以看出那些新闻从

---

① Brian Mcnair.*An Introduction to Political Communication*[M].New York:Routledge,2011:173.

业人员所严格秉持的客观性等新闻专业伦理对于推动良性政治进程和促进社会健康发展的重要意义。

三、表演政治的理论脉络

即便是在非泛政治化的社会之中，政党和政府也并非唯一的政治行为者。在系统化的政治系统之外，仍然存在着许多追求政治影响力并试图参与某种政治或经济利益分配的组织或个人。后者作为体制外的政治行为者，先天便相对缺乏从事政治传播所需要的经济资源、文化资本以及政府部门或知名人物所具有的公信力和吸引力，故也相对缺乏对自身形象进行自我界定或描述的能力。然而，传媒本身作为一种稀缺资源及其本身所代表的可能性，使得参与相关资源分配的各方或其他对其心有觊觎的组织和个人均会想方设法来争取媒体的青睐。当然，尽管此类方法有所不同，但其方法内容的实质却具有某种相似性，即对新闻传播者价值的熟稔、内容展现的创意和传播技巧的追求，以及其他诸如此类的增加自身新闻报道价值的方法。然而，此种对媒体注意力刻意追逐的行为背后，就不免有某种表演者刻意追求某种戏剧效果的意味，而相关政治行为也被涂上表演政治的痕迹。

在 Brian Mcnair 的早期著作中，便散见有关于表演政治的一些讨论；到后期的 *An Introduction to Political Communication* 之中，他郑重提出了"表演政治"的理念，并认为随着大众传播威力的增强，政治过程中的各个阶段均会出现"表演政治"的现象。他在对政党通过公共关系和政治广告处理公共事务的过程，以及工会组织与企业之间纠纷的处理方式等因素进行深入分析之后，认为公共领域之中各种议题的辩论、协商和处理，均在表演政治的脉络下进行，并认为形象塑造和共识制造技巧的改变，将可能会彻底改变政治的生态。[①] 换言之，他认为随着政治民主化进程的加快和传媒技术的快速革新，将会使政治行为者用来制造共识与形塑形象的策略、方式和技巧等因素发生改变。在 *Cultural Chaos-journalism, news, and power in a globalised world* 之中，他对新的传媒生态进行了描述：

互联网时代的国际新闻报道变得日益大众化、碎片化和多样化。在今天，

---

① Brian Mcnair.*An Introduction to Political Communication*[M].New York:Routledge, 2011:204—205.

即便是那些实力雄厚的个体也可能会被国际新闻的生产和消费活动所影响。对于那些普通消费者而言，他们处于信息爆炸的时代，而自身用以在相关资讯的真实与虚妄、诚实与谎言等诸多方面进行正确选择或判断的能力却明显下降。①

此种对于当今传媒生态的描述，间接地表达了他对于表演政治的趋势可能会加重的担忧。

在包括政治文化在内的社会文化和传媒技术的高速发展及紧密互动之下，上述变革将在较大程度继续保持下去——即便在不同的时空会有某种不同的政治传播内容，但对相关政治传播内容的包装需求却不会随时空而有所不同。由此可知，当大众传媒在政治进程中的作用日益凸显且媒体与政治人物之间的关系日益紧密时，政治或许不仅仅是统治或说服的技术，更是表演的艺术。从此种程度来讲，那些表演政治中所常用的公关策略和诉求方式，在某种特定的时空中或许真的比其所传达的实质内容要重要得多。

当然，即便多数普通民众可能会逐渐沉浸在那些政治人物的自然演出之中并被其影响，但部分民众也能够依靠自身常识和其所在组织的力量来对抗上述不良倾向所带来的影响，而一些知识精英或善用媒体的人士也会产生相应的免疫能力。故从此点来看，排除掉表演政治的种种缺陷，它也具有某种使得政治进程更加开放且更吸引普通民众关注政治事务的优点。针对此点，Brian Mcnai 也指出，强化与媒体合作的技巧有助于改变以往传媒资源在各个社会子系统内分配不公平的状况，而那些立意较好的政治传播行为也将改善人们的思想、态度和行为，并进而将相关经济资源转化为正当的政治权力；如果对政治传播相关的经济行为进行监督和管理的行为强化，营造一个对参与其中的各方均较为公平的竞争环境，将有助于民主进程的良性运作。② 他的观点是有道理的，毕竟不应该存在完全不受监督的媒体运作体系，也不能放任彼此勾结之下的利益集团及其所代表的权力精英来独占本应用于服务整体社会民众的新闻媒体。

如果将 Brian Mcnai 关于表演政治的观点与某些西方国家或地区的实际情况进行对照的话，便会发现该理论与社会现实有较多契合之处，也具有不可否认

---

① McNair,*Brian.Cultural chaos: journalism, news, and power in a globalised*[M].New York:Routledge,2006：12.

② McNair,*Brian.Cultural chaos: journalism, news, and power in a globalised*[M].New York:Routledge,2006：206—207.

的合理之处。然而，即便某些大众传媒会因为其自身对于某些消息来源的偏好，以及受到来自政治、经济和意识形态等因素的影响而在具体作业时会对某些资讯或观点有所偏好，但它至少也会对保持其生存、发展的自身利益之外的因素有较为独特的思考，而相关媒体精英亦会在新闻专业主义的驱动下自觉或不自觉地与政治、经济权力精英保持适当的距离，以至少维持其独立、客观的形象，并为传媒的"第四权"赋予相应价值。

综上所述，Brian Mcnai 作为西方政治传播研究领域的知名学者，其理论寓深刻性与系统性于一体，对某些问题的阐述更是高屋建瓴，读来有力透纸背之感。他深入西方政治传播领域，紧跟时代潮流，而又以超然的学者风范和严谨的治学态度，力图打通文本内外因素，为学界和业界提供了思想和实践的指引。对于我国从事政治传播学领域研究的青年学者来讲，他所研究的相关问题不仅富有启发性，而且当下价值尤为浓厚，值得继续进行挖掘和探讨。

第二节　外部性理论

外部性理论初始发源于英国经济学家马歇尔关于"外部经济"的说法，后被英国经济学家 A. C. 庇古所借鉴并建立了外部性理论。后者对外部性的分析，是通过边际社会净产值与边际私人净产值的不同来进行的。边际社会净产值是产生于任何给定的用途或位置上的资源的边际增量的物品或客观劳务的总的净产量，而不管这一产量中的任何部分将归属于谁。[①] 边际私人净产值是产生于任何给定用途或位置上的资源的边际增量的总的净产值中的物品或实际劳务的一部分，它首先——在销售之前——成为在那里对资源进行投资的责任人的利益；在不同的条件下它等于或者大于或者小于边际社会净产值。[②] 如果边际社会净产值大于边际私人净产值，就会产生边际社会收益，那么意味着其他人会因此受益；如果边际社会净产值小于边际私人净产值，就会产生边际社会成本，那么其他人也会因此而受到损失。由于边际社会收益与边际私人收益之间存在的差异，以及边际社会成本与边际私人成本之间的不一致，使得外部性得以产生。

---

① [英] A.C. 庇古 . 福利经济学［M］. 朱泱，张胜纪，吴良健译 . 北京 : 商务印书馆，2006：104.

② [英] A.C. 庇古 . 福利经济学［M］. 朱泱，张胜纪，吴良健译 . 北京 : 商务印书馆，2006：105.

换言之，在市场经济活动之中，如果一些企业给其他企业或社会整体造成损失但又不需要支付相应的代价，就存在着"外部性"。外部性分为"正外部性"和"负外部性"两种，前者会对社会形成积极影响，而后者经常对社会造成负面影响。为规避此种负面影响，"庇古税"得以提出，并认为通过津贴和税收这两种办法可以促进此问题的解决。针对庇古所提出的外部性理念，科斯认为，庇古所提到的那些问题（即外部性问题）的实质是侵害效应是相互的；在这种假定下，要解决或避免侵害效应，首先是要赋予和明确侵害的权利，权利清晰了，侵害效应就可以通过市场得以解决。[1] 基于此，科斯对外部性理论进行了较为彻底的批判。后来的张五常和杨小凯亦根据科斯的交易成本理论对外部性理论存在的意义予以了全盘否定。[2] 然而，并不能因为后者的否定就全盘否定外部性理论的价值。

首先，马歇尔、庇古和科斯的外部性理论均是在古典经济学的基础上发展而来，而张五常的新制度经济学理论及杨小凯为代表的新兴古典经济学也同样来源于古典经济学。它们同根同源，只是朝着不同方向发展罢了；以新古典经济学和新兴古典经济学为例，前者是研究稀缺资源在多种用途之间进行合理分配的学问，研究中心是在给定稀缺程度下资源的最优配置问题，运用了规模经济、外部性等概念，采用的是边际分析等方法；后者关注的是分工如何能够减少资源的稀缺程度，考虑各种费用的一般均衡，运用专业化经济的概念，采用的是超边际分析的方法——它们作为古典经济学演化而出的两大分支结构，具有各自的概念、范畴、方法和理论体系，也都有各自适用的范围：外部性概念适用于边际分析，而专业化概念适用于超边际分析，虽然超边际分析可能包容边际分析，但难以彻底否定外部性理论。[3] 他们之间的关系恰如爱因斯坦的相对论和牛顿的经典力学，前者虽然比后者涵盖范围更广，但并没有彻底否定后者的科学性。甚至在某些情况下，牛顿的经典力学的使用更为方便。

其次，如果从现实角度对庇古的外部性理论受到的质疑进行冷静的思考，就会发现被批判者未必错误，而批判者未必正确。以庇古和科斯为例，庇古特别注意到不少（并不像张五常说的那样仅是些特例）私人或企业的收益是建立在牺牲

---

① 罗士俐. 外部性理论的困境及其出路 [J]. 当代经济研究，2009，(10)：27.

② 沈满洪，何灵巧. 外部性的分类及外部性理论的演化 [J]. 浙江大学学报（人文社会科学版），2002，(01)：158—159.

③ 沈满洪，何灵巧. 外部性的分类及外部性理论的演化 [J]. 浙江大学学报（人文社会科学版），2002，(01)：159.

别人或其他企业利益的基础上，也就是边际私人成本与边际社会成本、边际私人收益与边际社会收益之间的背离——这是庇古对现实的一个基本看法，这一看法在科斯看来是错误的。科斯认为在产权界定之前，不存在谁侵害谁的问题。

针对二者之间的观点，如果从社会现实角度进行分析，就会发现庇古的观点更为真实可信。这是因为，第一，奴隶主的收益是建立在奴隶被侵害的基础之上，封建地主的收益也主要建立在对农民的侵害之上。当然，在资本主义社会，资本家当然不会承认自己的收益建立在工人被侵害的基础之上，尽管后者已经得到马克思的证明。社会发展的历史证明，庇古的观点是正确的，尽管他遭到了同时代社会人士的攻击和否定。第二，谁侵害谁是个事实问题，在制度（法律）上确定谁有权侵害谁之前，并不是不存在谁侵害谁的问题；科斯把谁侵害谁与谁有权侵害谁的问题混为一谈，混淆了事实与制度（法律）两者的区别。[①] 如果依据科斯的观点，无法确定谁侵害谁，除非依据效率来确定谁有权侵害谁。依照此种"强权"观点进行一种极端的推理，恐怕和希特勒的种族灭绝理论类似。这也从侧面说明了，至少在处理社会公平等社会价值问题方面，科斯的观点是有缺陷的，而本文所进行的关于台湾大众传媒与政党政治之间关系的研究，恰恰与社会公平及民主正义等社会价值问题息息相关。所以，科斯的关于外部性的相关见解是要遭到排除的。

考虑到本研究对象的特点，庇古的外部性理论是较为契合的。这是因为，传媒与政府权力之间的关系恰类似市场与政府之间的关系，且能通过市场关系得到更好的调解。在经济学上，自由主义主张自由市场对资源的优化配置，抵制政府的干预，而干预主义则认为政府对资源配置的介入是有必要的。然而历史证明，自由市场并不必然带来资源的最优配置，政府干预也并不必然带来效率或公平。纵观历史，社会经济在政府干预与自由市场之间的均衡中得以发展，而最佳均衡状态的达到却是有点奢望。然而，如果从庇古的外部性理论进行分析，则有助于此问题的解决：庇古认为影响经济福利的因素有两个：一是国民收入的总量，二是个人收入分配状况。他认为，社会经济福利等于一个国家的国民收入；以此为基础，他提出了两个命题：国民收入总量愈大，社会经济福利就愈大；国民收入分配愈是均等化，社会经济福利就愈大，若要增加经济福利，在生产方面必须增大国民收入总量，在分配方面必须消除国民收入分配的

---

① 罗士俐.外部理论价值功能的重塑——从外部性理论遭受质疑和批判谈起 [J]. 当代经济科学，2011，（02）：30.

不均等。① 在此基础上，他提出了津贴和税收的方法来处理公平和效率之间的方法。通过对诸多方面的探讨，他提供了一些理论上的参考，为寻找如何处理传媒、市场与政府之间的关系指明了方向。

第三节　文化产品的资本运作逻辑 ②

资本的运作从不停息，它只是短暂地在某个物质形态上停留，而后又去寻找其他可以实现剩余价值的领域。作为文化产品的权利载体，著作权是文化产品的文化资本的重要内涵，也是著作权人文化权利的重要表现形式，它同样会受到资本内在扩张属性的影响。在"互联网+"时代背景下，资本、技术、著作权法等系统力量的交互作用下，以著作权为载体，文化产品的资本运作同样表现出了相对鲜明的运作逻辑。

一、技术要素与文化产品著作权资本的交互作用及其引发的资本螺旋式增值效应

随着高新技术的发展及其在影视、音乐、图片、网络小说等文化产品领域的运用，后者在内容和形式上的复制、改编、发行、翻译、表现形式、传播和使用方式等均发生变化。在此过程中，软件、数据库等一系列新内容纷纷出现并衍生出了信息网络传播权、机械表演权等众多著作权权利内容。

文化产品内涵的丰富及其领域的拓展，使其著作权的经济价值倍增。以《蝙蝠侠》为例，其存储成本虽相对低廉，但其著作权拥有者——时代华纳公司却以此为基础，利用数字技术将其开发成了可在数字平台上广泛传播的《蝙蝠侠：黑暗骑士崛起》等系列影视、音乐和小说作品；该公司还将该著作权的应用范围从虚拟世界延伸到现实社会之中——将"蝙蝠侠"的品牌效应赋予谷类等实体商品，并将其在网络平台上销售。通过上述过程，原本单调的著作权形式得以不断扩张，衍生为规模可观、经济价值巨大的群体类别；在该知名品牌的加持效应下，先前单调的人物形象、传播渠道、品牌符号被予以了再丰富和

---

① 余仕麟. 新旧福利经济学的价值观差异［J］. 西南民族大学学报（人文社科版），2004，(6)：68.

② 该部分内容已经在《文化产品著作权资本的运作逻辑、效应及其治理——基于传播政治经济学的批判性视角》（编辑之友，2017 年第 12 期）中刊出；部分内容有修改。

再阐释，从而大幅拓展了其资本增值的领域；在原市场领域内被证明相对成熟的盈利模式也在经过优化后被应用到新的系列产品领域中，深化了对其经济价值的挖掘力度，降低了市场运营中的潜在风险，利于实现著作权人利益的最大化和著作权资本的大规模扩张。

不仅如此，资本出于扩张需求，会驱动企业加大对大数据等相关技术的创新、研发和应用的范围及力度，以不断创造更大规模的消费者群体、满足不断变化的受众需求并开拓新的细分市场，以维持或提升其在该领域的优势地位；它同时也会驱使企业通过加密、解码、允许受众对产品按次购买、按时间长短购买等排他性技术手段来提高外界因素进入该市场的门槛，以避免因激烈竞争所带来的各种风险，实现自身盈利能力的增长，并保持自身不断开拓资本增值领域的动力。

在"互联网＋"时代背景下，文化产品所具有的取之不竭和无限增值的文化资本属性被强化，而著作权作为私人财产权利的经济价值更为凸显，并在互联网技术及著作权资本的交互作用下初步形成了著作权资本的螺旋式增值效应。当然，部分文化产品会在此过程中因著作权保护期限失效而流向公共领域，但由该产品所衍生出的其他著作权仍会被继续使用并继续衍生其他相关权利。更重要的是，技术的快速发展和资本的扩张需求会为上述循环过程提供源源不断的动力并不断为其拥有者贡献用于保持投资信心的经济和社会价值，从而进一步扩大了上述资本循环的政治和经济影响。

二、著作权法与文化产品著作权资本的交互作用及其引发的排他化效应

中世纪早期的欧洲教会组织通过对文化作品原稿及对它的复制权力来交换相应的经济和政治权力，而此种需要付出相关费用才获得的对原稿的复制权被视为欧洲的第一个著作权——尽管它与作者在文学作品生产中的权利并无关系。[①] 由此著作权资本扩张的逻辑起点可知，著作权价格在较大程度上是由继受著作权人利用社会制度所赋予其的权利独占地位所形成的排他性优势与购买方进行谈判后决定的，而由此获得的利润亦是文化资本增值的一种表现。

著作权法律制度与资本的交互作用，易产生一种排他性效应，且该效应在

①　George Putnam.*Books and Their Makers During the Middle Ages*,New York:Hillary House,1962:484.

"互联网+"时代表现得更为突出。以文化产品为例，它具有初始生产成本巨大但用于复制和发行的边际成本微乎其微的特质；它还具有较强的风险属性——该类产品更新速度快、市场竞争激烈，取得成功的商品仅占少数，故其投入和产出存在失衡的风险。在此情况下，作为理性经济人的各市场主体需要制定一定的市场价格，以弥补其初始研发成本并赚取足以抵抗运营风险的正常利润，进而维持其持续生产的市场动力。但是，为试图获取不当的高额利润，部分企业往往以低成本、低价格来非法复制、发行或销售相关产品，从而大幅拉低了著作权人指定的初始价格，压缩了其市场空间，并使其试图恢复、巩固或提升获利能力的努力变为失败，进而陷入恶性循环的危险境地。

为规范市场秩序，强化著作权资本合理增值行为的合法性，著作权法对文化产品著作权及其所衍生的其他合法权利提供了保护并对违规企业做出相应惩罚。此种措施及其所产生的排他性效应，为著作权人的正常获利行为提供了保障，强化了其文化创造和知识再生产的功能，因而是著作权系统正常运行的重要基石，也是推动该系统快速扩张的强大制度动力。

同时，著作权法的排他性效应也刺激了著作权人的权利意识并强化了对后者的拓展使用，由此构成了著作权系统扩张所需要的个人及群体组织层面的动力。例如，由于畅销的文化产品的著作权及其衍生的相关权利是企业利润的重要源泉，故企业往往会借助其所在国内外组织的力量来推动相关著作权法在某些地区的制定和实施力度，以设法规避或改变其著作权权益在该地区被损害的状况，为自身长远获益寻找由法律所提供的制度保证。凭借著作权法所提供的排他性效应，部分企业对其下辖著作权的控制力度大为增强，并利用文化产品的规模经济效应进一步削减了生产成本、利用其庞大的子公司所产生的范围经济效应降低了内部交易价格，强化了交叉补贴效应，获得了不菲利润。通过上述诸多途径，部分著作权资本依靠其所积累的力量，在部分领域甚至达到了垄断或类似垄断的程度。此种由"垄断"所产生的高额利润，直接刺激了部分企业维护著作权制度及进行著作权资本运作的努力。

在著作权法与文化产品著作权资本的交互作用及其所引发的排他化效应之下，一些新领域不断被纳入著作权系统版图之内，并得到后者对其相关权利的确认及保护；在著作权法的排他性保护之下，著作权资本得以快速增值的社会氛围逐渐被培育而出，从而为著作权资本的扩张提供了适宜的生态环境。

三、市场主体地位关系的变化及文化产品著作权资本的优势累计效应

西格尔和沙斯特四处投稿，但无人理会他们的《超人》……两人后来孤注
一掷……以 130 美元这一难以想象的超低价把《超人》的版权卖给了 DC 公司，
并开始为《动作漫画》创作全本的超人故事……几乎一夜之间《动作漫画》成
为漫画界的业界领袖，平均每月销量 90 万册。[①]

享誉全球的《超人》在早期的此种遭遇，间接反映了 20 世纪早期文化产品
市场中产品生产者及著作权资本之间雇佣与被雇佣、剥削与被剥削的不平等关系。

在"互联网 +"时代背景下，大数据、云计算和互联网技术的发展使得数
字信息商品的产业化生产和传播需要借助更广阔的平台、更昂贵的设备和更完
善的组织，因而资本要素在此生产链内的重要性日益凸显。在此情况下，多数
普通的内容生产者只有把其作品的著作权及其收益进行整体或部分转让时才能
获得被雇佣或优先传播的机会，因而他们在面对拥有设备、资本和传播平台优
势的资本组织时显得更为弱势，在产业链中的地位会更低，从而导致其在利益
分配关系中往往也处于弱势地位。反之，对于著作权资本而言，它可以通过购
买等继受方式取得著作权的拥有权，并通过后续的著作权资本运作来加速著作
权数量的集中化及由利润的集中化进程——此种获益是著作权原始主体先前所
获得的利润所不能比拟的。

随着双方市场交换关系的变化、市场地位的变化及其引发的利益分配方式
的变化，著作权资本与普通内容生产者之间的实力对比也逐渐失衡，并进而陷
入一种强者恒强、弱者恒弱的恶性循环之中。此种马太效应及其引发的著作权
资本的优势累计效应，为著作权资本制定相关行业规章制度并以此施加自身影
响力提供了便利条件，从而进一步强化了其在该领域生产关系中的主导性权力。

四、文化产品著作权资本过度运营的负外部性

文化产品著作权的资本运作逻辑及其引发的各种效应，会以各种符号形式
镶嵌在社会文化之中，从各方面持续增强了其社会热度，营造出了某种人们竞
相追逐的文化现象，并使其得以顺利进入不同的市场领域和文化空间，从而产
生了巨大的社会影响力。在此情形下，著作权资本的合理运作固然可以推动文

---

① 斯特林. 媒介即生活 [M]. 王家全，崔元磊，张祎译. 北京：中国人民大学出版社，2014：
83—84.

化的繁荣和知识的进步进程，但其过度运营亦可产生一系列严重的负外部性。

1. 大众权利与著作权资本权力的过度冲突

著作权和社会权利的本质均为信息，并充当着公众意见、态度的形成及行动基础的作用。在我国，地域差别、教育差别和人口差别等众多差异广泛存在，而具有不同特性的民众在参与公共事务或处理自身事务中对信息的需求也各不相同，故从理论上要求必须有与其相契合的文化产品存在。作为社会成员个体或组织的基本生存、发展权力，媒介接近权、媒介使用权等用于维护大众生存和发展的相关必要权利理应被重视，也不容其他主导型权利对其进行霸凌。然而，在著作权资本的过度扩张和以工业导向对著作权法所授予权利的诠释下，著作权的私有财产权和排他性特征被强化，过度排斥了付费者在外的其他人的使用和选择权利，也因为过度追求利润或过度使用大数据技术或手机 APP 软件等而使受众的隐私权被侵犯，从而引发并强化了大众权利与著作权资本权力之间的过度冲突。

以美国为例，在著作权资本运营之下，沃尔特·迪士尼公司、新闻集团等五大国际性传媒集团基本控制了美国数字信息著作权市场。由此产生的影响是：

> 这些集团拥有美国大多数报纸、杂志、图书出版商、电影制片厂和广播电视机构。这些集团旗下的每一种媒体的到达率都遍及整个美国。而且这些媒体的所有者都希望新闻稿和节目普天之下都能使用……在北达科他州密诺特镇 6 个空无一人的电台里播放的节目和在纽约市电台播放的一模一样。[1]

不仅如此，"这五大传媒集团均不满足于在单一传播媒介中占据统治地位，而试图在所有媒介形式中都占有主要股份"。[2] 通过单独垄断或互相协作的形式，上述五大国际传播集团基本主导了美国国内文化产品的供应，但不同区域的民众用以满足其发展所必需的相关权利却在无形中被损害。

文化产品内部所蕴含的大众权利及其他普世价值的珍贵性是普通资本无法比拟的。如果将其视为如同房地产等其他领域的普通商品，任其由资本侵蚀，则不仅大众以删减、改编或以其他形式来对文化产品自由衍生的相关权利便会受到限制，而且还可能导致文化产品同质化倾向和公共领域的过度萎缩等公共风险。

---

① 巴格迪基安 . 新媒体垄断 [M]. 邓建国译，北京：清华大学出版社，2013：3.
② 巴格迪基安 . 新媒体垄断 [M]. 邓建国译，北京：清华大学出版社，2013：3.

2.产品内容同质化与公共领域的萎缩

学习社会价值观的过程，便称为"社会化"。[①]此种社会化概念，可以用来解释在各不相同的社会氛围之中，那些包括政治文化在内的各不相同的文化取向何以得以存在。就政治社会化而言，有被动的社会化和主动的社会化之分。有的时候，我们之所以学习政治价值，是由于有人要我们这么做（这就是所谓"被动的社会化"）；有的时候，我们之所以学习政治价值，乃因为我们所处的环境和我们交往的对象令我们如此（这就是所谓"自发的社会化"）。[②]凭借此种政治社会化过程，某个个人或组织可以设法向其他人灌输某种意识形态，而传媒便是这些个人或组织常用的一个工具。

由此社会化过程可知，文化产品蕴含的公共产品属性，使其除非花费巨大，否则不容易将"搭便车者"排除在外。但是，由于文化作品的产生是一个历史性和社会化的过程，人们对由众人所共同创造出的公共财富也充满依赖，故保留一个可供人们汲取各种创造资源的公共领域就非常必要。[③]同时，"在公共领域的作品，按照定义来说，并不受著作权保护。它们可以免费被使用和再使用，不用担心授权允许和赔偿的事宜"。[④]由此论述可知，文化作品作为人类精神世界的共同财富，能够通过公共领域的涤荡过程来促进社会整体的知识分享与创造进程，从而增加信息产品的多样性与社会阶层流动的多种可能性。

然而，为了获取最大利润，著作权资本倾向于利用其下辖传播平台来高强度传播某类文化意义狭隘但经济价值高的畅销作品，因而大幅排挤了其他颇具社会价值的文化产品的生存空间，加剧了产品内容同质化倾向，使得公共领域内精神文化的多样性被削弱；压缩大众从公共领域中获取文化资源的选择范围，阻碍其信息表达和分享的大众参与进程，削弱了拥有消费者和公民等多重身份的大众的选择权利，从而激化了大众权力与著作权资本间的紧张状态。不仅如此，著作权资本还将公共领域视为一个免费而自由的场域，并从中提取用以构成自身产品的重要资源并对后者主张绝对的所有权，直接削减了作为人类共同精神财富的公共领域的覆盖场域。美国五大国际性传媒集团对其国内数字信息著作权市场的垄断及其造成的内容过度同质化现象，便是其公共领域萎缩的部

① ［美］Alan Isaak.政治学概论［M］.王逸舟译.台北：五南图书出版公司，1993：150.
② ［美］Alan Isaak.政治学概论［M］.王逸舟译.台北：五南图书出版公司，1993：151.
③ 黄汇.版权法上的公共领域研究［M］.北京：法律出版社，2014：55.
④ 黄汇.版权法上的公共领域研究［M］.北京：法律出版社，2014：122.

分表现。

"一旦知识生产的社会性与知识积累在版权法中不再占据重要位置时,一个必然的后果就是:所察党的利益和社会代价之间将会出现越来越大的裂痕。"① 在著作权用于兼顾个人、集体和社会的功能相对削弱且著作权所有权趋向于集中、信息传播也趋向于集中的情况下,普通大众要进入理想状态的"观点的自由市场"要付出较高代价,而此种代价也意味着作为以往公共产品的大众文化的流动被限制在较为狭隘的范围。在原本富裕阶层和中下阶层的媒介使用习惯及利用目的不一致且后者处于弱势的情况下,又用收费方式强化了下层民众的高级信息产品的进入门槛,可能会加深两者之间本已经存在且有加大趋势的数字鸿沟,直接弱化了公共领域作为著作权作品诞生摇篮的重要地位,加剧了社会裂痕的扩张速度并可能引发一系列政治和社会问题。

第四节　其他相关理论

作为一个客观存在的事务,台湾政党变革与报业发展之间存在着诸多因素运作的痕迹,而对其彼此之间的互动及相互作用机理的研究,便需要与其相互契合的各种理论来指导;同时,理论的出现及其拓展,本来便是出于对大量实践的归纳、总结。

然而,由于完全而彻底的认知一个事物存在巨大的难度,故人们倾向于以某一个角度或视野来对其进行深入探索,而众多探索的结果便构成了对相关事物相对完整的认识。由此可知,当对台湾政党变革对报业发展影响场域中的相关问题进行分析的时候,也不必囿于某个特定的理论观点或研究范式,而应该基于研究问题及研究对象本身出发,采取与其契合的相应理论范式,方能达到加深对事物认知的初衷。

一、传播符号学理论

本研究作为批判性质的研究,难免涉及对台湾社会整体结构的讨论,而且涉及的程度往往较深。然而,批判研究作为一种宏观的理论角度,它强调传播的角色与功能必须放在整体的社会制度与权力关系中来定位。② 如果要将这个

---

① 黄汇.版权法上的公共领域研究 [M].北京:法律出版社,2014:93.
② John Fiske.传播符号学理论 [M].张锦华,等译.台北市:远流出版公司,1995:5.

较为宏观的社会理论与较为具体的传播行为连接起来，则需要借鉴结构主义传统中的符号学的观点。

符号学认为，传播活动基本上可以看作一种符号的活动。每个人所从事的各种语言传播、非语言传播等各种传播方式，均是凭借符号来进行；所采取的意义传达、沟通交流、维持或挑战现有的社会秩序的活动，也均是符号表达的某种方式。从这个角度来看，符号学这个貌似微观层面上的机制，却正是发挥其宏观社会效果的关键。由于传播符号学的相关理论能够将宏观的社会权力运作与微观的符号意义建构紧密连接，所以该理论理应被纳入借鉴和思考的范畴。

二、公平的正义理论

美国政治哲学家约翰·罗尔斯在《正义论》中构建了公平的正义理论。该理论拒绝功利主义，并主张用一种更为抽象的社会契约论来替代它。该理论认为，社会的基本结构是正义的主题，而社会制度等都由正义来决定。罗尔斯将"善"纳入该理论体系，并以"冷淡的个人＋无知之幕背后的选择"为前提，确立了公平的正义原则，进而又确立了从程序正义到分配正义、从正义职责到自然义务的公平的正义理论体系。罗尔斯的公平的正义理论体系，不仅富有逻辑性，而且其体系也较为规范，尤其是其对社会结构及社会制度的关注等方面，与本研究所进行对台湾大众传媒及政党政治之间的社会结构关系相互契合，并且提供了对其进行介入的标准及指导原则，理应纳入重点思考的范畴。

另外，本研究还需要予以借鉴和思考的相关理论有："霸权理论"和"想象的共同体"等。

本章小结

由国内外研究现状可知，以传播政治经济学视角切入台湾政党变革对以报业为代表的大众传媒影响的研究，不仅具有强烈的必要性和广阔的可作为空间，而且更具有重要的理论意义和重大的实践价值。在此基础之上，本研究以媒体的双重属性来切入台湾地区政党变革与报业发展关系衍变的逻辑基点，以此为依据来探索前者对后者影响的关键要素和相互作用的多重机理等相关内容的研究，因而将更有助于确保上述研究价值的实现。

第二章 威权统治时期台湾报业与政党关系衍变及相互规训研究（1949—1986）[①]

为巩固并强化自身统治，蒋介石于 1949 年 5 月通过"动员戡乱时期临时条款"，发布"戒严令"，而台湾长达 38 年的"戒严"威权体制亦由此开始。所谓威权政体，是具有责任不分明的有限的政治多元主义；没有一套提炼过的主导意识形态，但有相当清楚的特殊心态；除了某一发展时期之外，没有广泛深入的政治动员；威权领袖个人（或有时是由少数人组成的集团）的权力行使虽然不受限制，但实际上却是在完全可预测的范围内。[②] 从以上定义可以看出，威权政体具有以下四个特征，即有限的政治多元主义、政治领导人权力行使的可预测性、有限的政治动员以及缺乏主导型的意识形态，但是又具有特殊的威权心态。

在此威权统治期间，"报禁""党禁"陆续实施，并对台湾报业与政党之间的关系产生了重要影响。"从报纸与政府的关系来看，台湾当局以一元化的政治与社会控制方式对待报纸，实行自上而下的管理，报纸成了当局政治意识操纵的工具和喉舌。"[③] 然而，即便国民党主导下的台湾地方当局对言论自由和新闻自由进行了严格控制，但它为在意识形态等方面争取美国等西方国家的同情及支持，故在表面上粉饰其"自由中国"形象——在确保对公营和党营报纸的控制之下，有限度的容忍部分民营报纸拥有一定的言论空间。然而，随着台湾经济从管制经济为主到管制经济与自由市场经济共存的发展，台湾报业凭借着自

---

① 本章部分内容已经在《威权统治时期台湾报业与政党关系衍变及相互规训（1949—1986）》[福建师范大学学报（哲学社会科学版），2017 年第 1 期] 发表；部分内容有修改。

② Juan J.Linz.*An Authoritarian Reginme spain*[A].Erik Allardt and Stein Rokkan,eds.Mass politics:*Studies in political sociology*[C]. New York:Free Press,1970:255.

③ 李秀萍 . 台湾"报禁"解除前后 [A]. 中共中央宣传部全国宣传干部培训中心 中共中央宣传部新闻局编 . 新闻宣传和新闻改革——新闻研讨报告集 [C]. 青岛：青岛出版社，1989：282.

身实力的提升及通过与当局互动而建构起来的互信、互利关系，亦从最初卑微的"仆从"媒体开始成长，以"纸弹"代替"子弹"，进而在一定程度上推动了台湾的政党变革进程。

第一节　强硬的早期威权统治及报业"仆从"的形成

在 20 世纪 40 年代，蒋介石败退至台湾之初，面临着经济凋敝、政治失败主义泛滥、内部矛盾频发的局面。

内则谣言纷传，人心惶惑，其私蓄较丰而意志薄弱者，纷纷避地海外，或预作最后打算……如曾任台湾省主席的魏道明，寄居巴西；做过东北方面大员的熊式辉，和后来的沈剑虹，滞留香江；曾任第一绥靖区司令的李默庵，避居南美……台湾只是个等待爆炸的火药库。①

为改变此种内外交困、危机四伏的局面，蒋介石遂于 1949 年 5 月通过"动员戡乱时期临时条款"，发布"戒严令"，试图强化思想控制，确立强硬的威权统治体系。

强化对人民的思想控制是蒋介石威权统治体系的重要一环。为达此目的，他往往通过报纸渠道来修补并强化"反共"思想体系，同时大肆捕杀异己，削弱岛内诸多反对力量。"'保密防谍'的口号，透过各种传播媒介，普及全岛每一个角落…… 以'匪嫌'名义，送往青岛东路军人监狱，台东绿岛，或用麻袋捆扎，未经司法程序，丢到海里喂鱼的，不计其数。"②通过此种白色统治，蒋介石的反动统治得以维护。

作为蒋介石维护权力的重要工具，此时期的台湾报业不仅"先天不足"，而且"后天发育不良"。就前者而言，台湾报业的发展基础甚是薄弱——台湾历经日本长达 50 年的殖民统治，不但自身原有文字和文化传统受到严重侵蚀、当地居民的"皇民化"意识严重，而且至光复之时的台湾报业仅有《台湾新报》一份报纸得以存续。此种令人尴尬的报业发展基础，使得尾随蒋介石至台的报人施展才华的余地非常受限。就后者而言，即便台湾得以光复，报业的发展亦不

---

① 江南．蒋经国传 [M]．北京：中国友谊出版公司，1984：228．
② 何海兵．台湾六十年 [M]．上海：上海人民出版社，2009：62．

仅要受到"限张""限印""限证""限价"和"限纸"的"报禁"政策制约，而且要面对来自国民党中央文化工作委员会或特务系统对新闻内容和言论的直接审查。在上述种种因素制约之下，台湾各民营报业生存状况堪忧。以《联合报》为例：

> 记者写稿用的长桌，用途也非常广泛。白天，铺上张蓝桌布，就可以充作会议桌；午、晚餐时分，铺上旧报纸，又变成餐桌，大家吃着报社准备的两顿饭；到了夜里，这里才是记者上班写稿的地方。这些桌子，是在三报联合时，由各报财产中挑选出来的，虽说是精选过的桌子，却也是坑坑洞洞，凸凹不平，大家买来学生用的垫板，放在稿纸下面，边写边移动。①

不仅如此，其"报馆是租来的……环境卫生极差，臭气熏天。办公室的电灯线上往往密密麻麻停满了苍蝇，记者一边写稿，要一边挥赶苍蝇，不堪其扰"。② 由此可知，面对拮据的经济状况、凶险的时局，以《联合报》为代表的多数民营报纸的生存可谓艰难。

为求得生存机会，台北新闻界人士特别设立了"民营报业广告联合处"，试图采取各种方法在政府机关广告中分得一杯羹。"积极与各机关交涉，经过艰苦奋斗终于赢得各机关的公告……至1952年经省政府命令省级单位及公营事业，应将每一公告分向3个单位送登，即是《中央日报》一份，《新生报》一份，民营报业广告联营处一份，收费办法各照报刊分别支取。"③ 换言之，针对同一份广告，组成"民营报业广告联营处"的九家民营报纸仅仅收取了《中央日报》《新生报》一家报纸的广告费用，且需要将该广告在数家报纸上同时刊登。对比之下，民营报纸得来的这种台湾当局以广告费用形式进行的资金补助，虽未免有些寒酸，但它仍然需要经过"艰苦奋斗"才能得到，不免可以看出此时它们极度窘迫的生存状况。

然而，即便如此，那些在此艰难环境之下生存下来的报纸也多与台湾当局存在较为紧密的联系，且至少在基本内容格调方面要听从台湾当局的指导。

---

① 黄年等.联合报60年：1951—2011[M].台北：联合报，2011：116.
② 黄年等.联合报60年：1951—2011[M].台北：联合报，2011：25.
③ 陈扬明，周檩.台湾百年报业透视（1895—20世纪末[A].许清茂.海峡两岸文化与传播研究[C].厦门：厦门大学出版社，2005：22.

台湾在很长的一个时段里，特务系统比较厉害，而且特务系统是直接进到印刷厂的……特务机关根据笔迹就会知道是谁写的，躲都躲不起来的……那个时候台湾的媒体，没有一点关系是不可能办的。那时几乎所有媒体都必须根据上面的规则出报纸，还没有特别敢跟政府唱反调的。①

换言之，此时期的报纸若非与当局关系密切，那么当其新闻言论稍有"出格"之处时，便有遭到查禁的可能。因而很多富有独立、自由和民主精神的报纸便纷纷以各种原因消失了。

不仅如此，"记者是没有地位的。报纸对社会而言属于高消费品，销路因此不是挺多，它的生产规模小，加之新闻管制，不可能报道太多东西。所以无论从告知的效果，还是娱乐的效果讲，媒体都不是那么重要"。②狭小的市场空间、低下的从业地位、受控制的言论导向、独立自主能力欠缺的尴尬状况，使得此时报业多依附于威权体制而生存，且其发展状况也多取决于当局的意愿。面对早期强硬的威权统治，在当局严密控制之下并依当局意愿为依归的多数民营报纸，暂时扮演着某种忠实而卑微的"仆从"性质的工具性角色。

第二节　工业社会下威权统治的软化与报业"仆从"力量的成长

在 20 世纪 60 年代，台湾岛所处的内外环境给其提供了良好的发展契机。首先，就岛外形势而言，朝鲜战争结束，国际政治局势趋于稳定；美国对台湾"不能击沉之航空母舰"的战略地位愈加重视并给予其经济、军事等诸多支持，直接加速了后者社会状况的好转。其次，就岛内情况而言，此时的台湾地方政府充分认识到了重视对外贸易的益处，施行义务教育，经济形势明显好转。在此内外因素的交互促进之下，1963 年的台湾工业生产净额便超出农业，出口比重达到 41.4%。③此数据的出现，意味着工业生产逐渐取代农业生产成为整个台湾社会的主轴。

---

①　南方朔，韩福东．南方朔：台湾报禁解除前后 [J]．时代教育，2008，（08）．

②　南方朔，韩福东．南方朔：台湾报禁解除前后 [J]．时代教育，2008，（08）．

③　茅家琦．台湾 30 年 [M]．郑州：河南人民出版社，1988：83．

台湾工业社会的到来，促使城市人口的增加、工商业的发展和商品需求的旺盛。为了在生产者和消费者之间建立一个沟通的桥梁，广告的作用及需求凸显而出。同时，都市化人口的增加及识字率的提升，提升了民众的文化水平，也为报业发展提供了众多潜在的消费者；经济的发展，使得民众个人收入有所增加，便有更多用于报纸等精神产品的消费。在此契机之下，台湾报业较以往获得了难得的发展空间。以报纸发行量为例，《联合报》于1959年"发行量突破七万五千份，超过当时的党公营报，是'联合报的一大步，台湾报业的一小步'"。①

不仅如此，台湾经济的发展还引发了社会结构的变迁，使得一批小资产阶级和中资产阶级得以兴起。后者在掌握一定的经济权力之后，势必将要求得到与其经济权力相匹配的政治地位——对于历经长时期殖民统治且缺乏担任公职人员机会的部分台湾本土人士而言，他们对于"当官"的意愿尤为强烈。然而，在蒋介石所营造的白色恐怖之下，此种意愿难以得到实现。在此种情况之下，对国民党文化统治基础的"四维八德"传统理念反感的文化青年和诸多在政治权力斗争中失败的知识分子便更加重视报纸、杂志等传媒手段的利用，或将其作为传播西方文化思想的工具，或将其作为集聚同仁的组织机构，并通过此举直接或间接地冲击了国民党的文化统治基础。此种上升的社会需求，使得报业的重要性大增。

在此时期，虽然台湾当局仍然维持着对公营和党营报纸的控制，但对于民营报纸的控制已经相对削弱。这是因为，民营报纸虽然缺少行政力量的支持，但此种背景反为其无党无私、新闻独立、客观公正的新闻口号做了背书。凭借此种相对优势，部分民营报纸以自身富有特色的娱乐新闻、地方新闻吸引了大量受众和广告商的青睐。

1960年各报的总收入为1.230亿元，到1970年，各报广告总收入达到5.108亿元，10年间增长了近5倍。报纸在7种广告媒体中，一直都占全部广告总额的一半以上。即使在1964年因电视广告的冲击和限张政策的影响，曾一度使报纸广告收入下降，但仍然占总额的50%。②

---

① 黄年等.联合报60年：1951—2011[M].台北：联合报，2011：16.
② 陈扬明，周檩.台湾百年报业透视（1895—20世纪末）[A].许清茂.海峡两岸文化与传播研究[C].厦门：厦门大学出版社，2005：46.

上述数据显示，此时期的台湾报业所获得经济利润较为可观，而此种迅速增长的经济实力及其所代表的社会影响力，势必将会进一步强化其办报的独立自主性。

同时，经济形势的好转及政局的相对稳定，使得蒋介石的政治统治信心得以增加，而早期较为强硬的威权统治措施也相对软化。为了稳固其统治地位并努力达到"反攻大陆"的目标，他也需要报纸对其经济文化建设中的各项业绩予以宣传，更需要通过作为意识形态重要载体的报纸来对民众的思想予以整合——所谓意识形态，主要指反映一定经济和社会关系的阶级或阶层的根本利益，为维护、加强或推翻一定的阶级统治服务的思想理论体系，它以哲学、宗教、伦理、政治、法律和经济的思想等形式表现出来。[1] 因此，尽管他严格地将报纸的数量控制在31家，但却默许各报在此框架内进行发行权的转移，并试图在实现对报业力量控制的同时来促进台湾报业的新陈代谢。毕竟，在党营和公营报业的影响力日渐削弱而民营报业社会影响力日增且在较大程度上可以为其所用的情况下，即使是威权政党，也不希望其报业"仆从"的能力过于孱弱。

在此情形之下，此时期的台湾报纸便多通过转移发行权、购买、兼并等形式开始在少数报业资本家手中聚集。当然，这些资本家本身便在台湾政经系统内占据一定地位且在较大程度上便依附政治体制而生存。例如，报业巨头《联合报》的王惕吾和《中国时报》的余纪忠，本身便是国民党权力核心中国国民党中央常务委员会委员，并凭借其与权力核心长期保持的某种互动与互信关系获得了当局的逐步信任，在一定程度上扮演着当权派与在野势力、民众之间沟通桥梁的重要角色，并进而通过此种方式帮助台湾当局在言论市场中达到了类似政治领域中"报禁"的效果。报业与政党权力的此种紧密联系，虽然意味着台湾报业仍然不能摆脱其政治权力"仆从"的角色，但却意味着权力核心之中将有民营报业力量的存在，而其在权力系统中的位置也逐渐重要起来。

然而，即便如此，蒋介石也并未放松对报业的严格控制。以素与当局亲近的《联合报》旗下《经济日报》的遭遇为例：

1967年，经济日报才创刊即因一则报道引起国民党不悦，经济日报为了避免关门危机，自动停刊三天，并换掉总编辑，9月26日复刊时以"整顿内部，

---

① 陈振明，陈炳辉.政治学：概念、理论和方法[M].北京：中国社会科学出版社，1999：476.

业已就绪"为由刊登小启。^①

　　由上述材料可知，此时期的报业发展仍然面临着相对严峻的政治环境。

　　在此氛围之下，为避开政治"雷区"，同时也基于对发行量和广告收入等经济利益的考量，以报业巨头联合报系和中国时报系为代表的诸多报业均开始发行经济类专业性报纸《经济日报》和《工商时报》等，积极回应受众对市场经济资讯的需求。同时，各报还重视报纸副刊和娱乐新闻的报道，在一定程度上满足了威权统治之下台湾民众的娱乐化需求。然而，受制于蒋介石的严格控制，为了生存和发展的部分报纸也发生过为争取广告而不择手段的情况。但是，台湾报业的新闻浪漫主义理想并未泯灭，并通过诸多努力获得了更大的发展空间，同时也在客观上推动了台湾新闻事业的发展。

　　由上述论述可知，尽管工业社会之下的威权统治措施相对软化，而报业实力有所增强且发展空间更大，但其角色仍然是"仆从"的延续，只不过内部已经蕴含有质变的萌芽。换言之，基于独立发展能力的增强和新闻浪漫主义理想的驱动，台湾报业已经开始对一些政治问题有了自己独立而公开的看法。例如，《联合报》和《自立晚报》等报纸便曾对"出版法"提出相关建议和批评，主张解除"报禁"；《中国时报》也曾公开强调："若报纸成为一定型式，报人都成为缄口金人，国无诤臣，官无诤友，民无诤言，那我们将不得不为国事前途致其慨叹了。"^②不仅作为个体的报纸如此，作为整体的台湾新闻界亦有所进步。例如，台湾新闻界成立的台北市报业评议会，便倡导报业自律和新闻道德标准的提升。此类言行虽看些轻微，作用也相对有限，但却不仅意味着台湾报业社会责任观念萌芽的出现及成长，而且也意味着台湾多数报纸所致力于服务的对象，已经由纯粹的国民党及其所主持下的台湾当局，转移到了社会民众之上。此种服务目标及其所追求利益的变化，意味着原本处于"仆从"位置的报业一方在运作理念和目标导向上发生了质变，已经有了其他更加重大的追求；而其所传播的相关资讯，也部分反映了民间社会对威权当局的抗争，在一定程度上推动了争取自由的台湾社会运动，在客观上起到了不断打破政治禁忌、提供公共论坛并教育民众、进行人力和物力等各种资源的动员储备的重要作用。因此，从此种意义来看，台湾报业的此种变化，对于两者之间"仆从"关系向其他关系

---

　　① 黄年等.联合报60年：1951—2011[M].台北：联合报，2011：127.

　　② 中国时报编辑委员会.中国时报五十年[M].台北：中国时报社，2000：15.

的衍变，意义重大而深远。

第三节　"一党到多党"下的政党变革趋势与
"仆从"到"同盟"关系的质变

在 20 世纪 70 年代和 80 年代初期，台湾所处的内外环境又发生了新的变化。就外部环境而言，"中美联合公报"于 1972 年发布，随后世界各个国家和地区纷纷与台湾断绝"外交"关系，并在事实上直接动摇了蒋家王朝统治的合法性与正当性；第一次世界性石油能源危机于 1973 年爆发，使以出口工业为支柱的台湾经济遭受严重打击；大陆综合实力大幅增加，对台湾形成了全方位的压力。就内部因素而言，"省籍矛盾"日益突出，台湾的外部遭遇又直接激化了民众心中隐藏的不满情绪；蒋氏家族政治权力代际更替面临党内"元老派"等政治派系的制约，而派系斗争中所透露出来的政治机会又吸引和强化了日益成长的台湾本土中小资产阶级的兴趣，并促使其采取诸如抗议"国民大会代表"职权永久化等具有政治抗争意味的政治参与活动。

为缓和岛内外的各种紧张局势，同时也为了强化自身统治的合法性与正当性，蒋经国在台湾实行了自上而下的局部政治变革。他加大对国民党的本土化改造程度，吸纳李登辉、吴伯雄等台湾本土政客进入"行政院"工作，并在一定程度上允许部分知名本土人士通过正规途径参与政治权力的运作，使得台湾本土人士在台湾当局的高层和基层中所占据比例均有较大程度的提升。特别在 1977 年的台湾地方选举中，"共选出 20 个县市长，党外占 4 个；77 席省议员中，党外占 21 席，创下了党外势力参加选举的最佳成绩，被视为台湾政治气候的转变关键。"[①] 此种令台湾本土人士兴奋的政治成果的出现，在一定程度上体现了当局对此政治衍变过程的开放或默认态度，也意味着威权统治的进一步软化。受此鼓励，众多台湾本土人士纷纷谋取参加 1978 年的"增额中央民意代表选举"；部分政客甚至组建了拥有共同组织、目标、理论纲领并在较大程度上具备政党雏形的"台湾党外人士助选团"，直接为由"一党专政"到"多党竞争"的台湾政党变革埋下了伏笔。

在此时期，尽管蒋经国也曾对台湾地方政治选举进行过一些严格管制，但

---

① 茅家琦. 台湾 30 年 [M]. 郑州：河南人民出版社，1988：306.

已经从中获利并对政治权力充满渴望的中、小资产阶级，以及被鼓动起来的普通民众的政治参与热情已经无法被扑灭。在此情况下，台湾岛内外的党外势力迅速增加，而各种抗议国民党独裁统治党外运动也纷纷出现，政治选举制度逐渐深入人心，在为台湾政党变革提供了营养的同时也直接加快了今后台湾"从一党到多党"的政党变革进程。

台湾社会所处的外部及内部环境的各种变化，为台湾报业的发展提供了难得契机，同时也为报业与当局之间"仆从"关系质变的发生提供了良好机遇。首先，从受众需求的角度来看，台湾民众虽然由前期社会的发展而培养起了一定自信，但面对此时岛内外的各种挫折而难免有失落之感。不仅如此，随着科技和教育水平的提高，他们对社会现实拥有更为敏锐的观察力，而此种能力又使得上述失落感倍增，进而对自身所处的生存环境充满敏感和不确定性，从而又难免引发对自身切身利益的高度关注。此种对自身命运的担忧和由此产生的焦虑感、敏感性，促使他们通过一切可能的途径来获得相关信息，并使其对传媒资讯的需求更为强烈。此种情况的出现，意味着台湾报业发展所需要的市场空间被拓展，而其社会影响力也会剧增。

其次，从报业发展所面临的体制制约来看，由于工业社会的发展、威权统治的软化，以及台湾经济社会中管制经济与自由市场经济共存局面的增强，报业发展在经济体制方面受到的束缚力大为削弱。同时，作为当时重要的传播渠道，报纸在各种地方政治选举中的重要性毋庸置疑；而随着政治选举的普及、国民党内派系斗争的需要以及各政党之间政治竞争力度的增强，报业在政治权力系统中的重要性也大为增加，从而使其获得了更大的政治话语权和更高的社会地位，来自政治权力的制约也进一步弱化。

再次，就报业自身实力而言，尽管此时的报纸总数仍然维持在 31 家，但其市场化运营意识已经被点燃，报纸发行、广告等经济收入也快速增加。以其发行规模为例："到 1981 年，台湾报纸总销量达到 300 万份，其中《中国时报》和《联合报》两家民营报纸分别在 1979 年和 1980 年突破百万份大关"。[①] 不仅报纸的发行量突飞猛进，其广告额度也大幅上升。"1971 年台湾报纸的广告量在台湾整个 5 大媒体中占 35% 左右，1979 年上升到 40.39%，报纸广告总收入

---

① 陈扬明，周檩. 台湾百年报业透视（1895—20 世纪末）[A]. 许清茂. 海峡两岸文化与传播研究 [C]. 厦门：厦门大学出版社，2005：46.

增长率为 723.32%，即增长了 7 倍多。"① 尤为重要的是，台湾报业的集团化发展倾向更为显著，并对报业生态构成重大影响。"就报纸之间的关系而言……市场……主要由两大报系——《中国时报》和《联合报》垄断……它们的广告收入占台湾整个广告市场 70% 以上。"② 集团化报业实力的快速增加，意味着它们即便离开台当局的经济支持，也具有独立运营的经济基础。故在较为宽容的软性威权后期，台湾民营报业独立运营的经济驱动力渐增，集团化发展倾向愈加明显，报业市场也趋向集中和垄断。由此可见，在台湾威权统治之手开始放松对报业的监管之际，自由市场经济已经开始展现出其对传媒的某种控制力量。

同时，随着报业实力的增强，其在对待以往需要仰视的台当局之时，就更能够坚持自身的立场。特别是对于那些借市场化运营而经济较为雄厚、政治和社会影响力也大增的部分报业集团而言，此方面的表现更是突出。例如，此时台湾报纸的国际新闻报道和对外关系报道的力度有所增强，社会新闻的版面及篇幅大大增加，科技新闻报道和民生新闻报道获得发展的空间，新闻报道面有所拓宽，新闻品质有所提升；报纸的副刊逐渐开放，改变了以往以休闲内容为主的情况，成为内容多元、追求时效且质量能与新闻、评论相互媲美的存在；报纸先前所普遍存在的对当局及领导人"歌功颂德"的情况减少，评论及时事分析等的批评性增强，批评的领域和深度也大为扩展。至 80 年代"报禁"解除后，报业先前所遭遇的多数政治限制至少在名义上已经不复存在了。

报纸言论尺度的放开，给当局造成一定困扰。为改变此种局面，后者曾一度尝试强化对新闻界的控制，没收和查禁了一批党外刊物，并试图通过利用影响报业人事安排或将其吸纳进入权力核心等方式来强化自身优势地位。但是，实力已经大增的报业并不如以往那样对其唯命是从，不但试图发出自己的声音；而且甚至在时局宽松之时设法予以反击，并设法以各种合法手段来不断突破其各种"禁忌"领域，以"纸弹"代替"子弹"，避免了大规模流血冲突，也进一步推动了台湾地区政党变革进程。通过此种双方互动过程，报业和民众对台当局先前的敬畏心态逐步改变，并以相对平等的心态来重新审视两者之间的关系，因而进一步推动了两者关系的转型。

---

① 陈扬明，周檩 . 台湾百年报业透视（1895—20 世纪末）[A]. 许清茂 . 海峡两岸文化与传播研究 [C]. 厦门：厦门大学出版社，2005：92.

② 李秀萍 . 台湾"报禁"解除前后 [A]. 中共中央宣传部全国宣传干部培训中心 中共中央宣传部新闻局 . 新闻宣传和新闻改革——新闻研讨报告集 [C]. 青岛：青岛出版社，1989：282.

由上述论述可知，当台湾报业的经济实力和社会影响力增长到一定程度，即便威权统治下的政党权力也会对其保持一定的尊重，而此举又将会强化报业独立运营的经济倾向和政治倾向，并反过来促进二者关系的进一步转变。进一步来讲，在一个泛政治化的社会氛围之中，对于目标导向已经变化的台湾报业来讲，当在经济上具备一定的独立自主能力且自身也能够影响政治权力分配的情况下，难免会对政治权力有更大的追求，而此种追求也将势必改变其自身原本卑微的"仆从"角色，进而谋取更有利于自身的位置。

特别是当台湾解除"党禁""报禁"及戒严体制之后，为在各种政治选举中获胜并争夺或分享台湾当局高层政治权力，包括国民党、民进党在内的诸多利益团体各自组建利益同盟并展开激烈争夺。由于报业在引导社会舆论和政治形象建构中的重要作用，各派对传媒权力有较为迫切的需求，并争相拉拢或创办各种报刊，从而使得以报纸为代表的传媒权力得到大幅提升。特别是在台湾政党"蓝""绿"阵营日益分化、彼此对峙且社会日益撕裂的情况之下，传媒权力对政治权力构成了更大的制约，在事实上直接参与了政治权力的角逐和分配，并呈现出与官商及其所代表的意识形态紧密相连并对某个或某类党派负责的特性。在此种互动之中，双方的实质关系进一步衍变为"同盟"或"结盟"的关系，而先前那种"仆从"关系，亦基本不复存在了。

第四节　台湾威权统治时期报业与政党关系衍变的影响机制

台湾威权统治时期报业与政党关系的衍变来源于两方面的动力，即社会结构性质变化、经济发展等宏观层面的动力以及威权政治精英的战略抉择、民众表达自由的发展等微观层面的推力。换言之，威权政治精英主导下的以市场经济为发展导向的工业化进程，虽然使台湾社会完成了由农业社会向工业社会的质变，让多数民众获得经济领域的相对自由，但却在实质上构成了对其他潜在组织利益的排他化，也忽视了普通民众的媒体接近权、在公共领域的表达自由权等权利意识。随着大众民主意识的觉醒与提升、新阶层权力欲望的积累、"第三波"效应的扩散等，一旦经济陷入衰退或其他危机时，威权政党以往由经济成功所建构起来的统治合法性与正当性便会被质疑和反对，其主导下的地方政权也会失去稳定性。在此内外交困之中，蒋经国认识到：

时代在变，环境在变，潮流也在变。因应这些变迁，执政党必须以新的观念、新的做法，在"民主宪政"的基础上，推动革新措施。唯有如此，才能与时代潮流相结合，才能和民众永远在一起。①

基于此种认知，以蒋经国为首的台湾威权政治精英势必会对实力已较为雄厚的"仆从"角色进行再衡量，并以"盟友"身份将其纳入利益集团核心圈，以利于自身统治地位的发展和延续。

当然，威权统治时期台湾报业与政党之间由"仆从"到"同盟"关系的衍变史，同样是一部从偏狭走向相对宽容和一部表达自由的发展史。所谓表达自由，指公民使用各种媒介或方式表明、显示自己的思想、观点或主张而不受他人干涉或约束的一种自主状态。②作为一项政治权利，台湾民众的表达自由在报业与政党的博弈中慢慢酝酿并发展壮大，并实现了与岛内西式选举政体的初步契合。这不仅有利于大众政治参与热情的提升，还有利于报业经济收入的增长、岛内意见自由市场的形成，更直接推动了报业与政党关系的良性衍变。不仅如此，作为表达自由重要载体的报业的发展也同样强化了报社的经济独立性，提升了报业追寻经济独立和新闻自由的资本，保障了该时期政党变革的相关成果；报业及其所承载的表达自由也随着威权政治的转型而逐步发展并逐渐得到上层建筑的权利保障，其发展空间被逐步拓展。然而，台湾民众表达自由的发展史，同样也是一部街头抗争运动史。那些处于街头运动之中的大众个体，尽管参与社会运动的时间、形式、主体和内容均有所不同，但常会在群体狂热情绪的互相感染下进入某种集体无意识状态，从而为报纸议程设置等功能的发挥提供了广阔空间。

台湾报业适逢其会——它在提升自身经济实力和政治影响力的同时，努力改善新闻自由与民众的表达自由，大大激发了民众的政治参与热情，并携民意以"令"政党，直接影响了双方旧有关系转型的力度和速度。由于报业实力雄厚且与所在政治利益集团的利益黏性剧增，故双方所处的利益共同体又逐渐向命运共同体转化，进而初步形成了台湾媒体并不纯粹以经济利益为依归，而是呈现出与官商及其所代表的意识形态紧密相连并对某个或某类党派负责的独特媒体特性的历史基因。当然，台湾报业的此种特性及其联盟所发出的过于强大

① 李立.民进党浮沉内幕 [M].北京：华文出版社，2012：20.
② 杨久华.台湾政治转型过程中表达自由问题研究 [M].北京：知识产权出版社，2012：40.

的声音对岛内意见自由市场的介入，不仅可能会令后者陷入失衡或虚假的"多元"之中——岛内"蓝""绿"对峙的二元生态已经部分证明了此点，还可能令弱势群体的微弱呐喊被淹没，直接伤害了作为其他权利基础的表达自由，进而给充满变数的台湾社会发展走向带来新的不确定性。

由于转型之中的游戏规则尚未明朗和固化，各方参与者便积极投入其中，以期在满足自身利益的基础上把握未来长远利益的分配法则。

最终的结果总是从许多单个的意志的相互冲突中产生出来的，而其中每一个意志，又是由于许多特殊的生活条件，才成为它所成为的那样。这样就有无数互相交错的力量，有无数个力的平行四边形，而由此就产生出一个总的结果，即历史结果。①

事实确实如此。台湾社会在实现威权转型之后，经过短暂的"自由化""民主化"时代，旋即进入民粹主义时代，而以过度娱乐化、虚假新闻、传媒暴力、传媒歧视、财团力量对新闻自由的侵犯与扭曲、政客以更加隐蔽化与商业化的手法对言论自由的干涉等为代表的媒体乱象也层出不穷。在此民粹主义语境下，那些影响报业与政党的因素在不断嬗变，其他相关力量也纷纷展开博弈。但是，新的传媒生态已经发生变化——随着媒介形态的演化及受众特质、信息需求等的变化，富含交互性、开放性、即时性、自主性、匿名性、海量性等特质的新媒体及其所建构的新传播体制蓬勃发展，并直接冲击、削弱和消解了传统传播体制和传统意义上的传媒精英所把持的报业话语霸权，加速了传统报业在台湾社会影响力的萎缩。在力量的此消彼长之下，台湾传统报业似乎不再是新一代政治精英结盟的首要选择，而此种情况势必将影响双方关系的衍变进程。

综上所述，台湾报业与政党关系的衍变是一个动态的变化过程，沾染有自身独特的社会历史基因。我们在对其进行把握时，需要将过去与现在有机结合起来，在广袤的历史时空中对其予以认真而全面的审视，方能对其问题实质有更为深刻的认识，也才能更好地把握其发展趋势及该趋势所蕴含的重要意义。

---

① 季忠．社会辩证法研究 [M]．长春：东北师范大学出版社，2015：27．

本章小结

　　威权统治早期的台湾报业仅扮演着政党权力卑微的"仆从"角色；然而，随着社会环境变化和报业实力的增强，此种角色却逐渐转型并直接推动台湾政党变革进程。以传媒与政党的双重脉络来进行切入，并从刚性的早期威权统治及报业"仆从"的形成、工业社会下威权统治的软化与报业"仆从"力量的成长，以及从"一党到多党"下的政党变革趋势与"仆从"到"同盟"关系的质变等层面来剖析，将有助于探析二者关系衍变历程及其相互规训机制。

第三章　政治转型时期台湾政党变革对报业发展的影响（1987—1999）

　　1987 年 7 月，蒋经国下令解除"戒严"并力图推动政治革新，标志着台湾政治转型的到来。随后，在 1988 年，"报禁"被解除；在 1995 年底，台湾地区领导人选举举行。此后，台湾政治变革进程速度加快并促使了台湾地区在 2000 年实现了政党轮替。

　　"按西方比较政治学理论来看，民主转型具有两个维度，即自由化和民主化，大体经历先自由化后民主化两个阶段。自由化是对言论、集会、结社等基本政治自由的兑现，要求开放党禁报禁、允许游行集会等，核心在于容忍政治反对派。民主化是指自由直接选举议会或国家元首"。[1] 由此理论可知，蒋经国对"戒严"为代表的威权体制的废除，以及民众部分政治自由的基本实现，应该标志着台湾政治变革的自由化阶段的到来；同时，台湾地区领导人的第一次选举尽管乱象丛生，但至少在形式上实现了"自由选举"，故应该将其视为台湾政党变革向西式主流民主政治体制靠拢的重大节点，因而也可以在一定程度上将其视为"民主化"转型的开端。[2] 换言之，台湾政治转型分为自由化和"民主化"两个阶段，且每个阶段表现出不同的特征。

　　在此政治转型期间，台湾报业因政治松绑而得以获得了巨大的发展空间，并以"纸弹"代替了"子弹"，使台湾得以避免了部分国家和地区因威权体制向现代西式主流政治体制转型所带来的大规模流血冲突。因而，对此政治转型时期台湾政党变革与报业发展之间的彼此互动机制及其深远影响进行研究，具有重大理论意义与实践研究价值。

---

　　① 李京 . 台湾政治转型中蒋经国的民主思想与改革抉择 [J]. 宁波大学学报（人文科学版），2013，（01）：91.

　　② 张彦华 . 台湾大众传媒与政党政治关系衍变研究 [M]. 北京：九州出版社，2017：75.

第一节　"自由化"的政治革新

风云变幻的国际形势，日益强大的大陆实力以及内部面对的诸多风险，均给以蒋经国为首的国民党带来了沉重压力。在此情形之下，思想相对开放的蒋经国通过对局势的全面权衡，终于决定进行政治革新。此举表现在政治变革之中，便是政治自由化阶段的到来。

一、自由化进程启动的社会背景

20世纪晚期的台湾社会，正在孕育一场社会变革。具体而言，首先，台湾经济的长期快速发展，加快了台湾社会由农业社会向工业社会转变的进程。在此新的社会结构中，中产阶级群体大量出现，并在基本实现经济自由之后试图提出更利于自身发展的政治主张，甚至不惜结成某种组织来反击垄断政治资源的国民党；民众教育水平得以普遍提升，故其能够通过报纸媒介等各种途径来获得新式思想，且对威权体制的弊病及由此引发的诸多不端更为敏感且对其的容忍度更小。上述巨大的结构性力量对国民党独裁统治的冲击，以"江南命案"和"十信事件"等方式表现出来，给腐败且内部纷争不断的国民党独裁政权以强大的危机感。

其次，外在环境的急剧变化，亦令国民党的统治压力剧增。换言之，被国民党一向敌视并视为"反攻"目标的大陆，不仅因改革开放政策的实施而获得了广泛的国际影响力，也因"和平统一，一国两制"的对台方针而得到全球华人的广泛赞同——这无疑给以"正统"自诩但实力却日渐削弱的国民党以强烈的挫败感；国际范围内第三波民主化潮流影响日隆，而逆势而动的韩国、菲律宾等政权的巨大变动，又给国民党以强烈震撼。不仅如此，致力于在台湾推广其意识形态的美国对其进行的长达数十年的价值渗透及意图扶持代理人的工作，也对台湾相关政经高层人员的思想产生了重大影响。

在内外交迫之际，为了更好地维护自身统治利益，以蒋经国为代表的国民党统治阶层开始试图以各种方法来自身的政治革新进程。

二、政治自由化革新的重要举措

为了扭转其在"国际"上的不利地位，同时也为了将解决内部正在发酵的诸多问题的主动权掌握在手，蒋经国便力主通过自上而下的政治变革方式来主导台湾政治体制及权力的转型过程，并力图确保和维护国民党在该进程中的优势地位。

此种政治自由化革新的意图，在 1986 年国民党第十二届三中全会上便有所体现。换言之，蒋经国在该会上对国民党所面临的严峻形势进行了分析，并指出了以党的革新带动行政革新，以行政革新带动全面革新"[1]的改革理念;随后，他在国民党中常会上也指出："时代在变，环境在变，潮流也在变，因应这些变迁，主导政府权力的政党必须以新的观念、新的做法，在民主宪政体制的基础上推动革新措施，唯有如此，才能与时代相结合，才能与民众永远在一起。"[2]由其发言内容及其意图可知，蒋经国试图通过党内动员和征求国民党核心骨干人员支持的基础上，来推动国民党党内的政治革新;在此基础上，他还试图将此革新与台湾社会政治体制的改革进程紧密联系在一起，进而扩大其在台湾社会的影响力，并最终达到将国民党统治"合法而正当"地在台湾本土得以永远维持的政治目的。

台湾政治自由化进程的推动，是由一系列政治事件为重要标志的。例如，1987 年 7 月，蒋经国宣布将长达 40 年的"戒严令"予以废除，而民众由此得以获得了自由集会、结社等等基本权利的机会;1987 年 12 月，"动员戡乱时期公职人员选举罢免法""非常时期人民团体组织法"被修订通过，而民众的组党行为也被台湾当局赋予了合法性，从而为台湾政党政治中的多党竞争及民众对于政治权力的正当追求提供了法律保障。不仅如此，在 12 月 21 日，台湾新闻宣传主管机构也宣布长达 36 年的"报禁"政策正式退出舞台，而台湾民众也由此获得了一定意义上的言论自由等基本权利。

除上述具有重大代表性的革新措施之外，国民党还推出了一系列辅助手段。如在"中央民意结构"中大幅度地增加了台湾籍"增额民意代表"的数量、实行"地方自治"法制化以及革新党务和政策调整等。[3]上述辅助措施的实施，不仅为民众的政治参与提供了制度保障，而且在较大程度上消除了民众对此改革的一些顾虑，从而加速了政治改革措施的普及和被接受程度。

① 何海兵.台湾六十年 [M].上海：上海人民出版社，2008：92.

② 张春英.中国国民党与台湾政党政治 [OL].http://news.ifeng.com/history/zhongguojindaishi/special/gmddh/detail_2012_10/08/18091749_0.shtml 2012-10-08.

③ 张彦华.台湾大众传媒与政党政治关系衍变研究 [M].北京：九州出版社，2017：78.

不仅如此，以蒋经国为代表的国民党统治阶层对该政治变革进程中的诸多挑战表现出了较为包容的态度。例如，面对来自党内"反对派"的反对声音，蒋经国采取了较为克制而保守的手段来进行沟通；面对来自早期民进党无视国民党再三申诫而组党的行为，蒋经国没有采取类似对雷震所组织的中国民主党的镇压行为，而是以默认的态度包容了所受到的"挑衅"行为，并在随后开放"党禁"为其政治合法性、正当性进行背书。此种对"异端"包容的态度，在较大程度上缓和了当时紧张的社会矛盾，也为其后期推行的一系列政治改革措施的实施效果夯实了基础。

三、政治自由化进程实施的影响

以蒋经国为代表的国民党统治阶层所推动的政治自由化改革及其所表现出的包容和开放态度，不仅扩大了民众所享有的诸多基本权利并建构了其合法参与政治进程的渠道，也为台湾社会多元而包容的社会文化夯实了基础，故具有重要的历史意义。然而，此种自上而下且为了久远巩固自身统治利益的政治变革措施，本身便带有一系列缺陷，具有历史和自身的局限性，因而也会产生诸多负面影响。

台湾政治自由化变革的影响，同样体现在其他诸多方面。首先，威权体制的瓦解及西式政治政治体制的成型，使得以往被垄断的政治权力被多元竞争的权力体制所替代，而权力制衡的作用效果亦凸显而出——在此制衡之下，权力的野蛮属性和赤裸裸的暴力被部分驯服，并部分为普通民众所分润，故强化了由民意所加持的政治及结构的正当性，也利于社会的持续发展。

不仅如此，政治多元化及多党竞争中对民意的需求，使得民意的重要性凸显而出；然而，由于民众对于权利及权力的获得在1987年这一短短时间内完成，故其对权利及权力的运用因缺乏理性的理念而不免陷入某种狂热的形态之中，而此种过度的政治参与及政治不理性行为，为台湾后期由"民主社会"向"民粹社会"转变埋下了隐患。

其次，政治体制本身便意味着强大的结构性政治权力，而对其的改革与松动，也将带来诸多机会与调整。换言之，政治变革进程中对"报禁"的解除，使得报业的发展摆脱了长久的政治重压而获得了难得的发展良机；而其快速发展，也为民众与权力精英之间提供了一个合作与对话的平台，同时也容易使其成为各种利益集团凭借强大力量对普通民众进行软操控的重要工具。

更为重要的是，以政治权力主导一切的威权政治体制的解体，势必将带来社会机构的重新架构与利益的重新梳理。由于机构的庞大化与复杂化以及官僚体制运作速度的缓慢，上述变化将带来一系列前所未有的获利机会与空间，而此种机会与空间本身便意味着巨大的利益。此种利益，足以让包括普通民众在内的诸多社会阶层人士心动并投身于竞逐者之间；但是，因威权体制而获益但却可能因政治变革而失去相应利益的既得利益阶层势必将发起反扑或采取其他反制措施来维护自身利益——此类反制措施，不仅包括对政策制定高层的游说并试图通过立法等制度导向性来合法地维护既得利益，也包括运用前期所积累的人际关系等途径来对执法过程予以有重点的影响等，而后期台湾震惊朝野的多次"修宪"行动，便是此种利益博弈的直接体现。上述不同阶层持续的利益冲突及其博弈，将在一定程度上激化台湾固有的社会矛盾，并为后期权贵阶层与普通民众阶层利益的冲突埋下了伏笔。

再次，政治自由化部分措施的实施，同样加大了台湾岛内的社会分裂程度，且此种分裂体现在各个方面。例如，本身便是诸多利益集体的国民党，在退台之后便对党内反对蒋介石的部分势力进行了一番清洗或分化工作，以强化地区领导人的统治权威和国民党自身的凝聚力。但是，国民党的内部分歧并没有自此排除，并基于法统之争等政策理念纷争及其他利益纠葛原因对蒋经国所推动的自由化政治变革产生了阻碍。虽然蒋经国在此时对上述反对声音予以了包容对待，但国民党的分裂传统却一直延续到现在，从而造成了国民党统治力、战斗力的严重削弱。

尤为值得注意的是，国民党所推行的本土化改革措施，严重损害了大量早期追随其入台的相关人士及其后裔的既得利益，从而直接削弱了其核心凝聚力；他所扶植的台湾本土政客所采取的一系列不惜造成"本省人"与"外省人"之间对立与对抗的极端政策，又强化了台湾社会"蓝""绿"体系漫长而惨痛的残酷对抗和撕裂之路。

第二节 "民主化"的政治变革

一、台湾政治变革的民主化表现

台湾的政治自由化改革进程，其成果固然令人欣喜，但亦引发了人们对其可持续性的忧虑。针对此问题，蒋经国于 1985 年就其继承人问题发表了正式声明：

> 有两个问题，经国想做一个明确的说明：第一就是，"总统"继承者的问题，只存在于专制和独裁的国家。在我们以"宪法"为基础的"中华民国"，根本是不存在的……下一任"总统"，必然会依据"宪法"而产生，那就是，由贵会代表先生们代表"全国国民"来选举产生之。有人或许要问，经国的家人中有没有人会竞选下一任"总统"？我的答复是，不能也不会……第二就是，我们有没有可能以实施"军政府"的方向来统治"国家"？我的答复是，不能也不会。主导政府权力的政党所走的是"民主、自由、平等"的康庄大道，绝不会变更"宪法"，同时也绝不可能有任何违背"宪法"的统治方式产生。[①]

由此论述可知，蒋经国否认了"世袭"的政治权力传承方式，并提倡以自由直接选举的方式来实现政治执掌权的轮替。

蒋经国所拥有的政治影响力及开放而持平的政治理念，为台湾政治变革进程推动到民主化阶段奠定了基础；他对台湾政治权力产生架构的合理设计，成了其政治革新思念的重要组成部分；而在他去世之后，台湾也于 1996 年正式开始直接选举地区领导人，并由此进入了政治变革的民主化进程阶段。从此种意义来看，正是蒋经国在实质意义上将台湾政治变革推入民主化进程。

在此时期，台湾政治从形式上较大程度上摆脱了威权体制下对权力的垄断局面，而代之以程序上的选举方法来产生民众心目中所心仪的政治人选。此种技术设计，有助于畅通民意表达的合法渠道并强化了地区领导人权力行使的"正当性"，有利于社会风险的防范和社会的稳定发展；以和平的方式实现了政治转型，在一定程度上体现了良序政治的精神，因而该政治变革有较大的进步性。但是，作为蒋经国推行国民党本土化策略的重要举措，台湾本土政客李登辉却成为他的继任者；而后者对权力不择手段的过分追求，又使得台湾政治民主化的质量大打折扣。

---

① 王建民．国民党下台内幕 [OL]．http://book.sina.com.cn/excerpt/sz/rw/2012-03-30/1555296865_2.shtml.

二、台湾政治民主化的隐患

为巩固自身政治优势,李登辉不惜联合民进党,以"'一又二分之一的党主席',亦即是一个国民党加半个民进党的党主席"①的身份召开所谓的"国家发展会议"等旨在修改"宪法"的重大会议,并在短短几年任期内对其进行了六次修改,直接动摇了台湾政治体制的根本。更为荒诞的是,在上述重大会议之中,"原本很高兴能跻身这场政治大戏的新党,发现自己只是被拉来当点缀的花瓶,没有参与协商的空间,和无党籍、学者专家一样只不过是国、民两党交易的政治背书后,全体新党代表在 27 日退出'国发'会议"②;"胡佛……等自由派学者,发现这不过是国民党和民进党的政治协商会议,其他代表只是被拉来点缀背书后,便宣布退出会议。"③但尽管虚伪如此,台湾地区宪制性规定仍然得以经历六次修改而后被通过。由此可知,此种所谓的"修宪",在本质上已经脱离了蒋经国所设想的良性政治初衷,"偏离了'宪政改革'的原理原则,而走向了政治权谋分赃之路"。④此种行径及其对各党派关系的不当操弄,漠视了社会契约下政治议程的神圣性,也背叛了大众对其的信任,并严重损害了台湾的政治文化,也败坏了政党从政应有的风格和操守。

不仅如此,李登辉每次的"修宪"活动,均促使台湾政治结构向"总统制"更加倾斜。台湾政治体制的此种变化,促使其权力配置理念由孙中山所确立的"五权宪法"向以美国为主导的"三权分立"思想转变。由于前者以中国儒家传统的"中庸"为治衡之道,而后者则以西方哲学中的"性恶论"为思辨基础,故其二者对"权"存在理解的不同及诠释的偏差。在处理不当的情况下,核心理念的偏移或改变将导致以其为载体的台湾地区宪制性规定遭受重创。

李登辉将"修宪"及"宪改"操作与其个人的权力工程及政治斗争交缠一处;最后使这部"宪法"在条文架构上权责错乱,又因其玩弄统"独"斗争而使"宪法"不能成为"国家"认同的准则,致对"宪法"及"宪政"的毁伤迄今难以疗愈。⑤

---

① 黄年等.联合报 60 年:1951—2011[M].台北:联合报,2011:171.
② 何海兵.台湾六十年 [M].上海:上海人民出版社,2008:116.
③ 何海兵.台湾六十年 [M].上海:上海人民出版社,2008:112.
④ 黄年等.联合报 60 年:1951—2011[M].台北:联合报,2011:171.
⑤ 黄年等.联合报 60 年:1951—2011[M].台北:联合报,2011:202.

台湾地区宪制性规定的此种不可磨灭的重创，直接增加了整个法制体系的紊乱，导致台湾政治乱象丛生，也直接或间接地引发或加剧了隐藏于社会皮肤之下的各种矛盾。

与此同时，"只爱权力"①的李登辉还利用其在权谋和厚黑方面的特长，大肆败坏台湾政坛风气，并使黑金、厚黑权谋和权力倾轧成为岛内政治罪恶诞生的温床。例如，李登辉在继任早期便发动夺取权力的"二月政争"，并在实质上造成国民党内部部分成员的实质分裂与对立；为继续攫取政治权力，甚至违背基本的政治伦理，以国民党党主席的身份与该党主要竞争对手——民进党展开"政治外遇"，成功挤走曾帮助他夺取国民党代理党主席的宋楚瑜，造成国民党的再次分裂；为巩固和扩大权力，不惜以制造族群分裂、国家认同对立和"蓝""绿"社会对垒为代价，换取民进党的支持并以此强化与其的合作基础；同时，为了消除潜在的竞争对手，他还滥用公共自由和公权力，甚至即便毁坏国民党的公共形象也在所不惜。作为对李登辉选情有潜在影响的林敏霖，"昨天召开记者会公开四年前退选内情，指完全是受到'前总统'李登辉要胁，将下令情治单位清查支持他的十六个农会财务状况所逼。林敏霖更针对不断的蜚长流短，气愤地大骂国民党掌权却不做事的人是'猪'"。②由身为台湾地区领导人却被"誉"为"黑寡妇"③和"台湾之乱、民主之乱"④的李登辉的行为可以看出，台湾政治虽然在形式上实现了"民主"选举，但其实质上却严重伤害了真正的民主政治，加快了台湾政治文化的败坏程度并为以后台湾民主的伪化、族群的分裂埋下了祸因。

第三节　台湾政治变革下政党与报业关系的转型

所引发的诸多效应，势必将影响当时作为传媒领袖的报业的发展；而后者力量及影响力的扩大，同时也会反作用于前者，并推动二者关系的重构。

---

① 张彦华.台湾大众传媒与政党政治关系衍变研究 [M].北京：九州出版社，2017：88.

② 林敏霖：四年前退选李登辉要胁 [N].台湾日报，2001-11-01：（15）.

③ 张鼎焕.亲民党：李像毒蜘蛛吃掉国民党 [N].民众日报，2001-08-22.

④ 亲民党批李是毒蜘蛛 [N].台湾日报，2001-08-22：（03）.

一、政治转型与报业的发展

伴随着"报禁"桎梏的解除，台湾民众得以享有较为广泛的新闻和言论自由，而报纸获得了更为广泛的发展空间并迅速进入了快速发展时期。相关统计数据显示，仅就新增报纸的数量而言，在 1988 年底台湾报纸的登记数字为 87 个，但到 1993 年，报纸的登记数字便已经达到了 356 个。[①] 由此数据可知，短短五年内，台湾新增报纸便达 269 份，而报业之间的竞争压力也倍增。在此情况下《中国时报》《联合报》等报业便试图通过对设备的更新、人才的储备等措施来获得并巩固竞争优势。例如，上述两报在 1991 年便投入巨资，引进编务自动化系统，并将其海内外的新闻、编辑和出版发行等业务在一个电脑网络中进行联通;《中国时报》还以巨资新建了办公场所，改善了工作人员的待遇。上述诸多措施，强化了它们的竞争能力并确保了其在市场中的领袖地位。

台湾报业的发展，不仅体现在其数量的增长上，而且也反映在其内容质量及服务的提升层面。就前者而言，此时台湾报纸的彩色印刷已基本普及，而《财经日报》《中国商情报》等专业类财经报刊的质量也得以提升。就后者而言，为了满足受众的多样化需要及契合信息时代的发展，《中国时报》等报纸也推出了电子版，报纸的现代化程度得以大幅提升；同时，多数报纸对受众需求和发行业务予以了高度重视，而发行网络的日益扩大和"接地气"以及其内容的多元化、大众化便是上述重视的部分体现。当然，其他报纸也以各种方式对自身业务能力进行了提升，但由于其可用以支配的资源的有限性及前期市场基础的限制，其整体实力及行业地位并未达到如《中国时报》和《联合报》那样近似垄断的高度。换言之，此时的台湾报业市场，除了《自由时报》因民进党政治财团的扶助及国民党主席兼台湾地区领导人李登辉的支持而得以迅猛崛起外，整个报业市场仍然保持着"强者恒强"的局面；而其他诸多中小报纸，仅能在相对狭窄的市场空间中腾挪，且面临着被市场竞争淘汰的危机。此种情况，显示了报业市场竞争的另外一个层面，即除了行政权力的指令效应，报业市场同样会因市场资源的配置效应而自动形成新的垄断。

尤为难能可贵的是，即便存在一些报纸因过度追逐经济利益而出现刊发不实新闻与广告的情况，但台湾报业的新闻伦理及社会责任感在此时期却得到了较大巩固和提升。例如，《联合报》便公开宣称："我们不拿政府的一元津贴，

---

① 陈扬明，陈飞宝，吴永长．台湾新闻事业史 [M]．北京：中国财政经济出版社，2002：110.

是超越党派为中国人办的报纸……报纸是社会的公器……我们什么派都不是，我们是正派，我们是走正路、走大路的报纸……哪里有新闻，哪里就有《联合报》的记者；"[①]《太平洋日报》亦发表公开声明："无党无派，独立经营……立场超然、言论独立、新闻至上、读者第一……每天提供最迅速、确实、公正、客观的资讯以满足读者求知的权利。"[②] 上述诸多报纸秉持新闻人的专业素质和职业伦理对社会不良现象的抨击和反思，在较大程度上促进了整个社会对自由、民主和正义价值的追求及其实现程度，因而对整个社会的发展具有积极的重要作用。

台湾威权后期的经济发展以及政治自由化时期所带来的社会进步动力，令20世纪90年代早期的台湾报业得到了蓬勃的发展。然而，在20世纪90年代后期，由于台湾政客将注意力集中在政治斗争领域而部分忽视了经济发展，从而从根本上削弱了台湾报业继续旺盛发展的根基，并在较大程度上昭示了未来台湾报业惨淡的生存场景。

（二十世纪九十年代）后半期（报业）发展却急转而下，发行份数急剧降低、广告锐减，各家报纸纷纷大举裁员、减薪、遇缺不补、人事合并，体制差的报纸很快不支倒地而结束营业，体制健全的则苦撑待变，报业人员成为失业潮的主要分子；是台湾报业有史以来从未有过的现象，令人触目惊心。[③]

为改善经营状况，台湾报业普遍对报纸进行改革，并采取了煽动性的内容、辛辣刺激的文字表现、大幅而富有吸引力的图片等方式来试图改善生计。上述举措虽挽回了部分颓势，但其黄金发展时期却难以重现了。

二、"仆从关系"向"同盟关系"的转变背景

台湾政治的自由化和民主化变革及其向西式民选类政治体制倾斜，赋予人们更多的参与并分享政治权力的机会，并在较大程度上释放了中场阶级被长久压抑的政治参与热情，也促使了更多新生政治力量的涌现。在竞争程度加剧的

---

① 张彦华．台湾大众传媒与政党政治关系衍变研究 [M].北京：九州出版社，2017：78.

② 陈扬明，陈飞宝，吴永长．台湾新闻事业史 [M].北京：中国财政经济出版社，2002：111.

③ 陈扬明，陈飞宝，吴永长．台湾新闻事业史 [M].北京：中国财政经济出版社，2002：115.

政治场域之中，各方政治力量均希望得到更多人的支持，而有心者则开始利用报业所具有的议程设置、涵化、社会地位赋予功能等强大影响力来实现自己的政治价值。换言之，急剧的政治变革，强化了人们的政治意识并使其对自身权利的关注远胜往昔；社会环境的巨大变化所带来的不安全感，又迫使人们通过各种渠道来了解或掌握用以做出各种正确决策的资讯，也迫使他们通过相关的途径来对自身的权利予以关注、表达或捍卫。作为当时最具影响力的大众传播媒介，报纸以其普遍性、易得性和强大的传播能力得到众多公众及组织的青睐。在此社会环境呢之下，诸多政治力量纷纷创办报纸或对报人进行拉拢，并试图将其作为自身表达政见、凝聚人心和集聚力量的重要平台。

与此同时，日益激烈的竞争所带来的市场压力，以及报业运用中对于独家新闻源、广告、赞助等因素的追求，也迫使报纸需要寻求外在力量的支持。换言之，报业的发展不仅需要经济力量的支持，而且需要来政治力量的政策支持及由此提供的独家新闻来源的支持。作为以资讯内容为核心且同样拥有自身政治理念的报业实体而言，为了谋求更好的发展条件或实现自身理念，此时期的报纸或与寻求转型支持的党、政等各方政治力量进行某种程度的结盟，或与那些试图扩大自身社会影响力的财团等利益团体进行合作。在此种关系之中，部分报纸虽然脱离了威权体制下政治势力对其的严密掌控，但却在市场驱动下有变为其代言人或合作方的趋势。从此种角度来看，威权体制下政党与报业的"仆从"关系，正在向同盟关系转变。

三、报纸与政客的结盟基础

就一般广泛意义而言，同盟是指两个或多个主体之间在安全等利益合作方面所做的非正式或正式的安排。同盟理论认为："同盟合作的基础是共同的战略利益，它可以是维持现状的战略利益，也可以是改变现状的战略利益。"[①] 由此论述可知，除了相对均衡的实力之外，共同的战略利益是各个主体间结盟的重要基础；而此时期的台湾报纸与政治势力之间，也存在着较好的结盟基础。

以一份 1988 年正式改名的《自由时报》为例：

林荣三更投入近 5 亿元更新设备……林荣三完全控制了《自由时报》，并提

---

① 周建仁.同盟理论与美国"重返亚太"同盟战略应对 [J].当代亚太，2015，（08）：42.

出"台湾优先，自由第一"的办报理念……该报尽管每月有 2000 多万元的亏损，但林荣三有雄厚的财力支持。他继续花巨资，不仅再投入 10 亿元购买新设备，还于 1992 年 7 月推出台湾前所未有的促销活动，凡是该报的订户，有机会获得"黄金五千两"、奖金总额 1.6 亿元的大抽奖活动。1993 年，该报又投入亿元经费在电视黄金时段大做广告。同年，该报一跃成为台湾第三大报，销售量突破 40 万份，林荣三因此成为报业新巨子。[①]

由上述资料可知，在相对独特的"绿色"内容定位、设备更新和大力度的促销活动下，尤其是在以林荣三为代表的利益财团的大力支持下，《自由时报》的迅速崛起，将台湾报业由《中国时报》与《联合报》两大报称雄的局面变为三足鼎立之势；面对来自其他两大报的竞争及其合作伙伴——国民党的压力，它也需要有来自能够与国民党相匹敌的政治力量的强大支持。

与此同时，李登辉作为台湾地区的最高行政长官，手握巨大的行政权力及资源分配权力，因而对岛内政治进程及相关公共资料的分配具有决定性的影响力；但是，他却不是威权体制下对权力进行垄断的存在，而是在党内及党外面临着诸多政治对手的竞争及排挤——作为一个身为国民党主席但其行为倾向又有些"反"国民党的存在，其也需要能够对其予以支持的强大舆论及民意加持力量。

从李登辉及《自由时报》的特点而知，他们均有着相对接近的实力，又对对方的力量较为渴求，故二者有着作为结盟基础的共同战略利益。

四、报纸与政客的结盟选择

盟友选择理论认为，在关于同盟选择的问题上，结盟主体倾向于和拥有相同意识形态的其他主体结盟；同时，结盟主体也倾向于同那些具有良好声誉的其他主体结盟。[②]上述说法是有道理的——毕竟意识形态是各个主体所要捍卫的终极价值之一，而拥有相同意识形态的个体之间也更容易产生战略互信，从而可以避免因内耗而产生的各种风险；更为重要的是，与其他拥有相同意识形态的个体结盟，可以使自身得以融入更大的意识形态运动思潮之中，从而使独立的个体得到了集体力量的支持，同时也令自身行为的合法性、正当性得以增强。

---

① 政商两栖的红人——林荣三 [OL]. http://www.china.com.cn/chinese/TCC/haixia/19682.htm.

② 周建仁. 同盟理论与美国"重返亚太"同盟战略应对 [J]. 当代亚太，2015，（08）：45

台湾报业与政党之间，同样存在一个盟友选择的问题。具体而言，林荣三旗下的《自由时报》将"台湾优先，自由第一"视为自身的办报理念，并对李登辉和民进党政治集团所坚持的"台独"理念和"省籍"观念予以认同。此种认同，表现在新闻选择及舆论引导方面，便是"林荣三利用自己掌握的媒体，全面支持以李登辉为首的当权派，《自由时报》成为旗帜鲜明的'拥李派'"。① 更为夸张的是，在 1996 年台湾地区领导人选举之中，《自由时报》的"报道重点几乎除了李登辉就是民进党，有时整个第二版政治新闻版全部是有关民进党竞选的内幕消息报道和形势分析，同时继续大幅刊登民进党的竞选广告"。② 不仅如此，它还大肆攻击、抹黑国民党和大陆，甚至不惜违背基本的新闻真实性报道原则。

林荣三及《自由时报》的上述表现，"自然获得李登辉的欣赏，该报成为李登辉必看的报纸之一"。③ 换言之，处于党内权力斗争漩涡中的李登辉亟须外界力量对其的支援，而《自由时报》所给予其的强大的舆论能量和民意支持自然正中下怀。尤其是该报所秉持的与其契合的价值理念，使得李登辉决定投桃报李——他先将林荣三纳入国民党第十四届中央委员，后将其两度聘任为"总统府国策顾问"。对于后者而言，林荣三凭借李登辉的直接政治支持及自身掌控的巨大的舆论能量而得以迅速成长为影响力横跨政、经和传媒三界的重要人物，从而弥补其政治资源的短板，并使其所掌握的《自由时报》的影响力有渐渐超过《中国时报》《联合报》的趋势。由此意义来看，政治价值理念和利益的相通，使得台湾政治势力与报业的结盟渐渐成为一种双方都需要且可能共赢的选择。

五、报业与政客结盟成本的分摊

任何行为均会产生一定的成本，而同盟的行动亦如此。同盟理论认为，同盟成本包括同盟硬成本与同盟软成本，前者指同盟的组织成本及同盟行动成本，后者指同盟的声誉与可信性。④ 所谓同盟声誉，主要指的是同盟作为某种组织

---

① 刘燕南.台湾报坛将进入"后三国时代"？——从《自由时报》的窜升谈起 [J].台湾研究集刊，1996，(02)：30.

② 刘燕南.台湾报坛将进入"后三国时代"？——从《自由时报》的窜升谈起 [J].台湾研究集刊，1996，(02)：30.

③ 刘燕南.台湾报坛将进入"后三国时代"？——从《自由时报》的窜升谈起 [J].台湾研究集刊，1996，(02)：30.

④ 张景全，刘丽莉.成本与困境：同盟理论的新探索 [J].东北亚论坛，2016，（02）：11.

的关于威望、合法性、合理性的社会评价；所谓同盟可信性，主要指同盟是否被其成员及其对手确信在危机时刻同盟会采取实际而有效的行动。^①由上述理论可知，为了获取同盟及其所代表的价值理念的正确性、正当性并争取以民意支持所加持的合法性，同盟成员有必要投入并合理分担成本，以确保当同盟成员在风险临近时能够对相关威胁展开联合打击或抵抗行动。

台湾报业与政党的联盟，同样存在成本的分摊问题，只不过此种分摊是以默契或隐秘的正式和非正式的方式达成的。以《自由时报》与李登辉政治集体的结盟为例，当林荣三凭借李登辉政治势力的支持而获得巨大利益之后，他便在新闻报道、舆论引导和话语建构上积极营造利于李登辉的政治语境。"《自由时报》的所作所为已经表明'它是亲以李登辉为首的主流派的'，'比《中央日报》还《中央日报》)'，它俨然是'李登辉的喉舌'。"^②从此种意义而言，《自由时报》利用此种"喉舌"角色及其所操持的巨大民意能量来分担同盟的运行成本，并为同盟成员——李登辉的相关政治行为建构了某种"道义的正当性"和"法律的合法性"，从而大幅削弱或消泯了李登辉政治集团的政治行为风险，也间接提升了同盟的声誉及可信性。

当然，李登辉政治集团同样会采用相关途径来分担其报业同盟的运行成本。以作为李登辉利益集团重要成员的苏贞昌为例，他保持着和李登辉相同的政治偏好——与林荣三保持了较好的关系。

苏贞昌在担任台北县长期间，和林荣三的联邦集团交好，是大家都知道的事，除了台视释股案外，在"行政院"部分"部会"搬迁至新庄"副都心"一事上，苏甚至曾公开发公文要求在"行政院"第二办公大楼落成前，租用林荣三盖的办公大楼。^③

此种以公共行政权力为手段，对《自由时报》进行公然的经济利益输送的方式，不仅在一定程度上增加了后者的经济收入及其由政治宣示、背书所带来的对外威慑性，同时也是对后者作为同盟成员的运行成本的一种间接补贴。

---

① 张景全，刘丽莉.成本与困境：同盟理论的新探索[J].东北亚论坛，2016，（02）：14.

② 刘燕南.台湾报坛将进入"后三国时代"?——从《自由时报》的窜升谈起[J].台湾研究集刊，1996，（02）：30.

③ 唐嘉邦.投桃报李，苏助林荣三，参股台视[N].中国时报，2013-06-21：（A2）.

不仅如此，报业与政党的联盟，同样会通过对"他者"的打击来宣示和强化同盟声誉和可信性；当然，对"他者"所进行的打击，会利于同盟自身的获益进程，因而也同样有利于分摊或削减同盟运行成本。例如，由于《中国时报》《联合报》与国民党传统势力关系密切且对李登辉的某些政治理念持批评态度，故时常遭到李登辉和《自由时报》的打击。

李登辉与若干"台独"元老会面时又论及联合报说："我已经不看那个报纸了，你们还看吗？"一场由"总统"发动及主导的铺天盖地"退报运动"于焉爆发，民进党及"台独"团体是操作的主力。[①]

此"退报运动"，是拥有极大政治权力的李登辉及其同盟所发起的对岛内传媒力量试图进行软操纵的一种手段。为了进一步扩大战果，作为李登辉麾下干将且时任台北市长的陈水扁，还曾直接用公共权力来试图影响该报的人事任免工作。"陈水扁任台北市长期间……不断要求联合晚报撤换某记者，导致那位记者出现精神耗弱症状，必须长期服药。"[②] 上述不惜以落人口实的方式对公权力的野蛮使用及其对公共资源的践踏来保障盟友利益的行为，在较大程度上可以代表着《自由时报》与李登辉政治势力之间对其同盟运行成本的分担及对同盟声誉和可信性进行保障的某种努力；而在此努力的背后，则代表着部分台湾报纸与政党之间的关系已经并非威权体制下的"仆从"关系，而是开始或已经向同盟关系转变。

当然，台湾政治势力对报业生态生活的此种操弄与打击，因其注重政治斗争而忽视了经济发展，以及新涌入该市场中的传媒人士素质低下和行业竞争激烈等因素的影响，加大了台湾报业的运营负担，并开始由20世纪90年代前半期的欣欣向荣转向落寞阶段。以1999年部分台湾记者的回忆为例："今年堪称台湾新闻界最寒冷的冬天。以自立报系事件为例，四年前，大家走上街头，为新闻自由而争，此次仅仅为了保存工作权，姿态越来越低。这样的大环境下，新闻记者的明天在哪里？"[③] 此种场景，是那些缺乏政党支持且运营成本逐渐增

①　刘燕南.台湾报坛将进入"后三国时代"？——从《自由时报》的窜升谈起 [J].台湾研究集刊，1996，(02)：32—33.

②　黄年等.联合报60年：1951—2011[M].台北：联合报，2011：127.

③　曾明财.新闻界最寒冷的冬天 [J].目击者（双月刊），1999：(09)：02.

加的诸多小报生存环境的部分反映。

六、由"仆从"向"同盟"关系的转变

《自由时报》与《联合报》《中国时报》在此政治转型期间的境遇，在较大程度上反映了台湾政党变革对报业的影响以及报业与政治势力之间关系的某种变化。换言之，在政治转型期，传统威权政治架构的崩塌与新政治秩序的树立同时进行，不仅造成了该时期政党政治晦涩莫名的特点，而且也导致了大量的不确定性发生。在此不稳定且充满风险的社会状态之中，大众对资讯的迫切需求、利益集团和政党组织对舆论引导和民意价值的迫切需求，以及时代风云变幻中不同观点的激荡与砥砺，均需借助以报业为代表的大众传媒的力量。然而，刚迈出威权桎梏牢笼的报业，又立刻进入市场与权力争执且硝烟弥漫的无形战场之中。

不仅如此，作为一个市场实体，报业的运营也并非建立在空中楼阁之上，而是同样需要各种政治、经济和社会资源的支撑；本身面临激烈竞争的它们，同时也面临着诸多不确定性所引发的风险，故又给部分财团和强大的政治势力以可乘之机。在此情况下，即便部分报业能够秉持新闻伦理并严格恪守社会责任，但由于报业市场中的"劣币驱逐良币"效应，那些如《自由时报》为代表的内容庸俗、图片和标题夸张，且观点极端的报纸却在强大财团和政治力量的支持下脱颖而出。

在报纸与政治基于共同利益的彼此合作与互相利用之中，政党势力实现了在市场经济条件下对报业的无形渗透，以此来操纵或挟持民意并进而将自身需求代替民意呼声。针对此种情况，台湾学者夏士芬指出："市场开放、商业竞争的压力加剧，媒体不再是侍从报业，却沦为市场商品，媒介商品必须有清楚的市场区隔及定位，再加上媒体无法抛却自我的意识形态，反而加入'修宪'的战局，与政党同进退。"①此种"同进退"现象的频繁出现，在较大程度上已经说明了台湾报业与政党权力之间关系的某种变化。

但是，此时的报纸，对其"同进退"的政治势力是可以进行选择的。换言之，由于多方利益的博弈及各方对其的需求，使得经济实力、社会影响力已经大增的报业拥有了在多个政治权力之间进行审慎选择的权利和机会；甚至在某

---

① 曾明财. 新闻界最寒冷的冬天 [J]. 目击者（双月刊），1999:（09）: 02.

些情况下，报纸也可以对某些政治决策或政治持批判态度，但却往往不会招致重大或毁灭性的打击。报业掌握的此种自主性、主动性及其所意味的先机，与以往威权时代唯当局马首是瞻的悲惨状况有了较为明显的好转。不仅如此，随着报业功能的发挥及其重要性的日益凸显，其在社会系统中的权重也越来越重要，而包括政党在内的诸多权力对其也越来越需要和依赖；多方力量对报业资源的争抢，人为制造了报业资源的稀缺性，尤其是重大报纸资源的稀缺性。在此情况下，林荣三甚至不惜巨资人为制造一个新的报业平台，来作为其个人及其所代表的利益集团发声的渠道，甚至引来李登辉的加盟。

在自身实力日益凸显且存在其他诸多实体对其有依赖行为的情况下，报业在其与政党权力间的利益砝码加重；为了在新的社会场域中合理平衡双方利益并确保二者能够长久的合作，理性的他们势必会对以往相对不公平的关系进行动态调整，而此种调整本身便有利于报业的发展。在此情况下，报纸已经不满足其在岛内所担负的舆论引导等方面的职能，而开始有了其他包括政治影响力等更为重大的追求。例如，《联合报》便曾经对原苏联总统戈尔巴乔夫、原英国首相撒切尔夫人发出过邀请其"访问"台湾的邀约。[①] 由其上述事例及其所表现出的意图可知，随着台湾报业社会影响力的扩张及其社会角色的日益重要，其相关权利及权力也会随之拓展；而此种扩张和扩展本身，便会引发其与政党势力之间关系的动态调整。

不仅如此，通过利益协调、成本分摊以及对共同战略价值的追求，对同盟名誉和可信度的维护，报业与政治权力在不断的重组与调整之中寻找到了强化合作的默契，并在较大程度上形成了某种"一荣俱荣，一损俱损"的命运的共同体。此种共同体的出现及其强化，意味着尽管报业与政党之间关系中虽仍然残留有"仆从"关系的痕迹，但却在实质上已经逐渐衍变成为更为复杂且关系相对平衡的同盟关系。

本章小结

在台湾威权政治时期，不但多数报纸的日常运作需要在台湾当局预先设定的范围内运行，而且那少数享有相对自由的报纸也仅能在有限的范围内获得发

---

① 张彦华.台湾大众传媒与政党政治关系衍变研究[M].北京：九州出版社，2017：105.

展的空间，不曾获得真正意义上的新闻自由。面对此种情况，尽管有个别媒体奋起抗争，但在强权政治的威压之下，仍然不能有效地改变此种局面。由此观之，在很大程度上来讲，此时台湾大众传媒普遍沦为被当局操纵的工具，表现出暮气沉沉的景象，而两者之间的关系也呈现为"仆从"状态。

自台湾宣布解除"戒严"并进入政治转型时期伊始，笼罩在台湾大众传媒身上的威权政治的阴影便日渐散去，并在"宪法"等法律制度的保护之下，得以享受到了以往不曾体验过的包括新闻自由等在内的诸多自由。

当然，由于自由内涵的丰富性与外延的宽泛性，人们对于自由本质及其价值的分析尚处于分歧之中。这种境况，使得关于自由的相关理论也众说纷纭，并且对自由表现出了不同的态度。以较为著名的对自由持有积极态度的三种理论来讲，便有以"奴隶可以同在宝座上的皇帝一样自由"①观点为代表的斯葛多派自由理论、以"只有我们行事当时，我们的行动才是自觉的"②观点为基础的柏拉图和康德的自由理论。卢梭一派的自由理论则认为：

> 政治生活的基础是一种社会契约，与个人意愿相对，它等同于对遵守法律的一致赞同；法律只有以一般利益为目的才是有效的；只有当我们服从法律时，我们每个人才是自由的。如果我们力图去违反那些我们曾帮助确立起来的法律，我们将会被国家的法律执行机关强迫去服从，在此过程中我们会被"强迫"地获得自由。③

在上述诸多自由理论的基础上，罗尔斯认为："每个人都应享有与所有人都享有的同类自由相一致的最广泛的自由……那种自由对每个人都具有公正的价值基础上我们应该充分重视平等的自由"。④由于罗尔斯的此种自由观对社会正义的真正实现具有重大而积极的价值和意义，故本文对自由的评述，也倾向于采用罗尔斯的自由观念。

---

① [英]戴维·米勒，韦农·波格丹诺.布莱克维尔政治学百科全书[M].邓正来，等译.北京：中国政法大学出版社，1992：272.
② [英]戴维·米勒，韦农·波格丹诺.布莱克维尔政治学百科全书[M].邓正来，等译.北京：中国政法大学出版社，1992：272.
③ [英]戴维·米勒，韦农·波格丹诺.布莱克维尔政治学百科全书[M].邓正来，等译.北京：中国政法大学出版社，1992：272—273.
④ [英]戴维·米勒，韦农·波格丹诺.布莱克维尔政治学百科全书[M].邓正来，等译.北京：中国政法大学出版社，1992：273.

　　此种自由，同样表现在台湾大众传媒与政党之间的关系也逐渐由"仆从"关系向"结盟"关系转变过程中。换言之，在1987至1999年间，在以蒋经国为代表的国民党自上而下的推动之下，台湾先后经历了政治自由化和民主化的政治转型。在政治转型过程中，民众的新闻自由等基本权利得以在较大程度上满足，而其参与政治的热情也被调动起来；同时，由于报纸桎梏的去除及其经济实力的增强，台湾报业的整体实力及社会影响力愈加强大。在以社会契约为主要特征的西式政治体制下，无论是基于个体权利的维护与声张，还是对民意的寻求，均使得报业的权利及权力得以大幅扩张。

　　不仅如此，诸多新生政治力量的兴起以及作为统治阶层的国民党的内部分裂，也迫使他们更加需要报业力量的全面支持。在此双方力量的此消彼长之下，报业与政治权力之间的关系面临着再平衡的必要。基于各种现实的需求以及其对长远战略价值的共同追求，报业与相关政治权力之间传统的"仆从"关系开始变化，并就成本的分摊、声誉的保障及可信度的确保等方面实施了一系列直接或间接、正当或非正当的同盟确认行为。

第四章　政治民粹化时期台湾政党变革对报业发展的影响（2000—2018）

台湾当局有着民粹的性质，而台湾政治也是民粹政治。[①] 随着台湾仿效西方建立的现代民主政治体制的发展和完善，市场经济的力量渗入台湾传媒的速度逐渐加快，并使其不得不面对日趋激烈的市场竞争。伴随着经济运作趋向的增强，台湾大众传媒的力量迅速发展壮大，也对政党政治产生了越来越大的影响。在这种情况下，其与政党政治的那种"同盟"关系日趋强化，并在某种程度上形成了"一荣俱荣，一损俱损"的局面。换言之，实施"解严"之后的台湾传媒，得以享有了其之前所不敢想象的新闻自由，也对政治体制变革施加了之前所不敢想象的影响

然而，此种经济化趋势的加强及"同盟"关系的强化与发展，不仅使得台湾大众传媒遭遇到了过度商品化的危机，而且也由此导致台湾社会公共领域萎缩、民粹主义盛行和诸多民主伪化现象的出现。上述问题不经对台湾政治体制的肌体造成了损害，而且还对台湾民主政治的进程造成了阻碍。

第一节　台湾政治变革的民粹化进程

作为 20 世纪流行的一种政治思潮，民粹主义政治在台湾政治变革中粉墨登场。然而，与其他国家和地区民粹主义的涌现显著不同的是，台湾民粹主义的出现场景是相对较快的经济发展水平、相对较高的公民素质和收入水平；此种与众不同的孕育场景，代表着台湾民粹主义具有自身的特征。然而，台湾民粹主义的出现却对台湾政治转型产生了重要影响，并至今仍然对台湾政治进程发

---

① 杨志良.台湾大崩坏：挑战没有希望的未来 [M]. 台北：天下远见，2012：116.

挥着重要作用。

一、台湾早期的民粹主义思潮 ①

英国学者保罗·塔格特曾指出：

> 民粹主义的每一个案例都倾向于强调民粹主义所表现出来的一个因素上，并把这个因素作为民粹主义的特点……如果我们尝试着采用一种更加全面的方式和使用一系列的事例来阐明民粹主义，就面临着另一个令人烦恼的事实。没有一个例子能够面面俱到地阐明民粹主义……民粹主义作为一种经验性的现象，是一个令人不舒服的历史和当代事例的综合体。②

事实正如他所述，作为一个复杂的综合体，民粹主义尚未取得世界范围内多数学者的共同认知，而对其一致的界定也悬而未决。例如，在拉美和俄罗斯等国家或地区，民粹主义的外在表现便各有特色，而各地学者对其认知也不尽相同。但是，这个难点的存在，并不排除一些学者从自身所处的实际社会类型出发对其做出阐释。后者的这种努力具有重要的意义，因为对该事物不同现象的探索必将有助于拓宽和加深人们对该事物整体本质的认知。

与拉美和俄罗斯一样，中国大陆学者对民粹主义也有自身的认知。其中，俞可平对民粹主义的界定较有代表性。他认为：

> 作为一种社会思潮，民粹主义的基本含义是它的极端平民化倾向，即极端强调平民群众的价值和理想，把平民化和大众化作为所有政治运动和政治制度合法性的最终来源，以此来评判社会历史的发展，它反对精英主义，忽视或者极端否定政治精英在社会历史发展中的重要作用。作为一种政治运动，民粹主义主张依靠平民大众对社会进行激进变革，并把普通群众当作政治变革的唯一决定性力量，而从根本上否定政治精英在社会政治变迁中的重要作用，平民化便成了民粹主义政治运动的本质特征。作为一种政治策略，它是指动员平民大众参与政治进程的方式，这种政治策略的主要特征是，通过强调诸如平民的同

---

① 部分内容已经在《民粹主义思潮与报业传媒的文化担当》(《学习与实践》, 2015 年第 1 期）中刊出；部分内容有修改。

② [英]保罗·塔格特. 民粹主义[M]. 袁明旭译, 吉林：吉林人民出版社, 2005：9.

意、全民公决、人民的创制权等民粹主义价值，而对平民大众从整体上实施有效的控制和操纵。①

　　诚如俞可平所言，纵观台湾岛内的诸多民粹主义运动，确实是集政治思潮、政治运动和政治策略于一体且相互联系和彼此渗透的存在，故本书对民粹主义的界定便采用俞可平先生的上述说法。

　　就台湾民粹主义而言，同样蕴含着浓厚的平民化和大众化色彩，并借助民众与报业之间的互动等途径，形成了一种相对流行的社会思潮并对其政治变革产生影响。然而，民粹主义在台湾的出现却早在20世纪80年代。换言之，在1980年《联合报》上便曾有关于民粹主义的论述："在野的秀异分子在寻求支持、扩大基础的过程中，往往与新近动员的团体结合，走'民粹主义'的道路。他们一般都认为'朴实的农民'与'勤苦的劳工'具有净化社会的素质，劳苦的群众才是对社会贡献最大的人。"② 由此论述可知，台湾早期对民粹主义的研究，是基于马克思主义的论述语境中进行的。然而，随着民粹主义在台湾的发展及其对政治体制的浸透，对它的论述也逐渐加深。例如，在20世纪90年代中，台湾学者对本地区领导人的"直选"的选举方式进行论述时，亦提到"直选"不仅容易造成社会不同利益群体的对抗和社会的持续动荡，而且是会对稳定的民主体制产生威胁，甚至可能造成民主的终结。③ 但是，不幸的是，即便有学者提出了相关的警告，但时任国民党主席的李登辉在1995提出了"新台湾人"的理念——"国民党在'中华民国'84年的历史当中，在大陆的时期和在台湾的时期，哪一个较长……认同台湾，爱惜台湾，为台湾努力奋斗的人才是台湾人"④，试图以自身魅力强化与民众的直接对话来掀起民众对其的支持，并将民众的支持转化为对"中华民国"传统政治体制的反感和攻击；不仅如此，他还在1996年台湾地区领导人选举中采用直接选举的方式，利用普通民众已经被唤起的"本土化"思想和"台人治台"策略来排挤"外省人"政治精英并达到攫取最大权力的目的。由此可见，当时涌起的民粹主义思潮已经对台湾政治体制

① 俞可平.权利政治与公益政治——当代西方政治哲学评析[M].北京：社会科学文献出版社，2000：29—220.

② 郭中军.台湾地区民主转型中的民粹主义：1987—2008[M].上海：学林出版社，2014：12.

③ 周阳山.自由宪政与民主转型[M].台北：东大图书股份有限公司，1993：88.

④ 许介鳞.李登辉与台湾政治[M].北京：社会科学文献出版社，2002：51.

变革产生了深度影响。

不仅如此，民粹主义思潮深入到了台湾民间，认为所谓的"主权在民"即"看谁的人头多，听谁的声音大"。[①]此种民粹观念，为得到《自由时报》全力支持的李登辉所推动的"假民主之名、行多数暴力之实"[②]的民粹式民主建构了"民意"和"理念的正当性"基础，也为其以民意为名而在实质上凌驾于法律之上的权力运作体系提供了强大的理由。更为重要的是，李登辉在历次选战之中，还以政治权力、经济利益及对诸如《自由时报》的竞争对手——《联合报》和《中国时报》进行打击的方式，来强化其与盟友的利益共识和同盟的命运共同体意识。此种蕴含着丰富的民粹主义因子且具有民粹主义基础的权力和经济交易，在某种形式上也是民粹金权主义的一种呈现。在此种政治操作之下，蒋经国所推行的本土化策略逐异化变为狭隘和极端的"台湾化"，而台湾政治变革的民主转型有向民粹异化的风险。

二、台湾政治变革向民粹化的蜕变

2000年，台湾地区在形式上实现了政治权力的第一次和平轮替，因而普遍被外界视为政治转型的关键节点。然而，由于台湾早期民粹主义思潮的继续壮大及其被以陈水扁为代表的民进党的反复操作利用，使得台湾政党政治之中的民粹主义元素越来越多，并有导致台湾民主转型蜕变为民粹化的趋势。

作为一个依靠民粹措施而得以扩大影响力并据此夺得台湾地区执政权力的政党，民进党在国民党早期实行的"开放地方、关闭中央"为标志的长期居于社会下层阶级。因为往上升迁的制度渠道被堵塞，故该党将社会基层和地方作为工作重点所在，因而积累了丰富的地方选举动员经验并集聚了大量的基层力量。然而，长期的街头运动及基础选举经历，亦使该党染上了浓郁的草根属性——"在草根性很强的成长过程中，民进党人往往被锻炼得口齿伶俐、反应敏捷，攻击性论述的语言火候与功力比起一般国民党候选人要强很多，而早期的民进党候选人还爱使用强势的肢体语言及肢体冲突"。[③]然而，此种平民化思潮在基层动员的操作，却具有非常强大的煽动性与鼓动性。特别是在民众直接

---

① 郭中军.台湾地区民主转型中的民粹主义：1987—2008[M].上海：学林出版社，2014：14.

② 黄光国.民粹亡台论[M].北京：中国友谊出版公司，1995：11.

③ 张文生，王茹.民进党选举策略研究[M].北京：九州出版社，2004：85—86.

选举的社会政治语境中，此种策略与习惯于"宫廷政治"的国民党相比，便具有更为强大的战斗力。

当民进党取得台湾地方的执政权之后，也曾试图将工作路线从基层的群众路线转向"议会"政治路线，将政党理念从富有攻击性的民粹主义转向相对理性和温和的民主主义，但却因内部林立的派系掣肘、扭转不力的意识形态以及民粹主义工具的有效性等原因而导致上述转型并不彻底和成功，而其为了继续巩固政治权力而进行的一系列民粹主义操作，反而令台湾形式民主在一定程度上沦为实质上的民粹主义。

（一）台湾政治民粹化蜕变的表现

此种民粹主义政党的诸多表现，不仅可以从其领袖陈水扁身上表现出来，更可以从给其后继者蔡英文身上反映出来。首先，就陈水扁而言，他在早期任台北市市长期间便打破了国民党塑造的传统政客高高在上的形象束缚，举办了诸如"总统府"前飙舞等与民同乐且具有解放、狂欢性质的大型活动，不惜自降身段并现场出演各种反响颇大的角色，以此与民众的直接互动来塑造个人魅力并打造其在民间的民粹权威；他还经常利用遭受威权统治压迫日久的台湾民众的"出头天"的心理，动辄发起各种"公投"，甚至绕开"宪政体制"诉诸"全民公投"[①]，体现了赤裸裸的民粹主义。

不仅如此，陈水扁还利用对族群认同问题、省籍认同问题、统"独"议题等相关问题的炒作和操纵，以鼓动偏见动员的方式来为自己营造有利的当权环境。所谓偏见动员，戴维·赫尔德对此做出了较为形象的说明：

如果A参与了影响B的决策，那么，权力无疑就得到了行使。但是，如果A致力于制造或强化社会政治价值和制度实践，而这些价值和实践又把政治过程的范围限定于不会对A造成损害的那些公共问题，那么，权力同样得到了行使。如果A成功地做到了这一点，那么，B实际上就不可能在其解决问题的方案中提出任何会对A的偏好造成严重损害的问题。[②]

由上述论述可知，偏见动员的实施，可以使得某个主体通过对一种非决策

①　郭中军.台湾地区民主转型中的民粹主义：1987—2008[M].上海：学林出版社，2014：145.

②　戴维·赫尔德.民主的模式[M].燕继荣，等译.北京：中央编译出版社，2008:196.

过程的参与，来人为制造或强化某些障碍因素，从而间接对另外一个主体的行为进行控制，并可以以此达到使其难以对某些问题进行公开讨论的情况下来行使自身的权力。例如，由于特定历史和社会因素的影响，"族群""统独""省籍"等问题在台湾具有较高的敏感性和争议性，同时也蕴含着强大的破坏性能量。但是，为了克服因政绩不佳所带来的民意支持率的下滑，陈水扁在 2004 年台湾地区领导人选举中不惜利用掀开上述问题的伤疤来释放偏见动员的能量：

　　全世界最害怕台湾民主、台湾公投的就是"中国"，但是有些人竟然和"中国"讲一样反对台湾公投的话，不但自己不公投，还鼓励大家拒领公投票，很遗憾这些人和"中国"唱和……黑金、国民党与共产党反阿扁，但是台湾人民反黑金，……"反对公投、民主，就是我们的敌人，我们要唾弃"。[①]

　　由上述论述可知，陈水扁将国民党与大陆进行污名化的同时，也将是否支持他、支持公投视为是否爱台湾、爱人民的重要标志，在进一步霸占"爱台湾"的标签的同时也忽略了对包括其政绩在内的诸多问题的讨论。陈水扁的此种策略，以充满偏激、情绪和偏见的语言，激发起了历史上国共对峙期间国民党因对大陆进行抹黑、造谣等方式所引发的民众对大陆的刻板偏见及反感情绪，以及国民党历史上长期的威权高压所压抑的各种民愤。不仅如此，他还设法将二者强制性的勾连在一起，对上述矛盾加以更大剂量的挑拨利用。为了更大程度地激发前期所积累的各种能量，他甚至制造了"一颗子弹"事件，从而引爆了台湾民众沉积已久的悲情情绪。他的此种操作及由此而来的话语霸权，以敏感议题、刻板意见及悲情兴趣为障碍，组织了人们可以本应对其政绩进行的公开讨论，经将由此封闭或半封闭的民意偏见转化到对政治敌人的攻击之中，并以此攫取了台湾地区的领导权力。他的此种做法，以狭隘和极端的"本土主义"话语权来对民意及政治的操纵，但却使台湾政治变革距离民主政治越来越远。

　　其次，就现任民进党主席、台湾地区现任领导人蔡英文而言，她同样是民粹主义的重要操手。具体而言，从其对岛内的治理依据而言，她曾谈到"人民的幸福才是衡量'政府'施政最准确的指标……在我眼中看到的是人民，不是

---

　　① 郭中军.台湾地区民主转型中的民粹主义：1987—2008[M].上海：学林出版社，2014：140.

数字"。① 由此论述可知，她的政治决策以所谓的民意为依据，而忽略专业人士的意见及科学治理所需要的相关指标计算体系，注定会遭遇失败。在2017年，台湾民众所推选而出的年度代表数字，便是"茫"——此种弥漫在台湾社会的迷茫感，是蔡英文以民粹口号来掩饰其低下的行政能力及不景气的台湾经济状况的遮羞布。

就其进行民粹操作的领域而言，除了在政治、两岸、社会、经济等领域进行民粹操作并引发一系列街头抗争事件之外，蔡英文同样在教育领域施行民粹操作——如让不具备专业知识的中学生而非教育领域的权威专家去审定中学"课纲"改革议程。此种炒作措施，不仅是典型的民粹操作的反映，而且也严重影响了包括教育治理在内的社会治理质量。

就其针对民粹操作的功利化和工具化态度而言，以所谓的"民意"为挡箭牌并利用街头运动等形式攻击"蓝营"和大陆等民粹操作当上台湾地区领导人的蔡英文，却认为"没有必要就不要常常走街头"②，展现了权力的傲慢与骄横；此前为登上台湾地区领导人的宝座，蔡英文在幕后操纵了"太阳花学运"的暴力抗争——此非法化和暴力化的抗争直接冲击了行政核心运行机构并对社会秩序和政治秩序造成了严重打击，但却在以蔡英文为首的民进党的民粹操作和纵容下被赋予维护并表达正当权益的"新公民政治运动"而免于遭受司法审判；但是，面对"一例一休""党产条例""年金改革""同性婚姻"等一系列"优先分配"计划所引发的"军公教大游行"等街头陈情及抗争运动，蔡英文却试图修改"集会游行法"并逮捕抗议的民众，而"一些绿营人士还嘲笑游行民众'太老实了''太守法了'，没有像青年学生（'太阳花学运'）那样霸占'立法院'、攻占'行政院'，完全没有'实质效果'"③。由上述案例可知，以蔡英文为代表的民进党虽然对民粹主义工具价值颇为看中，但却对其采取了双重标准，即需要权力时对其进行美化和利用，掌握权力后对其进行漠视和筹划；对同盟一方的民粹表现予以认同和扶持，对"他者"的民粹行动则予以否定和打击。此种行为所表露出来的对虚伪性、功利性和自私性，严重践踏了其一直高呼的

---

① 王建民.王建民：蔡英文的治理理念只会加速台湾衰落[OL].中国新闻网，2015-04-27. http://www.chinanews.com/tw/2015/04—27/7236233.shtml.

② 邓允光.民粹工具化让台湾边缘化[OL].搜狐网，2017-09-30.https://www.sohu.com/a/195897680_100003674.

③ 邓允光.民粹工具化让台湾边缘化[OL].搜狐网，2017-09-30.https://www.sohu.com/a/195897680_100003674.

所谓"民主"价值和其一直所"珍视"的"人权"。

（二）台湾政治民粹化的特征及其成因

无论是陈水扁，还是蔡英文，他们作为民粹领袖均以"人民"和"民意"为旗号，以"人民的代表"而自居，但其权力却在民粹的操作下得以凌驾于法治之上，其实质也违背和践踏了真正民主的实质精神内核，并对台湾社会的共同福祉造成了不可磨灭的伤害。

然而，尽管民粹主义危害巨大，但经"民粹精英"操作和设计的选举却成为一个"吸票机"般的存在。但是，选举市场的胜利，是建立此种民粹主义的糟糕氛围之下——"颠三倒四的谎言，愤怒与恐惧的情绪，泯灭自己与对手的人格，加总在一起就是选举的全貌"①。在此场景之中，"民粹精英"们在互相感染和鼓舞之下，在一定程度上忘记了基本的社会责任和政治伦理，也很少会为自己的承诺负责。针对此种情况，台湾学者和政客江宜桦对台湾民粹主义做出了深刻的感悟，即"动辄以民意为名，依恃着选票的力量，试图超越'宪政'体制的规范，做出种种不合法的事情。这些事情往往激起社会中不同'族群'的尖锐对立，而政治人物则从中获得利益"。②由此论述可知，台湾"民粹精英"对民意的操弄和对群众的动员均在较大程度上建立在其个人魅力之上，其对民粹思想的具体政治实践也充满了投机性、攻击性和冒险主义。但是，无论其外在形式如何变化，其实质均是民粹政客用以笼络民众并借此获得政治权力掌控权的重要工具。其中，比较讽刺的是，"民粹精英"所操持的民粹尽管是反对精英政治的，但其却在实质上为"精英"所控制。

然而，民粹主义自在台湾政治体制中凸显并慢慢取代台湾民主政治，自有其原因存在。具体而言，第一，民粹主义具有对基层民众强大的动员能力，而被动员起来参与选举的民众能够通过社会契约来强化作为"直选"而产生的台湾当局存在的合法性和正当性。

第二，政治人物在政治市场中对选票的过度追求，将大为强化选举本身的价值和作用，并可能诱使他们产生类似经济市场中"拜金主义"之类的"拜票主义"——在此种异化的政治市场中，政党异化为商品销售的"公司"，并在此市场中就相关利益进行激烈的行销竞争；而民粹主义扮演着类似经济市场中的营销工具的角色，并将该市场中的"政治消费者"进行投票的"消费行为"正

---

① 街头的民众 [N].中国时报，2004-12-06：（A2）.

② 江宜桦."自由民主"的道路 [M].北京：新星出版社，2006：47.

当化为对政治产品进行选择和买卖行为，并以此来影响政治资源的配置与其他诸多利益的划分。以陈水扁为例，他便重视在政治市场中以传媒所富有的社会地位赋予功能来塑造自身的政治明星形象，并借此政治行销来获得民众的政治支持——"（陈水扁）对于各种政治技巧的灵活综合，包括问政策略、形象塑造、媒体造势、事件行销、民调配套、诉诸民气、结合社团等方面，更已经成为民进党人引以为率的成功典范"。[①] 由此案例可知，在政治市场之中，"公民即形同'政治市场'上的'政治消费者'，他们的投票行为即形同'商品市场'上的买卖选择"[②]。但是，陈水扁等相关政治人物对政治利益的过度追求，却加剧了民粹主义的工具化运用，也强化了其在台湾政治体制衍变中的作用。

第三，正如经济市场的运行一样，政治市场的运行也会产生大量的负外部性。对于此种影响重大的负外部性，政府有责任履行自己的义务，来治理此种市场失灵的现象。然而，基于民粹主义的有效性及其对政治体制的渗透，台湾当局却对选票机制中的相关弊病视而不见或不积极作为。由此可知，台湾选举制度中缺陷的存在，为相关政治人物利用该漏洞获取私利提供了帮助并加剧了民粹主义工具的泛滥程度和范围。因而，以选举制度为代表的台中政治体制的缺陷，也在较大程度上加剧了民粹主义对民主主义的实质替换。

第四，台湾基层民众对民粹主义的积极响应及其在有意或无意之间所发挥的巨大能量，也让台湾政治变革倾向于民粹主义。换言之，由于各种历史因素和现实因素的影响，台湾基层民众具有浓厚的"出头天"情结。当如同样出身基层或对基层工作较为熟悉，且能够通过诸如"台湾人治台湾"之类的极端化民粹动员来满足他们的上述情结时，就往往会得到其高度认同和支持。他们的此种情感倾向及行为选择取向，为台湾民粹主义的盛行和泛滥注入了底层动力。

第五，由于各种原因的限制，造成台湾部分人对民主的实质存在误解。换言之，民主政治尽管需要民意的加持及民主所赋予的社交契约的神圣性，但民主政治并非完全等同于"数人头"的民意政治，而是以民意为合理决策的重要依据并根据客观事实所采取的一系列科学措施。

三、台湾政治民粹化继续蜕变的可能

塞缪尔·亨廷顿针对曾盛行于 20 世纪的民主化浪潮进行了研究并指出：

---

① 郭正亮 . 民进党转型之痛 [M]. 台北：天下远见出版股份有限公司，1998：197.
② 南方朔 . 如果政治都变成了市场 [N]. 中国时报，2004-06-28：（A2）.

现代独裁的支持者们总是反对民主；现行独裁的反对者们常常也反对民主。不过他们几乎毫无例外地援引民主的辞藻来努力用他们自己的政权来取代现行的威权政权。这样，介入到民主化政治中的团体在目标上既相同，又冲突。改革派和保守派就自由化和民主化问题发生分歧，但在压制反对派的各个力量方面却具有共同利益。温和派和激进派在推翻现行政权上有着共同利益，但一旦掌权就会对需要建立某种政权发生分歧。[①]

由亨廷顿的上述观点可知，政治自由化浪潮虽然有助于推翻沉重的威权统治，但其后续衍化却面临着诸多不确定性。换言之，威权体制的国家和地区，由于其对诸多利益团体的利益构成了侵犯，故其也成为后者一致努力要推翻的目标。然而，当共同的威权枷锁打开之后，得到政治自由且实力不同、利益追求也有分歧的各主体之间对于如何架构包括政治制度在内的社会体制会产生分歧，甚至不排除再发生暴力冲突的可能。在此分歧、争执和实际的利益追逐之中，各个政党及其内部各派系、利益团体之间展开实力较量；通过各种利益博弈，该国家或地区由政治自由化的后续衍变类型得以最终确定。由此过程可知，政治变革的自由化进程并不必然走向民主，而是取决于该政治变革场域中诸多实体之间的实力博弈，而此种利益博弈与权力的再整合会给民主转型带来诸多不确定性的风险。

对于台湾政治变革而言，它是通过威权领袖所实行的自上而下改革所推动的，故台湾政党权力在较大程度上仍然不能完全摆脱其内蕴含的傲慢基因，且由上而下在较短时间内所释放的大量政治自由化也会刺激民众对更多自由的要求；此种突发的民众需求及部分政党或利益团体对其的某种利用，将可能会对政治体制的稳定性等特征产生不可预知的负面影响。事实上，李登辉、陈水扁、蔡英文等政客及其所代表的政党、利益集团对民众的此种需求有了敏锐的察觉并进行了大肆民粹操作，并使得台湾政治变革的自由化向民粹主义转变。针对此种情况，库特·韦兰德认为，台湾这种自上而下的民粹主义的特点是个性化的政治领袖通过从大量的、无组织的民众那里获得直接的、无中介的、非制度

---

① 塞缪尔·亨廷顿.第三波——20世纪后期民主化浪潮[M].刘军宁译.上海：上海三联书店，1998：151—152.

的支持而获得或行使政府权力。① 不仅如此，台湾本土学者周阳山亦认为台湾地区的政治变革确实出现了违背了自由主义民主原则的民粹式民主。② 库特·韦兰德和周阳山的观点是较为合理的——自由式民主的特征是以自由主义为理念基础，以政党政治和议会政治为核心，并以议会制的运作来间接产生某地区的领导人；而民粹式民主则强调对少数政治精英的人格魅力及领导风格的信任，并以高度而直接的群众动员来推动该地区行政领导人的"直接选举"。由此可知，民粹主义思潮尽管在推动台湾威权体制的垮台及自由化政治转型中曾经发挥了重要的力量，但却在现实力量的博弈中令台湾自由主义民主的萌芽蜕变为民粹主义。

不仅如此，台湾社会历史能量的逐渐释放及诸多社会环境的变化，也使得各种政党政党及其内部派系，以及诸多利益团体之间产生了新的历史博弈。此种博弈及其所带来的权力再配置和体制再调整，也将为台湾民粹主义的衍化提供了新的可能。

以台湾社会矛盾的变化为例，随着台湾经济的日益下滑及台湾民众生活质量的下降，民生问题日益凸显并逐渐被台湾民众所重视。换言之，台湾早期的政治自由化和民粹化转型，是建立在当时台湾相对较高的经济发展水平基础上的。在经济发展有保障的情况下，民众诉求重点转向了更高层次的政治需求，而相关政党派系及利益团体也将视野聚焦于统"独"矛盾、省籍矛盾、族群矛盾等议题并以所谓的民意为依托展开了各种博弈。作为发迹于社会底层的民进党，迫切需要将作为自身拥护力量且数量巨大的底层民众解放出来并为自身政治选举服务，故其致力于废除选举的代表制而施行选举的"直选"制，并在此选举体制下获得了一个个政治胜利；对于国民党而言，其统治的基础是"外省人"群体，且作为其诉求的对象的政治精英也属于人数偏少的那一类，故在以"数人头"为典型特征的民粹选举体制下屡屡败北，进而屡次失掉其对于政治权力的配置及政治体制的调整的主导权力。在此时期，包括李登辉、陈水扁在内的民粹精英以民粹主义的泛政治化和意识形态的狭隘化、"本土化"而屡屡获得数量巨大的台湾本土人士的支持，并成功影响了台湾政治变革的方向。

然而，台湾地区政治领导人长期致力于政治斗争并不惜以牺牲经济发展来获得掌控政治权力的机会。例如，无论是在陈水扁时期，还是蔡英文时期，均

---

① 刘洪涛.二十世纪拉丁美洲民粹主义研究[D].上海交通大学，2009：27.
② 周阳山."自由宪政"与民主转型[M].台北：东大图书股份有限公司，1993：89.

以"爱台湾"为评价政治正确的重要标准，且以"不爱台"的为理由来惩罚台商，并制定或修改各种制度章程来阻碍包括两岸学术交流在内的两岸正常往来。此种以非理性人为方式来对经济发展进行粗暴干预的做法及其所产生的封闭和保守效应，进一步制约了台湾经济的发展并恶化了岛内的经济形式。不仅如此，岛内频繁的政治斗争以及由此引发的诸多派系争执，也严重恶化了台湾岛内的经济投资环境，并迫使大量台湾经济精英出走岛外；此种现象的频繁化，又进一步加剧了岛内精英人才的空心化和资本的外流速度，并为台湾经济的发展制造了更大的障碍。与日益增长且实力迅猛提升的大陆相比，台湾经济优势已经不复存在且已经出现了边缘化的态势，而由此导致的贫困化和两极分化态势也愈演愈烈。在此种情况下，台湾民众的政治热情逐渐下降，其焦点也有明显的转向民生领域的迹象。作为占据台湾选举最大比例的群体，台湾基层民众需求的此种变化，不仅是岛内主要矛盾变化的直接体现，也势必将影响民粹"精英"对"民意"的利用的理念及其操纵方式及目标达成的手段；而此种理念、方式或手段的变化，也将给台湾民粹主义的政党变革带来更多的可能性。

第二节　政治民粹化变革中的报业发展

无论是民粹主义思潮中表现出来的反智化倾向或对不同省籍群体的"仇化"倾向，还是诱发其出现的集体无意识和泛政治化现象，均是一种群体心理的表现。然而，尽管在群体心理之中报业传媒与民粹主义思潮存有紧密联系且前者也有行使文化担当的必要性与可能性，但其却呈现出诸多担当失范的现象，令人忧思。

一、传统纸质报业的发展困境

政治的民粹化变革及由此引发的诸多效应，导致报业发展的生态环境被大幅度改变。此种改变，加大了本因数字科技冲击而承受重压的纸质报业的经营压力。从 1999 年起，"除了新报《劲报》成立，必须吸纳新闻工作者之外，几乎没有一家报纸聘用新人"。[①] 不仅如此，就整个报业的行业环境而言，此时已

---

① 王天滨. 台湾报业史 [M]. 台北：亚太图书出版社，2003：453.

经呈现出"出去的多，进来的少"①的疲软状态。值得一提的是，即便是新成立的《劲报》，发行量也快速下跌和广告收入锐减，而在苦苦支撑两年之后便宣告倒闭；《自由时报》也曾因其大幅的营销策略及报道内容的调整等措施的实施而实现了逆势增长，但后继却呈现无力增长态势而缺乏进一步的突破。

就台湾传统纸质报业的发展困境的原因来讲，此时台湾报业市场的疲软，受诸多因素的影响。首先，就台湾政治影响而言，因受台湾政治民粹化的影响，自2000年民进党首次担任台湾地区执政党伊始，"朝野"纷争不断、各政党派系及其所属力量内斗不止，民进党的施政方向也不清晰，造成两岸形势动荡不休。此种变幻莫测的政治形势，既为台湾报纸提供了较多的重磅新闻，但却因政治对经济的冲击而严重影响了其广告收入，报业与政党的结盟而导致其公信力被大众质疑等原因的存在而使得发行收入也被减少。由此可知，在此时期，台湾报业既享受了来自政治同盟者的支持，却也会因其负面影响而增添了诸多运营风险。

其次，就此时台湾的经济境况而言，在陈水扁刚经"直选"途径升任台湾地区领导人之后，台湾经济就出现了房地产交易冷清、股票下跌、成交量锐减、产业外迁现象严重、传统产业形势低迷，且民众的失业率不断上升。不仅如此，由于此时各政党的重心聚焦于权力的巩固之上，斗争频仍且各利益团体卷入程度颇深，故对民生问题予以了忽视，严重降低了民众的经济信心。此种不景气的经济形式，从基础上对报业的广告和发行收入造成了重大打击。

再次，媒体的科技属性凸显且数字媒体的发展严重影响了广大受众的媒介接触习惯。作为报业发展的根本支持力量，受众的关注和支持是其存在的重要基础和重要驱动力量。然而，电视等电子媒体凭借其即时性、音画等时空的完整性及其所造成的震撼力，严重侵占了传统报纸的市场。不仅如此，网络化数字媒体也日渐兴起——它不仅凭借其高效率、低运营成本、海量信息、高接触机会和低获得成本等获得相对竞争优势，而且凭借其实时性、方便性和高度的互动性而逐渐集聚了一大批受众且其市场也呈现日新月异的发展前景。上述媒体所产生的"排挤效应"，势必会挤压台湾传统纸质报业的生存空间。

第四，从受众的阅读习惯来看，除了已经养成报纸阅读习惯或保有报纸怀旧情结的人士外，以青年人和中年人为代表的受众群体的报纸阅读习惯已经向

①　方原.中时财经记者三合一作业，联合优退优离二百余人走路[J].目击者（双月刊），2001，（01）：71.

数字媒介偏移。

据 AC Nielsen 调查，台湾网路族除了阅报率逐年下降，阅报时间也逐年减少，尤以二十至三十九岁之间在社会上工作的在职者，报纸的新闻价值已逐渐被'网路新闻'的即时性取代，因为上班族在工作时可以透过网路取得第一手资讯。①

尼尔森对媒体的另外一项调查数据也表明，"台湾岛内报纸的阅报率从1992 年的 76.8% 逐渐下滑，1997 年为 65.4%，到 2001 年往下探到平均仅有55.3%"。② 由上述统计数据可知，传统纸质报纸的受众群体越来越少，而相关受众在其上投注的注意力和时间也越来越分散，故此种情况势必将降低广告商、赞助商等利益团体对其的重视程度，并可能会削弱其社会影响力。

第五，岛内报业之间的恶性竞争，直接削弱其盈利能力并导致其他恶果的出现。从早期台湾的"两大报"时期——《中国时报》和《联合报》，到中期的"三大报"时期——《中国时报》《联合报》和《自由时报》，再到当下的"四大报"时期——《中国时报》《联合报》《自由时报》和《苹果日报》，岛内报业受狭小市场等因素的制约而一直处于激烈竞争态势。特别是在"报禁"开放之后，众多新生媒体的加入以及民粹主义时期民进党当局在对报业采取的公营报纸民营化运动后台湾所有公营报纸转变为民营报纸所引发的巨大压力，使台湾报业市场更是进入了恶性竞争时期。

"广告竞争随着台湾经济不景气，广告大幅缩水而益发严重，业务人员在业绩压力下，直下猛药；2000 年，喊出'买一送七'的流血行情，不惜贱卖也要争取广告。"③ 在此情况下，"《自由时报》采取登一天广告，送六天广告版面的拉广告作风，已让其他报社混不下去了。"④ 换言之，以《自由时报》为代表的部分报纸依靠其背后财团的雄厚实力及其主要对报纸政治、社会影响力的需求，采用恶性竞争手法来迫使依靠"正派办报"的报纸退出主要市场领域。当然，其他主要报纸也不甘示弱，纷纷以"价格战"的形式来捍卫自身报业市场和社会

---

① 澄丽国际媒体研究小组．网路对传统媒体的影响 [J]．广告杂志，2001，(07)：123.
② 王天滨．台湾报业史 [M]．台北：亚太图书出版社，2003：460.
③ 《电脑杂志》编辑部．互有涨跌的二〇〇〇年 [J]．电脑杂志，2001，(07)：37.
④ 陈志成，黄顺利．面临裁员，员工总是最后知道 [J]．目击者（双月刊)，2001，(08)：24.

影响力；然而，此种由部分报纸发起并引发岛内各个大报展开市场大战，且战火蔓延之岛内其他实力较弱的报业现象，造成了台湾报业收入的大幅削弱和报业整体实力的直接衰退。此种惨烈的恶性竞争态势及其所意味着的报业行业秩序的紊乱，严重削弱了各报社之间的实力；由此产生的"劣币驱逐良币"效应，也严重败坏了台湾报业生态。

二、报业运营理念的变化：由家族式管理向企业化经营的强化

台湾传统报业的上述困境并非囿于个别报纸，而是对整个报业生态的反映。为克服运营困难并摆脱上述困境，各大报亦纷纷采取了包括转变管理体制等一系列措施。

长期以来，台湾报业的发展均处于家族式控制之下。在家族式管理体制之下，报业的运营不免出现任人唯亲、人情管理、滥用权力、排外心理、缺乏激励等问题，从而导致报业的运营成果与普通员工的获得感相互背离、企业价值与员工价值的相互矛盾、普通员工工作氛围压抑、管理混乱等问题。在多数报业处于上升期之时，此种问题及其所反映的家族式管理的落后生产力往往会被报社业绩的增长所掩盖。但是，随着报业经营环境的恶化及报业发展陷入的困境，此种问题开始凸显并被重视起来。

为克服经营困境，诸多报社开始以经理等职务来引入专业的市场营销与管理的人才，以整体营销战略来指导报纸新闻产品制作、加工和营销等全部途径；同时，《中国时报》《自由日报》等诸多报纸成功的企业化运营活动也给他们以强烈的刺激，促使更多的报纸开始尝试以现代企业化运营的方式来进行管理。例如，早在1992年，《中国时报》便不仅在台湾南部、中部和北部设立印刷厂，以减轻报纸的运输等成本，还在各地设立发行中心，陆续建立报纸在各地区发行的直营区域与零售网络并使其有机进行连接，以尽可能地扩大报业市场的占有率；同时，《自由时报》也以市场扩张和企业化运营作为常规经营战略①，先后展开一系列大规模、大力度的市场营销活动，进一步强化了其市场争夺的能力，也使得以追求在市场运作为依归下的低成本、高利润的商业规范成为台湾报业潮流，并打破了以往专业办报优先于商业规范的理念。

在商业营运规范大行其道的情况下，《联合报》等报纸也在后期进行了诸如

---

① 苏蘅.竞争时代的报纸，理论与实务[M].台北：时英出版社，2002：79.

"业采合一"的经营战略。换言之,在此种经营战略的指导下,记者的采访任务与报社的其他业务被捆绑到一起——记者在开展新闻采访等专业任务的同时,还需要寻找机会让被采访对象与报社共同举办活动等,以采访业务来推动报社其他业务的开展,并促进报社发行业务和广告业务的提升,以最终实现利益的最大化目标。在此情况下:

原本严禁涉足发行、广告、活动的两大报系记者,2001 年以后,除了必须注意采访路线上可供合作的讯息,还要身先士卒与采访对象洽谈合作的可能性,记者带进发行、广告与活动文案的数量与实际利润,成为评估记者年度绩效的主要标准。[①]

换言之,以往此种被小报记者所滥用并被鄙视的经营策略,如今被各个大报进行公开实施,不仅是对新闻独立性等新闻伦理的一种侵犯,而且也反映了此时传统纸质报业奋力挣扎的悲壮身影。

三、开展多种经营,优化资源配置

作为报业的主要收入来源,广告收入的锐减使诸多报社对其自身作为现代化企业的经济属性有了更为深刻而全面的认知。在此情况下,报业开始对其所拥有的各种资源及其可供经济运作的可行性及其价值进行了较为全面的评估,以试图在维持新闻事业为核心的基础上来强化对包括各种新闻素材在内的诸多资源的多次加工与利用能力,拓展并扩张自身的媒体功能并大力增加各种资源的附加价值。

以《中国时报》和《联合报》为例,它们在 20 世纪 90 年代初期开始陆续赞助各种艺术性演出,但却发现甚至可以以此谋利。"随着社会大众对艺文展览参与的热爱,两大报系办展的门票收入与衍生性商品的热卖利润惊人,成为重要的收入来源。"[②] 不仅如此,《联合报》以此而获得的收入更是惊人:

2000 年 12 月 15 日到 2001 年 3 月 10 日,在历史博物馆展出的兵马俑特展,83 天共有 105 万参观人次,创下岛内最高纪录,带来庞大收入。2002 年在(台

---

① 王天滨. 台湾报业史 [M]. 台北:亚太图书出版社,2003:486.
② 徐蕴康. 中时、联合两大报系的吸金大法 [J]. 商业周刊,2001,(04):109.

北）故宫举行的"花样年华，从普桑到塞尚——法国绘画三百年"展览，潮水般的参观群众，同样带来惊人收益。[①]

上述数据及其收益表明，被经济化运营所点拨的台湾报业已经重视对其资源的整体统筹与利用，以另类传播的方式实现了自身服务社会和传承文化的职能，也促进了社会活动与自身品牌塑造的多项正向传播效果。

对此，给《联合报》带来新鲜的经营管理理念掌舵人王文彬指出：

今天周边产业已经是个策略……以前经营新闻是只靠发行、广告收入，现在不够！我们还要做些别的……这样做也并没有违背我们办报原则，董事长在两年前的工作会报上讲过：只要不违背正派办报原则，没有什么业务不能做！所以我们发展周边产业。[②]

在此务实的理念指导之下，联合报系在经济不景气的情况下实现了逆势增长，并利用现有资源将报业版图扩张到印尼、纽约和旧金山等地区，从而实现了报社事业的逆势增长。当然，联合报系的扩张是建立在以新闻事业为主轴的基础上的，但其他报业的扩张往往也呈现另类的特点。例如，《中国时报》的多元经营范围便包括百货公司等业务。后者的此种扩张涉及自身不专业的领域，故反而容易因对相关风险评估的不足和相异的资源不能有效配置而导致自身利益受损。

四、报业内容生产的模式变革

随着新媒体的发展及技术赋权的影响，传统报业的受众大量向网络媒体及社交媒体迁移，并导致广告商、赞助商等相关利益群体也将注意力转向新媒体领域。然而，对于传统纸质报业而言，其受众的流失意味着发行收入、社会影响力的逐渐消失，也意味着作为经济收入支撑的广告和赞助收入的直接锐减。而对于新媒体而言，它凭借着受众、资本对其的青睐，不仅得以在政治选举等报业的传统市场中以政治广告等形式对后者利益进行了大幅侵蚀，而且还以更为低廉的运作成本增加了自身的经济收入。不仅如此，在台湾本已相对狭小的

---

① 王天滨.台湾报业史 [M].台北：亚太图书出版社，2003：487.
② 潘正德.新经营模式[J].《联合报系》月刊，2000：（10）：14.

市场空间中，本土媒体之间的竞争本已经足够激烈，但由于"口味"更重且更为煽情的《苹果日报》的进入，以及 Facebook 等世界新媒体巨头在台湾民众中的流行及其对台湾广告和受众注意力市场的大幅侵占，更增加了台湾传统报业的生存难度。在此恶劣的生存环境之下，往日里的传统的"黄金"纸质报业也迎来了其落寞的时刻——仅在 2006 年间，台湾便有 6 家传统报社倒闭，而其他报业也纷纷以裁员、节省行政费用和管理费用支出等方式来赖以维持；同时，其余报业也设法将传统业务拓展到文艺表演、公共关系、文化旅游和改革内容生产体制等领域，以试图提升报业的总体竞争能力。

在上述报业试图革新的诸多措施之中，对报业内容的生产、制作流程进行改革，是较为引人注目的一种方法。台湾报业中对此较早进行探索的是《中国时报》报系——它在 2000 年将中时财经网、《中国时报》经济组、《中时晚报》财经和政权组、《工商时报》、时报资讯等五个单位的财经记者和相关业务进行合并，并将由先前两百余人的岗位设置精简到一百八十位。此种"五合一"的发稿制度，直接对记者以往的内容生产习惯造成了冲击。例如，为了能够在随时随地供应网络新闻稿件，进行新闻作业的记者必须采取"随采随发"的新闻内容生产模式——此种新模式的出现，便是对以往传统记者和传统报纸以截稿时间来进行新闻生产、加工的传统模式的一种颠覆和替代；而此种新的新闻作业模式的出现及其实际运行，代表着新闻主管的运营、调度与具体从事新闻一线业务的记者之间的新闻作业模式进入了一个新的阶段。

然而，《中国时报》推出的上述新作业模式的出现并非意味着报业内容生产体制变革的终结，作为后起之秀的《苹果日报》提出了对此模式造成颠覆性的更为激进的"员工创业计划"。具体而言，《苹果日报》在 2017 年 3 月底止全年营业亏损扩大至 3.93 亿新台币，去年同期亏损 3.24 亿新台币；在两年出现巨大亏损的基础上，该报所属的壹传媒集团将旗下的杂志进行出售。[①] 在此背景之下，该报试图通过对报业内容生产的体制革新来减少亏损并达到盈利的目的。具体而言，该报试图通过所谓的"员工创业计划"，改变传统的记者、编辑受雇于报纸且后者要为前者提供薪资和各种保险金、退休金和保险费等相关费用的局面，而代之以将内容的生产"转包"给某些记者，而以往的薪资则成了相关内容生产的"报酬"且报社不必为其缴纳其他的相关费用，故可以在保持其精

① 黄清龙 . 新媒体时代传统媒体如何突围？ [A]. 复旦大学 .2017 年传播与社会发展海峡暨港澳学术论坛论文集 [C]. 上海：复旦大学，2017：2.

良内容的基础上大大减少其生产和运营成本；报社由以往采访、编辑和印刷等一系列业务制作的完整部门变成了仅保留核心业务且将部分内容的制作"外包"为已经成为自由工作的"承包商"——相关记者。对于记者而言，他们不再是报社的员工，而是报社内容的"承包商"和自由工作者，其权益也不再受到传统的公会保护——因为他们已经与报业脱离了传统的雇佣关系。

以《苹果日报》为代表的台湾报业的上述改革，其实质是散工经济的一种表现。换言之，成为自由工作者的记者，能够突破传统意义上在固定地点和时间进行上班的僵化模式，而代之以在同一时间和地点来接入到多份工作并可获得不等的多份酬劳；不仅如此，此种工作方式，也利于消除因僵化的工作模式所带来的效率低下、浪费上下班的时间或精力等相关资源。但是，在此种散工经济下，能力较差者将会被淘汰。

不仅如此，上述改革措施同样表现除了报业发展的一个思路，即在自媒体泛滥的时代，传统报业是否仍然延续以往的内容提供商的角色，还是将着眼点转移到"内容平台"的打造层面？但无论是何种取向，上述诸如"员工创业计划"在某种程度上以合乎规定的软性手段将相关正式记者予以解雇并鼓励他们自行创业；不过，相关记者创业的优秀内容成果，仍然是其所欲购买的产品。此种将报社成本进行外在转化的方法，在较大程度上对非精英记者进行了直接淘汰，且有助于在一定程度上缓解了运营压力。

但是，若抛弃纯粹的经济视角，从文化和社会责任的角度来看，上述诸如"员工创业计划"的实施，将会导致作为报社员工的记者和编辑、社会文化传承、社会舆论环境的相继沦陷。这是因为，报社对经费或员工的削减，使其不仅会失去以往确保对相关新闻的客观、真实和精确的查证等必要环节，而且往往不愿意斥巨资来强化调查性新闻报道；同样，对于成为自由工作者的单个记者或多个记者组织而言，他们也会因缺乏时间、精力、金钱和人员等足以维持以往那种对每条新闻须经过三名左右的编辑查证和审校的环节，故势必会造成新闻准确性、客观性等相关质量的下降，并直接危及报业所具有的文化传承、监督社会等正常功能的发挥。不仅如此，在市场功利主义的驱动下，新闻资讯的"膻色腥"等恶俗现象将大行其道，而假新闻也会络绎不绝，整个社会也会因报业的此种缺陷而在某个时候付出相对惨痛的代价。

五、台湾报业的数字化转型 [①]

在台湾报纸试图强化自身市场竞争能力的诸多途径之中，将传统纸质媒体向数字媒体转型，则是较为常见的一种方式。具体而言，台湾部分报业在政治自由化的 20 世纪 90 年代就已开始了将自身新闻品牌向互联网延伸的新闻网站，而《联合报》也曾在 21 世纪初便力推数字和网络化作业，以期每年减少五亿元（新台币）的成本支出。[②] 但是，由于当时多数民众的阅读习惯还没有大规模转型，而新生代的青年群体也尚未进入社会主流人群，故该举措尚未产生大的社会及经济效应。然而，随着报业发展环境的急剧变化及互联网高新技术的快速发展，使得报业产生了强烈的危机感，竞相在数字媒体中投入更多的能量，并试图以更赏心悦目的形式、更低廉的价格、更具包容性的内容、更具互动性的方式以及改善业务流程的标准化和网络化程度、建设更为开放的互联网新闻平台、购置更强大的互联网设备等方式，以更好地应对新时期的挑战。

台湾部分报业的上述努力及其所建构的新闻平台，使其传统报业能够和新闻网站一起构成跨媒体的立体合作，增加其自身新闻汇总和再加工、整合的能力，同时也能够针对不同的受众类型来制作相应的新闻资讯，强化了自身与各类社交网站进行新闻接入的能力并通过此方式增加了自身与读者的互动性，同时也可以为各个不同的平台提供诸如影音新闻、多媒体新闻等更加丰富的内容服务。例如，联合报系所推出的联合新闻网便对其旗下的《联合报》《经济日报》和《联合晚报》等传统纸质媒体的内容进行了整合，而且还为其影音新闻等相应的新闻改革提供了发挥和施展的空间；中国时报系所推出的中时电子报，则对其麾下的《旺报》《工商时报》等纸质媒体和中视、中天等影视媒体的内容进行了再整合。

"蓝营"的报业向数字媒体进行了深度转型，而"绿营"的《自由时报》和偏中立的《苹果日报》也不能置身事外。具体而言，《自由时报》网站资源便对其下属网站《自由时报》和英文版的《Taipei Times》等纸质报纸的内容进行了梳理和再加工，而政治属性相对中立并致力于追求经济利益的壹传媒集团也对其所属报纸《苹果日报》《壹周刊》和作为免费报纸的《爽报》等内容进行了资源汇总和再加工。

---

① 本章部分内容已经在《威权统治时期台湾报业与政党关系衍变及相互规训（1949—1986）》[福建师范大学学报（哲学社会科学版），2017 年第 1 期］发表；部分内容有修改。

② 杨丽君．王文彬：《联合报》系两年内缩 10% 员工 [J]. 商业周刊，2001，（05）：111.

　　《联合报》等上述台湾四大报，尽管政治背景不同，拥有资源和具备的能量也不同，但却同时展开了纸质报业的数字化转型，并试图通过由此产生的新闻聚合效应来增长自身实力并拓展自身的影响力。然而，由于纸质报业的数字化转型所需要的昂贵设备及其维护以及适合数字化运作的优秀人才等，均需要投入大量的资源。但是，台湾却因狭小市场空间的限制及外媒对其市场的持续侵蚀，不仅很难形成市场经济所需要的规模经济和范围经济效应，而且反而加大了其固有的压力，因而进一步造成了其纸质报业市场的萎缩。

　　然而，纸媒市场的萎缩并不能导致台湾报业其因循守旧、故步自封。以《联合报》《中国时报》为代表的台湾报业亦直面新媒体时代所带来的泛媒体化加剧、传媒作业方式改变等诸多变革，并在报业从业人员、内容采编和数据驱动型传媒建设等方面用力颇多。例如，联合报系旗下包括《联合报》《联合晚报》《经济日报》《世界日报》等在内的传统报业便与该集团旗下的 UDN 新闻网等新媒体平台在专业、受众及大数据挖掘等方面展开资源整合，更专门开设了购物网站"UDN 买东西购物中心"，将新旧传媒、广告与购物网站进行有机融合，实现了自身影响力的大幅扩张，也实现了多赢的局面。① 从此点来看，虽然台湾传统报业目前发展受限，但其作为传媒集团化运作的重要一环，其影响力仍然不容小觑。台湾报业的此种发展趋势，同样也将直接影响其与政党关系的进一步建构形态。

第三节　政治民粹化时期政党与报业关系的变化

一、报业发展与民粹主义思潮的内在关联②

　　台湾岛内旧的价值体系及生活方式等传统秩序崩溃，而新时期稳定的社会秩序及价值观尚在形成之中。在此变革过程中，社会变化较快、市场竞争压力较大且民众个体流动频率较快；普通陌生人之间缺乏彼此信任的心理基础，且除非是受到强有力的共同刺激，否则不易形成有凝聚力的团体。此种特点，使得大众规模虽然庞大，但却成为一种相对均质化、自由化、孤立分散的存

① 张彦华. 大数据时代国内传媒产业的挑战与机遇 [J]. 现代传播，2013，（11）.
② 部分内容已经在《民粹主义思潮与报业传媒的文化担当》（《学习与实践》，2015 年第 1 期）中刊出；部分内容有修改。

在——他们思维相对简单化和非理性化，且缺乏有效心理束缚；不容易接受他人的意见，却往往对报业传媒较为青睐。对于报业传媒而言，它在从工业社会向信息社会转变的过程中，力量获得了极大的发展并基本完成了对整个社会的覆盖，且凭借其强大的传播效果，渗入了民众生活。然而，它又同时面临着国际和岛内博报业市场的激烈竞争，发展压力沉重。在此种生存状态下，无论是为了在市场竞争中占据优势地位，还是在意识形态方面设法对大众予以成功的动员，多数报业都势必会对大众心理有较大程度上的迎合或讨好——尚且不论此种大众心理状态是否呈现为一种极端的平民化倾向，但就报业的此种举措本身而言，就有助长此种民粹倾向并为其提供生存和扩张空间的可能。

报业的此种发展趋势，势必将对大众的态度、行为和认知等产生强大影响力。换言之，大众基于各方面的需求，不但对以报业为代表的大众传媒的依赖越来越强烈，而且会将从报业传媒所建构的虚拟世界中得来的信息作为自身环境认知和采取行动的依据，极大地促进了虚拟世界向现实世界的转化。特别是在社会转型期，周边环境快速变化，以市场经济主导下的诸多变革更是牵涉到个人的切身利益并促使大众与周边环境及讯息的联系程度剧增。此种情况的出现，就使得大众自身受到报业传媒影响的程度也就越大，而报业传媒所描述的虚拟世界浸透现实世界的可能性也就越大，对民粹主义思潮的推动也就越有力。

作为弥漫在大众及影视周围的一种社会思潮，如果处置得当，民粹主义完全可以为报业传媒事业的提升、大众素质的提高及社会的健康发展提供动力。诚如勒庞所言："尽管人民可以通过追随、夸大它所受到的刺激，从而在革命中发挥相当重要的作用，但如若没有了领袖，人民是无所作为的，他们从来就不能引导自己的运动。"[①] 换言之，大众群体此种容易受到无意识的驱策以及本身具有的易轻信、情绪化等心理弱点，为报业传媒的文化担当与人文关怀提供了难得的机会。试想，如果报业传媒能够完成社会主流思想向边缘思想的传播和"浸透"过程，或至少将极边缘的思想部分同化，且注重强化人与人之间的了解与信任，而非充斥着诸多暗黑阴谋与血腥暴力，极端民粹化倾向也不会表现得那么明显，社会的暴戾之气也不会如此猖獗，而那些极端恶性事件也不会如此频繁地发生。

---

① [法] 古斯塔夫．勒庞．革命心理学 [M].佟德志译．长春：吉林人民出版社，2004：42.

二、报业政治倾向的明显化及其对政党的支持

随着台湾各政党竞争的白热化及民粹政治的日益凸显，政党与报业的联盟需求更为迫切且报业对相关政治新闻的报道立场也更为偏颇，或曰其政治态度倾向也愈加明显。报业的此种政治立场，不仅在台湾各种大选期间得到了较大程度的呈现，而且在日常的政治新闻报道中也蕴含其倾向性。特别是某种重大政治事件发生时，各报纸更是试图向大众传播自身的观点并试图影响其政治倾向和政治选择行为；至于和自身所支持的观点、事件相矛盾或相冲突的其他观点和事件，则试图加以再诠释的方式对其影响力进行削弱，或索性对其避而不谈。

在此种情况下，受众往往需要至少购买"蓝""绿"阵营的各自一份报纸，方能对事件有个相对清晰的了解，但或许凭此还不一定达到对事件真实情况的了解。

对各种政治议题的诠释有着最大影响力的媒体，尤其是几家主要报纸，长期以来任凭其色彩鲜明的立场从言论版面扩张到事实报道版面，影响了读者吸引资讯的客观性，是当前台湾媒体最严重的一种文化……媒体的新闻、评论与标题深受老板立场左右，是台湾报业的通病。比较中时、联合、自由三报呈现出的政治立场，许多观察者都可以概略归纳：《联合报》是"反独反共反李反扁"，《自由时报》是"反共反统亲独亲李"，《中国时报》则是"反独反李不反共不反扁"。[①]

由此论述可知，在政党与报业结盟的情况之下，专业报纸作为公共论坛所应该呈现和追求的自由、多元、公开的意见市场逐渐变为其所支持政党的单一声音。

部分报纸鲜明的政治立场，甚至会对其内部员工施加严重的影响并促成其行为选择的变化。例如，在2000年台湾地区领导人大选之时，《台湾新闻报》社长赵立年力挺宋楚瑜，且在后者到其所在地拜票时均随伺在侧，甚至还登台助选；由于普通员工也希望胜选的宋楚瑜能够帮助该社扭转经营危机，故强烈期待其胜选，甚至出现了印刷厂工人与编辑部工作人员因拥护人选产生分歧而

---

① 田习如.台湾三大报"深层结构"大探索[J].财讯，2000，（11）：231.

在工作时间内打架斗殴事件。① 由此可以看出，记者等新闻人员基于发掘优质新闻源等诸多考虑，必然会同重要政治人物建立起良好关系，但关系的合理尺度往往不易把握；当双方利益牵扯过深并在由此形成的同盟机制的动力驱使下，新闻记者便往往会忘却自身所要恪守的新闻伦理，而其所刊发的新闻也就很难称得上客观、公正了。特别是在政治大选等事关岛内民众命运及政治发展前途的政治事件中，报业及其内部人员对相关政治事务的过分涉入，往往会大幅削弱意见自由市场的公平性，并可能令台湾政治走向歧途。

当然，多数报纸对多数新闻事件的报道至少在形式上还是会秉持新闻伦理的原则来进行，但由于其扮演"守门人"角色具体操作人员的政治成见以及其利用议程设置、"沉默的螺旋"等容易引发政治偏见的新闻报道手法，也容易令受众在不易察觉的状态下达到对其政治认知、政治态度、政治情感和政治行为的深刻影响。

同时，尽管相关报业政治意见的传播富有倾向性，但受众也会通过对媒介的"选择性接触"来对相关事件进行选择性的诠释。从此点来看，受众好像并非缺乏主动性和辨别力的存在。但是，就实际情况而言，台湾知识水平相对有限的基层民众对新闻事业存在一定的无知，且容易在误导下出现殴打记者等粗暴对待新闻业的情况，直接对新闻自由构成了现实威胁。同时，由于多数受众对报纸政治内容的选择往往是出于其政治偏好，且其对相关内容的阅读也往往会强化其既有政治偏好，而对其的改变力度则相对较弱。从此点来看，正是多数受众的潜意识的选择和支持，才使得部分报业态度鲜明地去支持其政治同盟力量且不用太担心其核心受众的反感情绪。换言之，正是台湾民粹主义政党、渴求扩大影响力的报业以及对相关内容持有偏好的受众的下意识选择，才共同为报业与政党的同盟制造了适宜的生态环境。

三、政治意见市场的内容细分

报业政治倾向的鲜明流露，不仅是其政治考量的结果，也是其经济操作的具体表现。就后者而言，报业政治倾向的鲜明流露，是报业进行内容定位、受众定位和市场定位的现代市场化操作的部分表现。换言之，台湾政治场域可以大体依据统"独"、"蓝绿"和省籍的标准来划分，而报纸以此种政治颜色进行

---

① 苏希亚.赤裸炒作新闻，乱象不输从前 [J].目击者（双月刊）.2000,（06）：44.

的内容区分，不仅可以避免在相对狭小的报业市场空间中所进行的同质化的惨烈竞争，也可以在较大程度上满足在某以颜色区域内的大众的阅读偏好及广告商的需求，因而可以达到有利于自身发展的经济目的。

以《自由时报》为例，它的内容定位便立足于"本土化""独派""去中国化"，并不断强化其自身在上述"标签"上的纯度，在较大程度上迎合了台湾"本土化"的潮流；同时，政治色彩浓厚，言论尺度较大，因而迎合了人口基数众多、素质相对普通且口味较重的基层民众的支持，从而使其成为台湾报纸中以"台湾化"特征最为鲜明的报纸。此种特色，更为以民进党为代表的民粹政党及政客所青睐，并借此掀起了一轮轮"台独化"的炒作；此种炒作，不仅增加了其在该内容细分市场中的权威地位，而且也借此得到了众多"绿营"政客的各种资源的倾斜照顾。

不仅如此，此种以内容定位为主要特征的市场细分策略，也在较大程度上得到以《联合报》《中国时报》等报纸的认可。表现在具体行为之上，便是每当岛内出现重大政治争端时，《自由时报》与《联合报》《中国时报》便往往在言论上互相攻击，互相指责对方是"独派"或"统派"报纸，并同时与对方进行品牌区分，也借以强化自身在"独派"或"统派"场域中的行业地位。此种相互抨击的市场营销策略虽令人侧目，但往往能够制造相对紧张的气氛，来增加读者的印象及其对报业市场的关注，更可以在舆论场域中建构其对自身政治盟友有利的话语，可谓收获颇丰。由此可知，此种对政治意见市场的细分操作，不仅令报业得以享受经济收益，而且还增加了他们在经济驱动力下强化与政党联盟的主动性，因而在较大程度上进一步强化了报业与政党之间的同盟关系。

上述台湾民粹主义的增强及在此语境下政治与传媒市场中诸多乱象的出现，也是台湾当局公权力严重失衡的表现。换言之，当市场因为失灵而对公共财产属性浓厚的领域调节不力时，便需要行政之手对相关资源的调配进行优化。然而，台湾当局对于岛内发展前途及民众福祉相关的权力行使及公共政策的安排却存在管理不力、政策晦涩、前后矛盾，甚至出现双重标准现象，因而造成社会对抗现象严重，而良性舆论的能量则得不到彰显。在此情况下，政党与部分报业的强大结盟力量及其所代表的利益集团，便经常会采取"里应外合"的方式，来主导台湾当局政策的制定及其执行的程度，并有试图为自身利益谋取更为有力保障的趋向。

四、政党与报业联盟形式的变化及政党权力对新闻自由的软介入

传统纸质报业向电子化和数字化领域的转型，及其与其他各类媒体交叉运营的情况，使其对社会生活渗透的领域变大且深度也倍增。换言之，作为在新闻采访、编辑等领域底蕴深厚的各大报业，同时也是各大新媒体的信息提供方和其他合作伙伴，故尽管报业形态发生了部分改变，但受众对报业依旧存在直接或间接的依赖。在此种情况下，报业在较大程度上依旧扮演着影响受众认知、情感、价值和行为的重要角色，并有着将其所建构的虚拟世界向现实世界转化的影响力。

不仅如此，台湾当局于 2003 年颁布并实行的"党政军退出媒体条款"——行政机构、政党、党务、政务与选任公职人员等，不得投资广播与电视事业；行政机构、政党须在"广电三法"公布施行后二年内退出投资，党政公职人员须在六个月内退出并解除职务 ①。在此条款之下，台湾社会达成默契并促使党、政和军队势力撤出报业等媒体领域，因而使台湾报业得以避免在威权时期来自当局赤裸裸的暴力干预，并使其获得更多言论等方面的新闻自由。

然而，作为形式上"独立"于行政、司法和立法之外的"第四权力"，传媒在整个社会系统中的重要性毋庸置疑；而此种重要性及其影响力的发挥，也使其成为各方势力觊觎的目标——当以往"一家独大"的政治权力从形式上退出对媒体的掌控之时，也为其他早就蠢蠢欲动的各方势力以经济合作等形式入侵报业领域提供了难得的契机。"'党政军退出媒体条款'执行后，现在媒体多沦为企业、财团的发声筒，财团企业才是现今掌握媒体最大话语权的人。"②此种说法尽管有些夸张，但却反映了一个社会现实，即作为泛政治化且意识形态较为浓厚的台湾社会，其政党及其幕后的利益财团的势力仍然占据着生态链的顶端，故其以广告、赞助或直接投资媒体的方式对报业领域的干预程度也是最大的。

事实确实如此：

在股权经营者变动过程中，不论执政者是国民党还是民进党，都可以看出"政府"不愿意放开操控媒体的那只手。早在陈水扁任台湾地区领导人的时期，仍可看出操作媒体的行为，由于台视和华视分别属于原先的台湾省政府和"国

---

① 游淳惠.台湾新闻媒体发展剖析：从政府控制到资本家控制 [J].新闻界，2015，（05）：4.
② 游淳惠.台湾新闻媒体发展剖析：从政府控制到资本家控制 [J].新闻界，2015，（05）：5.

防部"，因此随着民进党执政，这两家电视台也出现了人事变动。[①]

不仅如此，民进党利用传媒的传统甚至延续到了蔡英文任台湾地区领导人时期：

针对民众反弹、民怨上升，蔡英文认为主要是因为"政策宣导不力"，民众"不懂"才会上街抗议，认定若终止改革目标将坐实反对意见，会被对手冠上"改革失败者"大帽，将会因此加剧执政危机甚至失去连任机会。为此，蔡英文不断宣称"现在若不做、日后更后悔"，并通过拢络媒体记者、操作民调数据等方式为其执政涂脂抹粉。[②]

由上述案例可知，尽管台湾当局及其主导其权力运作的政党从形式上放开了对报业的直接控制，但却可以通过同样该政党形成联盟的企业、财团，以股权投资、捐赠、活动赞助等方式或其他同盟机制来间接地对相关报业施加影响力；同时，被资助的某个报业也可以堂而皇之地将其对于某个政党或政治事件的看法以内容市场细分的经济策略来表现，从而达到双赢的效果。

不仅如此，政党权力除了以正向的方式来强化自身与相关报业的联系之外，还利用惩罚等措施来打压那些对自身持有反对意见的媒体。例如，陈水扁"对于媒体揭露'国安局'的丑闻，陈水扁当局不是检讨自身，反而对媒体罗织罪名，检方搜查《中时晚报》，军方指控《劲报》和《壹周刊》记者以及《中国时报》总编辑有'外患罪'"[③]；以他为代表的民进党还在 2004 年制定了所谓的"新闻评鉴制度"，而此种制度与威权时代国民党实行的新闻检查制度如出一辙。[④]不仅如此，"民进党也运用其掌握的行政管理权限扶植或打压媒体，对'不听话'媒体设置障碍，增加其运营所需的各种成本……利用司法手段对媒体进行压制也是民进党操控媒体的常用手法……民进党执政当局以'国家'利益为掩护，以行政、司法手段为配合，对不利于其执政的媒体施以口诛笔伐直至'国家'暴力，对'不听话'媒体形成严厉的威吓效果"[⑤]。通过对政治权力的扭曲

①　游淳惠.台湾新闻媒体发展剖析：从政府控制到资本家控制 [J].新闻界，2015，（05）：5.
②　邓允光.民粹工具化让台湾边缘化 [OL].搜狐网，2017-09-30.https://www.sohu.com/a/195897680_100003674.
③　张文生，王茹.民进党选举策略研究 [M].北京：九州出版社，2004：159.
④　郭中军.台湾地区民主转型中的民粹主义：1987—2008[M].上海：学林出版社，2014：143.
⑤　佟文娟.过程与分析：媒体与台湾政治民主化 [D].厦门：厦门大学新闻传播学院，2008：118.

使用，民进党以强硬的查抄报社的威权手段和"新闻评鉴制度"的威权制度规范，初步建立了以其为首的对民进党有利的话语霸权。

在此种利益输送和成本分担的完整链条之下，报业与政党及其幕后财团的势力联盟得以进一步强化。然而，对于那些同样在激烈的市场竞争中为生计而拼搏且没有或拒绝进入某个势力联盟的部分报纸而言，不仅缺乏固定的大额的收益来弥补经营成本，而且也缺乏因内容市场细分及"政治品牌"强化所带来的市场地位，更可能因得不到或更难得到联盟内部政客等重要人物的新闻线索而失去了作为资讯提供者的专业地位。从此种角度来看，报业与政党力量的联盟，极大地破坏了岛内健康的传媒生态环境，加剧了那些真正独立且更富有新闻理想的新闻人的尴尬境遇，也加重了岛内政治生态和传媒生态中的诸多不公平、不正义现象的发生频率。

五、政党与报业联盟机制的强化

政党与报业联盟形式的变化及政党权力对新闻自由的软性介入，不仅改变了台湾政治选举的生态环境，而且促使了台湾媒体的政治化及媒体政治的兴起以及政党与报业联盟机制的强化。

（一）媒体政治的兴起及其对报业与政党联盟诱因的强化

作为资讯社会中的重要讯息载体及选举社会中的选举工具，以报业为代表的新闻媒体是各个政治人物的政治理念进行传播的重要载体，也是对其政治形象进行塑造的重要工具。随着民粹主义理念的增强和政治选举市场的日益开放，新闻媒体对政治的影响力越来越大并推动台湾政治社会进入了媒体政治时代。

在媒体政治的社会语境下，随着政治市场的日益开放及众多竞争对手的加入，众多信息传播和市场营销手段越来越多地在台湾政治市场中得以运用；而众多政治候选人及其政治主张以及更多的政治选举活动，也在媒体的传播下以某种政治商品的形式提供给民众选择。然而，浓烈的市场营销战争及由此导致的日益激烈的政治市场竞争，使得政治精英与报业传媒达成了更为紧密而牢固的利益联盟。"随着台湾媒体政治的崛起，政治精英多把媒体视为个人造势的武器，而竞争极为激烈的电子媒体，也基于商业利益的考量，往往倾向媚俗刺激的煽情报道。媒体政客与媚俗媒体不断互相强化，导致政党政治遭到空前的挑战。"①在此语境之下，现代化的报业与政治精英之间基于包括商业利益和政治权益等目的而达成的"联姻"，不仅是民粹主义思潮泛滥的直接结果，也是二者关系达到一个新阶段的部分反映。

（二）政党与报业联盟的机制化

同盟理论认为，任何严格意义上的同盟，均以一整套机制的运行以保证其存在，以发挥其功能。②对于台湾政党与报业的同盟而言，其关系强化的背后同样是双方的合作越来越机制化。"同盟机制化一方面体现在同盟赖以运行的……管理体制的复杂化，也体现在依赖同盟运行而谋求生计与收益的官僚、职员体系的复杂化。"③此种论述颇有道理——毕竟作为一个体系的同盟的维持不仅需要众多专业人员的共同努力并发挥其建立在共同利益基础上的强烈凝聚效应，而且还需要针对类型各异的联盟成员及纷繁复杂的工作事务来建构起相对复杂的管理体制等来确保联盟体系的有效运作。当然，此种联盟机制的实质表现形式，可以是强硬的或软化的措施，也可以表现为公开或隐藏的手段。

首先，就该联盟内部成员的构成而言，无论是政治"精英"及其所率领的竞选团队以民粹方式对基层民众所发动的传媒动员而言，还是相关报业所施行的政治内容市场的细分定位及推动该策略具体运作的记者、编辑、美工、软件工程师、后勤等诸多人员，其合法收益在较大程度上均依赖于该联盟的有序运作所带来的各种利益。换言之，无论是"蓝色阵营"或"绿色阵营"，无论是其报纸所支持的政党的失败或是政党所支持的报业的失败，对于以此为主要职业并试图以此谋生的正式工作人员而言，均是一个惨重的损失。特别是在当前台湾经济不景气的情况下，一份正式、体面而待遇较好的工作，对于多数人均是重要的存在。

其次，就该联盟的管理体制及其官僚或职员体系的复杂化而言，以报业为代表的传媒界、以政党为代表的政界以及作为它们幕后力量的众多财团或财阀之间，形成了以某种"旋转门"的形式运转的机制。换言之，在联盟内部表现优异的成员，拥有在不同时间内在不同的岗位位置扮演不同角色的权利，同时也得以在较大程度上享有在政界、报界和金融界轮换供职的机会并享受由此带来的相关利益。事实上，台湾报业的许多高管均有到行政机关任职的经历，而

---

① 郭正亮.民进党转型之痛 [M].台北：天下远见出版股份有限公司，1998：194—195.
② 张景全，刘丽莉.成本与困境：同盟理论的新探索 [J].东北亚论坛，2016，（02）：12.
③ 张景全，刘丽莉.成本与困境：同盟理论的新探索 [J].东北亚论坛，2016，（02）：12.

政治"精英"同样可以通过传媒运营或财团主持的公关公司任职并获取丰厚利润。通过此种角色转换及穿梭交叉的利益输送及人员调整机制，不仅强化了该联盟内部向心力的凝练程度，而且也在较大程度上促进了联盟内部支援体系的复杂化并实现了对联盟成员的正向强化管理。

再次，报业与政党的联盟秩序，同样可以通过软性的管理方式来得以实现。对于此点，亨廷顿曾言："最强者并非永远能保持其主人的地位，除非他将力量化为正义，将服从化为责任。"① 由其论述可知，在一个人员众多且关系复杂的联盟之中，那些占据统治地位的权力精英能够根据动态变化的力量对彼此之间的权力关系进行及时调整，从而确立起某种联盟成员均能够承认并支持的具有向心力的权力系统。在权力精英对联盟内权力关系进行软管理的方法之一，便是建构起联盟成员均承认并将其内化为自身思想和行动的某种内部政治文化——所谓政治文化，指的是一套态度、信仰或情感，但此种态度、信仰或情感能够使政治过程富有秩序及意义，同时也为政治体系设下基本前提与规划，以控制体系中的行为。② 由此界定可知，成功的政治文化能够自觉塑造联盟成员内部的情感和信仰——作为一种比经济利益更为有效的凝聚和管理手段，那些拥有共同情感和信仰的联盟成员，能够将联盟价值内化到个人精神内核之中，并直接或间接地起到政治整合的效果。当然，在政治文化的塑造过程之中，报业通过"守门人"作用的发挥以及通过对议程设置、"沉默的螺旋"等具体传播手法的运用，在此过程中起到了非常重要的助推作用。

然而，政党与报业联盟机制化的出现，并非意味着二者之间的关系将一帆风顺。换言之，上述两者之间的同盟关系，同样会在某种情况下出现困境。这是因为，同盟理论认为，同盟成员之间存在"抛弃恐惧"和"牵连恐怖"③。所谓牵连困境，主要指的是党同盟内部成员关系过近的情况下，容易被彼此拉近一种与自身毫无关联或直接关联不大的风险之中；所谓抛弃困境，主要指当成员之间的关系过于疏远，则很可能出现一方被另外一方抛弃的风险。不仅如此，由于联盟之中的成员之间均存在着抛弃与牵连的两难处境，故他们也往往存在

---

① 塞缪尔·P·亨廷顿.变化社会中的政治秩序 [M].王冠华，刘为，等译.上海：上海人民出版社，2008：69.

② Lucian W. Pye. *Communications and political development*[J].The Canadian Journal of Economicsand Political Science,1964,(08):467.

③ Michael Mandelbaum.*The Nuclear Revolution：International Politics before and after Hiroshima* [M].Landon：Cambridge University Press，1981:151—152.

出现猜疑与纷争的风险。上述困境，对于同样以"盟友"身份出现的报业和部分政党而言，同样也不例外。

以国民党为例，随着它在 2016 年"二合一"选举中的失败及其所显示的各种颓势，以其为代表的"泛蓝势力"在台湾的执政基础被削弱且存在众多基层民众退出该党派，意味着以"泛蓝"政治色彩为内容定位的细分市场会在某种可能出现萎缩；而此种萎缩不仅会削弱以此为生或以此为信仰的诸多报纸的所赖以生存的经济基础，而且也会由于受众的"选择性接触"等行为而使其影响力受损。在此循环之下，该联盟实力往往被削弱，而位于该联盟内部的如亲民党等党派则会处于摇摆不定甚至存在投向"敌对"阵营的风险。事实确实如此——在以国民党为代表的"泛蓝"阵营选情衰落的情况下，不仅国民党前"立委"杨丽环等人相继发表退出国民党的声明并造成国民党进一步陷入分裂危机①，而且整个"泛蓝"阵营也出现了较为严重的分裂状况：

就目前而言，除了新党的立场接近于国民党之外，上述的其他政党及政治社团的立场基本上倾向于民进单独搞。台湾政坛的所谓"蓝营"实际上只有国民党和新党，而新党的实力相对弱小；而亲民党和"民国党"实际上已经脱离"蓝营"，明显往"白色势力"靠拢，尤其是近年来亲民党在多数议题选择与民进党合作，却与国民党对抗。②

由国民党的此种遭遇可知，它不仅同时遭遇到了抛弃困境和牵连困境，而且该联盟内部也存在较大的猜疑与纷争。因此，随着台湾政治生态的继续衍变及该"蓝色"阵营内部变化及其所遭遇的相关困境的持续进行，对此联盟的整合也势在必行。

本章小结

经历了从强硬的威权统治到民粹主义盛行的民粹民主时代，台湾政党与报业之间的关系也在历经波折之后最终衍变为当今的联盟关系。在此关系之下，

---

① 杨丽环宣布退出国民党 陈学圣面临挑战 [OL]. 凤凰网，2018-08-09.http://wemedia.ifeng.com/72968033/wemedia.shtml.

② 林劲 . 现阶段台湾政治生态及其走向初析 [J]. 中国评论，2018，（08）.

以政党为代表的政治权力往往以更加隐秘和精细的手法对报业进行影响，而报业也在对当今形势予以仔细研判的基础上顺势而为并将现代化的经营体制纳入自身发展之中。在上述一系列诸多变化和磨合之中，报业与政党之间的联盟关系也再次强化并成为双方的共同选择。然而，随着台湾政治生态的变化及传媒业态的改变，上述两者之间的关系及推动二者关系继续衍变的场域也发生了变化，并可能将二者之间的关系带往新的方向。因此，如果欲深入了解台湾报业及政党各自发展的趋势及二者关系继续衍变的方向，则需要对其既往的衍变历程及衍变场域中存在的关键要素进行分析，并寻找或系统梳理能够影响二者关系转化的重要机制。

第五章　市场经济对大众传媒的影响

从威权政治时期政治势力对传媒的伤害，到市场经济时期大众传媒对政治体制的损害，使得我们不得不思考这个问题，即究竟是何种因素导致了这个转变？如果我们对台湾传媒与政治之间的关系做历史脉络上的审视，则会发现贯穿其中且直接导致上述转变的因素——市场经济的力量——跃然纸上。不仅如此，在对市场经济力量日益重视和依赖的社会背景下，市场所发挥的影响有继续增大的可能，并使得不良传媒对台湾民主政治的侵蚀也有进一步蔓延的危险。因此，对以报纸为代表的台湾大众传媒及政党政治关系的研究，应首先切入对台湾传媒经济运作的研究，才能更好地一窥二者关系的实质内涵。

第一节　"解严"与市场力量的进入

1949 年，以蒋介石为代表的国民党政权败退至台湾，而大量报人也随之涌入台湾岛内，直接为台湾报业市场的发展注入了动力。

迁台初期，新兴报纸相继成立，仅台北一地就有数十家新报出现，地方报及专业性报纸也纷纷创立……如果把台湾光复以后到一九五一年，包括新创刊、停刊、变更登记、重新发行的所有报纸计算在一起，总数至少在五十家以上；营运不佳而消失的也不在少数。就在办报狂热之际，"行政院"于一九五一年六月十日颁布"从严限制登记"训令，严格限制民众办报，熊熊烈火的台湾报业发展有如浇下大盆冷水，报业发展从此受到抑制，只能在原有格局中进行汰换与洗牌……不论报名如何更改、组织如何异动，一九六〇年以后，全台报纸总

家数一直是三十一家。^①

换言之，尽管在蒋介石政权退台之初，台湾报业市场曾经呈现过"熊熊烈火"般的发展态势，但最终被威权统治所扑灭。所残留的少数报纸，其日常运营也多依赖于党政军势力的贴补，缺乏真正有效的市场运作环境。

1986年7月，台湾当局宣布解除"戒严"，并于1988年1月正式宣布开始报纸登记，"报禁"得以解除。自此，办报的浪潮风起云涌，大量报纸纷纷出现，报纸的"战国时代"开始到来。但是，现代报业毕竟是资本与技术密集的文化工业，其所要面临的社会环境远远不是昔日办报的文人所能想象的。尽管台湾报业的整体实力相对有很大幅度的成长，对于部分报纸而言，激烈的竞争市场很容易令其经营困难，甚至不排除出现倒闭现象的发生。

在政治开放之后，市场的力量进入传媒市场，给包括报纸在内的大众传媒提供了更好的发展机遇和更大的发展空间。然而，当开始摆脱政治阴影的笼罩，报纸等大众传媒便发现其自身却要面临市场力量的冲击。以《联合报》为例：

这个十年，联合报系彻底摆脱了"文人办报"的年代，那个时代只问社会使命与编采成绩，几乎没有财务顾虑与成本观念；在这个十年中，"管理"成了联合报的显学，有些编采部门出身的主管从判读财务表开始学起，"公司治理"成了会议室里的焦点话题。行政资讯e化、KPI（关键绩效指标）考核制度的建立、薪幅制的推动、组织调整、人才培训，一项一项改革，犹如一次一次运动，在报系内上下激荡；每一项改革与激荡都有阵痛。^②

对于《联合报》这样势力雄厚的报业集团来讲，其所拥有的浑厚基础往往可以成为其度过变革时期的重要保障，但也付出了不菲的代价。"当年从三家报纸合并变化出十二家报纸之后，复因时代的变化重新归并为六家报纸，这是一甲子的迂回曲折；员工由最高峰的五千多人，精简成不到两千人。"^③报业巨头《联合报》在新的环境下尚且付出了如此惨痛的代价，对于那些实力相对薄弱的传媒企业来讲，更是不可承受之痛。事实上确实如此：因政治开放和市场化运

① 王天滨.台湾报业史[M].台北：亚太图书出版社，2003：140.
② 黄年等.联合报60年：1951—2011[M].台北：联合报，2011：15.
③ 黄年等.联合报60年：1951—2011[M].台北：联合报，2011：40.

作而带来的传媒百家争鸣局面的出现，并未使得它们中部分报纸的命运得以延续，反而加快了它们被淘汰的速度。

2001 年，发行超过半世纪的《自立晚报》难以为继，宣布停刊；接着，2005 年《中时晚报》也宣布停刊……台湾报业史上最悲壮的停刊事件，发生在 2006 年。年初，《大成报》宣布停刊开始，接下来《中央日报》和《台湾日报》也在年中相继停刊；到了年底，联合报系的《星报》和《民生报》也因经营不易，作出了艰难的停刊决定。随后，《欧洲日报》也在 2009 年停刊。其中，具有廿七年历史的《民生报》，对台湾艺术、文化、影视、体育的发展扮演着重要推手角色，骤然倒闭，让文艺界人士深表惋惜并震惊。[①]

那些曾经在威权政治严酷的社会环境中幸存下来的媒介，反而因为政治的开放和市场经济的冲击而倒闭。此种现象及其背后所代表的深层意义，不能不令人思索。

当然，发展至今，在激烈的市场竞争环境下，也有一些借助商品化的力量迅速崛起的传媒。例如，《自由时报》便凭借大规模的市场促销活动和与众不同的市场定位，得以迅速崛起。在更晚些时候诞生的《苹果日报》，也已经冲破联合报系、中国时报系和自由时报系的围追堵截，成功进入台湾四大报系之列，并在市场中隐隐有后来居上的趋势。

从威权统治时期发展至今，报业所历经的过程及其发展状况，至少可以证明传媒与市场之间存在着紧密的联系。也可以在很大程度上说明，研究台湾传媒，系统的厘清传媒与市场之间的关系是非常有必要的。

第二节 大众传媒的经济运作

在一个经济系统内，生产和消费文化产品、技术产品及服务的活动相互促进，并广泛涉及经济交易，且能够以某种方式得以循环——循环涉及的内容可以被称为一个产业；在这种循环中，追寻价值是一切经济行为的立足点与出发

---

① 黄年等.联合报 60 年：1951—2011[M].台北：联合报，2011：38.

点。[①] 在市场经济条件下，传媒作为一个迅速发展中的重要经济系统和产业类型，价值也理应是其争取的重要目标。由于价值在经济系统的重要地位及独特属性，以及商品是在市场经济中最为普遍的形式等原因，如果以其作为出发点，来切入市场经济条件下市场力量对传媒影响的研究，更能够切中问题的本质。

一、大众传媒劳动过程的商品化

亚当·斯密等古典经济学家将价值划分为两种，即使用价值和交换价值。前者指一种能够满足人们特定需求的价值，后者则主要指能够用来进行交换的价值。商品作为一种能够用来交换的劳动产品，其商品化过程也主要是指将使用价值转换为交换价值的过程。如果把传媒纳入整个商品的生产体系，我们可以发现，传媒与商品化之间的联系具有重要意义。首先，传媒信息的传播过程及相关传播科技的发展对于经济整体商品化的一般过程，有着促进作用。例如，计算机及网络技术的发展，使得大众传媒的信息传播渠道改变，丰富了传媒之外的其他商品生产、分配与销售等方面的资讯和渠道，使其能够紧密围绕受众需求进行资源的优化配置。其次，社会上盛行的商品化过程，不仅会对新闻人的专业理念形成侵蚀，还会经由其他途径浸透到传媒的运营过程之中，并有可能造成其内在制度的变化。以自由市场诉求的商品性格对新闻室的社会化过程、传媒组织的管理体制的影响为例：

> 每一个报社，多少都隐约反映出一种政策与立场，这种政策与立场，多半与报社的负责人、高级主管的意识形态、人格结构、领导与沟通方式有关；以至于媒介组织的互动，仍是即兴式的权威与直觉反应，多过组织民主化的运作，而这无疑使报纸的表现走向缺少普遍参与的决策过程，且市场诉求的商品性格，就大于理性诉求的专业性格。[②]

在此种影响之下，虽然新闻的专业伦理在对抗传媒的商品化过程之中起着重要的作用，但也不能排除个别新闻人或个别传媒因被过度的市场化影响所侵蚀，并在一定程度上违背新闻专业操守，进而行使不当手段来蒙蔽客观真理的

---

① 张彦华.文化创意产业与信息传播科技结合新形态探析——基于经济学视角的思考 [J]. 内蒙古社会科学，2013，(05)：128.

② 潘家庆.媒介理论与现实 [M].台北：天下文化出版有限公司，1991：30.

可能。

　　由上述论述可知，传媒与商品化之间的联系较为紧密。这种紧密联系，固然产生了其他影响，却也为我们从商品化过程来解读经济与传媒的关系提供了方便的渠道。换言之，从商品化的一般渠道出发来探究经济与传媒的关系，会较为科学和便利。

　　就传媒劳动过程的商品化而言：

　　在劳动商品化的过程中，资本将构思与执行"拆了开来"，将技术与执行职能的原始能力分了开来，资方将构思能力、权力"集中"在经营管理阶级身上，这个阶级可能是资方的一部分，也可能是资方利益的代表，另一方面，资方再"重新构成"劳动过程，使之相应于生产点上技术与力量的分布状态。[①]

　　换言之，在市场经济环境下，在传媒的经济具体运作过程中，无论新闻记者怀揣着多么崇高的改造社会的理想，但就实质而言，其本身是传媒公司的一名工人，而其活动的性质，也具有商品化性质——他的活动在本质上是拿报纸版面空间和刊发时间，去交换有价值的新闻。这种交换过程的本身，便是商品性质的一种体现。

　　以台湾记者在新闻采访中对新闻线索的获得方式为例，其一般可以通过付费购买和自己拓展两种途径获得新闻。就前一种方式而言，记者个人或组织可以在台湾"中央社""中央社客户"里的"国内活动预告"（http://service.cna.com.tw/）和"中央通讯社"的"采访情报"栏目（http://service.cnanews.gov.tw/annonews/）通过付费的方式取得各部门固定例会及相关社团活动的新闻线索，其付费的金额也随着各报社的大小和发行量的不同而变化。一般来讲，报社越大，收费就越高；而报社越小，收费就越少。但是，通过此种付费购买的方式所获得的新闻来源，由于也可以被竞争对手获得，故常作为记者或报社获得新闻的常规渠道。就新闻记者自身拓展的消息来源渠道而言，由于其所获得的部分新闻线索较有独特性，且不容易被竞争对手获得，故成为各个记者凭以优胜于同侪的一种重要手段。但是，如欲获得较好的效果，记者本身不仅要足够勤奋，还要注意技巧。譬如，就政治记者而言，他一定要和政界的重要人物保持

---

　　① ［加拿大］Vincent Mosc. 传播政治经济学——再思考与再更新 [M]. 冯建三，程宗明译 . 台北：五南图书出版公司，1998：232.

较为亲密的关系，才有可能获得较为重要的独家新闻。但是，重要的政治人物又是众多记者争相拉拢的对象，因而记者必须付出更多的努力——迎合其相关爱好、出没于其经常活动的社交场合、制造偶遇、采访时要注意提问技巧等，而此种过程本身便是一种投资行为。当然，如果某个重要人物对其仍然保持不理不睬的冷淡态度，而该记者又迫切需要得到关于此重要人物的相关新闻，他便会倾向于发表一些对其言行进行攻击、扭曲等不利于该重要人物的新闻或言论，以进入其视野并得到其重视——事实上，不管是有意或是无意，台湾史上确实发生有此类因批评性报道而获得批评方更加重视的案例。

以相关媒体新闻记者的实际经历为例：

我被派采访台湾省政府八年，当周至柔将军接掌省府主席后不久，在省议会接受议员质询，有一位议员以"两馆三车"为题，指责省府各厅处首长浪费公帑不对，要周主席速予更改。周听了，为之一愣，未予答复。

当时新闻处长是吴绍燧，看情形不对，即关照各报不得发稿。但我认为站在民营报纸立场，这才是新闻，哪能不发？第二天在二版专栏刊出，而且篇幅很大。这一来，吴绍燧就急了，专程到台北拜访惕老，以我不与他合作，要求将我调离省府……吴绍燧回到台中后，看调职不成，就另谋他法，尽量与我接近。约一周后，他请我吃饭……饭后，吴坚持要我打八圈麻将，牌的输赢大约等于我一月的薪水。因他的"盛意"坚持，我也难以拒绝……吴绍燧的麻将技巧是有名的高超，不得不注意，了不起输掉一个月的薪水也就认了。事实却不是如此，两次搬风，他都是我的上家，尽量让我吃牌，使我感到惊讶，心里有点数了。有两次他猜到我听什么牌，直接送到我面前，我还不胡；最后别人胡了，他把我的牌翻开一看说，你听了为什么不和牌。[①]

基于上述情况，对于那些政治人物而言，为免于攻击或污蔑，而同时又需要传媒的力量对其形象予以正面的塑造，因此在一般情况下，政治人物至少会在表面上表现出对记者及传媒的尊重。

当非常困难地取得了某个重要人物的青睐，并将其提供的独家新闻发表时，又要考虑到对那些不愿意透露其个人信息的新闻来源的隐私保护问题，而这又

---

① 黄年等.联合报60年：1951—2011[M].台北：联合报，2011：222.

涉及另外一种形式的交换——以牺牲新闻的局部真实性，来换得整体新闻的面世和新闻线索的继续信任。以台湾警政新闻为例，根据在台调研期间对其的调研结果显示，虽然台湾不同层级的警局需要传媒来对其所破获的案件进行报道，以便宣传自己的政绩并利于个人事业的发展，但由于警局及警员在披露独家新闻时，有时会因发生泄密行为或披露新闻的不均而引起其他新闻记者对其的报复行为——即通过刊发关于其的负面新闻来"修理"他们。在很大程度上基于此种考虑，警局在发送新闻时，采用召开记者会和提供新闻通稿的方法来发布某项事件的具体消息。若个别警员通过匿名方式提供独家新闻时，警局会根据相关案件的承办人等线索来查找究竟是何人透过私下途径透露该信息，并会对其责任予以追究。因此，若想继续得到独家新闻，记者就需要采用一些另类措施对新闻来源进行保护。这些措施包括，在保持整体事件的重要环节真实的情况下，可以对一些具体的细节部分进行改动——"线人"爆料在某犯罪现场发现 5000 枪支，记者可以写为 4500 支，也可以不呈现督办此案件的具体警局的名称及容易导致新闻来源身份泄密的其他明显的信息等方式，以误导警局，使"线人"避过被惩罚的风险。

对于那些处于新闻采访第一线的记者而言，他们的劳动过程无疑是被商品化了。此种商品化过程，是整个传媒从业人员的一种映射，甚至连那些处于"后方"的编辑也未能幸免。

以报社的总编辑为例，他们虽然"坐镇"报社的"大本营"编辑部，却同样要每天都要经历激烈的新闻竞争。他们看似权力很大，但责任更大。在截稿时间界定的压力下，在相关事件的资讯未必充分的条件下，在新闻事件的社会影响不确定的情况下，他们需要对相关新闻稿件做出选择，并对标题和版面予以确定，使其达到既能突出新闻品质和呈现报纸特色的目的，又能取得较好的社会影响。在有些时候，即使他们自认为已经尽了全力，但每天行业内人士和受众在进行报纸对比时，哪一家报纸的新闻更精确，哪一家报纸的标题最"吸睛"，哪一家的独家新闻或内幕消息最精彩，都被纳为考量的范围。而这些考量，不但会直接影响报纸的声誉，更会间接影响该报对受众和广告商的吸引力以及其股价的涨落。因此，他们的劳动过程，也是商品性质的一种体现。

二、大众传媒内容的商品化

当记者所采集的新闻被送进新闻室，便被编辑进行一系列的加工制作，并赋予其各种表现形式。其中，这些新闻可以被当作较为纯粹的新闻被单个地出售给受众，也可以与其他新闻或评论在一起，被组合成新闻专栏，更可以和广告等文本结合起来，变成系列文化商品中的一部分。只要拥有市场且运作过程顺利，不管新闻以何种形式的商品呈现，均会使其拥有者获得较大利润。由此产生的剩余价值，则被其以资本的形式来进行下一轮的新闻商品化过程——或用以更新设备，或用来延揽人才，借以获取更大的收益。因此，借助新闻商品化的此种运作过程，我们可以看出，通过自身生产与交换环节的运作，传媒不仅具有直接创造利润的经济功能，而且可以与其他商业部门实行协同化运作，进而创造剩余价值，因而它又具有间接创造经济收益的经济功能。

不可否认，传媒确实可以通过生产剩余价值的形式积聚资本，为企业的发展提供经济动力支持。然而，传媒内容的生产又与其他从事一般商品生产的商业部门具有不同之处。这首先是因为，它所生产出的相关商品，不仅具有经济价值，而且也具有文化价值——其中蕴含着各种丰富的精神意义。这种特殊性，使得它可以以传媒的经济形式为载体，将各种意识形态蕴含在各种符号形式之中，并对受众的认知、情感和行为形成或隐或现的影响。较为令人感到警惕的是，这种意识形态的传播，可能蕴含着包含传媒资方某种恶意的内容，并往往在受众对其没有防范意识的情况下进行，因而可能会造成更大的危害。即使排除这种明显的恶意，相关能够影响传媒生产运营的资方行为也能够通过广告和赞助等形式，来将自身意志在其生产运营之中予以体现。因而，基于以上分析，我们可以讲，通过传媒的经济化运作和整个社会的商品化过程，资方的意志能够较为彻底地在其生产过程中予以体现。其次，与其他从事商品生产的职业部门不同的是，传媒内容的生产富含着个人强烈的创造性——普通工厂的工人需要按照既定的操作流程工作，而新闻记者和专栏作家则能够在秉持专业伦理的基础上相对随意且充分地表现自己的才华——这或许是因为传媒从业人员从事的行业需要思考的层次较高的缘故。尽管高度强调个人的创造力及影响，但不可否认的是，台湾大众传媒的生产过程都越来越像一般经济部门的劳动过程了。

在台湾，传媒内容的商品化表现为诸多方面。就新闻内容的数量和质量而言，记者不仅要抓住独家新闻，凭借高质量的新闻报道树立起品牌效应，还要重视撰稿的数量及撰稿速度，以满足受众对多元化信息的快速需求。在台湾的很多报社，独家新闻的获取和其他新闻稿件的数量，往往与记者的薪酬体系直接关联。

　　就新闻的表现形式而言，为迎合受众的阅读习惯，一般每则新闻都要求有"爆点"存在，并呈现出"新闻讲故事"的倾向，即口语化、生动化、重情节，且凸显关键细节。当然，对于个别报纸而言，为使得新闻富有竞争力，一般会针对竞争对手的特点，在呈现方式上突出相应的特色。这些方式不仅表现为《苹果日报》头版的大幅类似动漫的新闻图片和夸张刺激的新闻标题，还表现在《联合报》对新闻的条分缕析以及在新闻的编排方式上较为重视微段落而带来的轻松感——其对于大段落的新闻陈述是较为避讳的，因为会给受众带来较为沉重的阅读体验。此外，针对受众愈加喜爱观看影音新闻的倾向，《联合报》一般要求其旗下记者每月至少要自行制作两条语音新闻，一般长约 1 分 20 秒左右，但不允许同一个镜头超过 30 秒——以免令受众发生视觉疲劳。另外，摄影记者一般较为喜欢抓拍那些富有争议的人物的动态照片，如挠头、咧嘴等，以显得更为真实可信，也更能够攫取受众的注意力，甚至可以满足部分受众的"审丑"倾向。

　　当然，各个报纸呈现不同的表现方式，是基于不同的受众定位进行的。以《自由时报》为例，其受众多为社会中下层人士，所以其新闻报道也多呈偏激的特征，并喜爱用大图片和大幅的标题等感性方式来吸引人的注意力。对于《联合报》而言，它的受众多为社会中上层人士。作为一家高级报纸，它的观点常常较为保守，报道事实较为客观，并喜爱运用理性的新闻报道方式来满足受众的偏好。

三、受众商品化

　　大众传媒生产内容产品，并经受众购买，完成了传媒内容的第一次售卖。然而，传媒在生产内容产品的同时，也吸引并生产了大量的受众。吸引和生产受众的过程，在某种意义上说，也是传媒商品化的一个结果。这是因为，如果从另外一个角度来看，传媒的生产过程，其实就是传媒公司通过内容产品生产受众，并将受众售卖给广告商的过程。从这个意义来讲，受众也是传媒的主要产品。经过此种分析过程，传媒商品化的整体路径就凸显出来，即传媒公司借助相关内容的生产，用来吸引受众并获得发行收入；同时，将不同内容与由此吸引而来的受众搭配在一起，"出售"给相关广告商或公关公司并获得广告等收入。通过此种视角，我们对传媒的关注，就不能仅仅体现在对其新闻内容产制的关注上，而应该将其整个资本运作过程纳入考察范围，以试图得到其经济运作的整体影像。

通过资本运作，商品化过程就较为彻底地渗透进了传媒产业，将之纳入整个市场经济体系。在这个市场经济体系之中，资方控制的决策机构在很大程度上控制了商品的生产、分配与交换过程。即便我们承认传媒所承载的符号价值具有特殊的意义，它也在很大程度上服务于资本的需要，来试图创造一种联系紧密、地位明确的科层体系，并以此来凝聚资本的力量。因此，受众作为传媒生产的商品，尽管自身拥有较大的自主性，也会或多或少地受到其所携带的意识形态的影响。

以《联合报》为例，其受众的定位是有其特殊考量的。这是因为，作为该报主要的受众群体，高级知识分子多是 1949 年自大陆赴台的外省人及其后裔。这些受众的教育水平和经济收入水平均较高，又具有较大的购买力。通过对其施加影响，不仅可以得到广告商高额的广告投入，更可以凭借对受众施加包括政治意识形态等诸多方面的影响，在政治系统中获得相应的地位。

当然，对于受众来讲，固然资方对其获取传媒内容的方式存有期望，但其是否会完全按照资本所设定的方式来观看传媒内容，是值得商榷的。由于其自身所处社会的文化氛围、自身素质、意见领袖等因素的存在，他们或许不阅览某个版面，也或许直接跳过某类广告。但纵然如此，受众力量的行使，却大体在资本利益所设定的框架之内——因为他们总要阅读某些内容，而这些内容，也同样是在资本利益的掌控之中。但是，受众与资方二者之间的互动与冲突，也可以推动传媒商业化的发展，例如广告影片结构的重新配置、版权保护等新科技的运用等。通过这些措施的实施，资本拥有了再一次试图征服受众的能力。

传媒的商品化过程并不仅仅包括上述诸多方面，它还有其他一系列表现。例如，以报纸为例，其不同版块新闻内容的阅读率如何，势必会影响到报社高层精英对下一阶段内容的调整方向。从此角度来讲，先前某一阶段报纸的阅读率，也构成了现在传媒内容生产制作的重要内容，并理应被视为传媒商品的重要成本构成要素之一。换言之，所谓阅报率，由于其对于传媒商品内容服务进阶的重要意义，可将其视为报业商品化过程的核心要素之一。在传媒企业中，正是类似阅读率或收视率等无形商品的存在，促使传媒业务不断提升，并使得其价值扩张不已。

在传媒企业之中，阅报率和收视率并不是相对孤独的存在。随着包括大数据统计与分析等相关技术或手段的运用，不仅受众的消费习惯等数据均会被记录或挖掘出来，报社内部人员的薪资与工作积极性研究、成本与收益评估等环节也已经被纳入考察范围。可以预计，在传媒的生产、分配、交换和消费过程，将会有更多类似的商品产生。

考虑到大众传媒传播效果的威力及其与社会各个系统之间存在的紧密联系，传媒的此种商品化过程及其影响，也势必会对社会其他方面产生影响。在某种程度上，这种影响也可以被视为社会其他系统设法对传媒施加经济影响的一种回应和互动。通过传媒系统与社会上其他系统之间的这种互动行为，传媒的商品化过程得到认同和鼓励，并使其有产生继续加深商品化程度的冲动，一直到过度商品化趋势被社会抗议成功抵制为止。在这种冲动下，台湾传媒的运营之中出现了许多过度商品化的行为——如《苹果日报》的一系列有悖新闻专业伦理的表现，并不断在行使其社会权利的同时，大肆扩张其权力。当然，此举也产生了诸如传媒所代表的公共空间被经济势力侵蚀而导致公共领域萎缩等不良现象的出现。

第三节　经济运作对大众传媒的影响

作为社会的一个子系统，传媒系统的运行受到其他诸多因素的影响和制约。面对来自受众种类繁多且多变的需求以及来自社会、内部运营和经济等方面的诸多压力，势必将会对传媒形成种种压力。作为大众传媒正常运营的基本保障，经济因素对其的影响当属于重中之重。对于此种观点，哈钦斯委员会也明确指出了导致传媒自由处于危险境地的三种外在压力，并着重强调了经济因素的影响。它指出：

当一种对全体人民都无比重要的工具只能被其中的一小部分人使用，当被这一小部分人使用的这种工具在某种程度上已经不能提供人民需要的服务，那么这一小部分人使用这种工具的自由也处于危险之中……对传媒自由来讲，这种危险部分是传媒经济结构的结果，部分是现代社会组织状况的结果，部分是传媒领导人失误的结果，这些领导人没有认识到一个现代国家对传媒的需要，没有估计并承担这种需要他们必须承担的责任。[①]

根据上述论述，影响传媒真正自由实现的诸多因素虽然包括传媒的经济结

---

① 传媒自由委员会.自由而负责的传媒[A].弥尔顿，等.西方新闻传播学名著选译.顾孝华译[C].上海：上海社会科学院出版社，2008：270.

构、现代社会组织的状况和传媒领导人的相关决策等因素，但传媒所面临的经济因素无疑位于这诸多因素前列，居于最关键的位置。

哈钦斯委员会的上述论述，与德国理论学家阿多诺与霍克海默提出的文化工业的影响较为相似。后者认为，越来越多的文化产品被那些实力雄厚且在政经系统中占据优势的资本集团所掌控，并在某种程度上和其他一般性商品一样，通过大规模的生产和流通过程而实现。在此意义上，以往那种纯粹意义上的偏重精神属性的文化产品已经变成了一般意义上的商品。

尽管他们的论述看似偏颇，且或许还有考虑不周之处，但他们的看法却对传媒所处的社会现实有启迪意义。以阿多诺与霍克海默提出的文化工业理论为例，就使得人们逐渐认识到对大众传媒产品所出现的经济、组织等诸多社会背景的考察是非常重要的；尽管他们没有对传媒产业实际的运作方式予以探究，但他们将文化与社会时代背景相互结合的研究方法，对于研究同样作为文化产业重要组成部分的传媒产业来讲，富有借鉴意义。

以《自由时报》为例，作为新兴报纸，它从默默无闻到一跃成为台湾"四大报"之一，并隐隐有后来居上的趋势，主要靠的是"高额赠品""免费赠阅"和"独派报纸"的内容定位这三大策略。就前者而言，它的手法虽非新颖，但手笔之大却前所未有：

> 《自由时报》短短几年从地方小报成为全岛三大报之一，可说是完全用钱砸出来的。例如，光是在 1993 年的巨额增奖与宣传费，即花了二亿四千六百多万元……1992 年，当年首波推出"一亿六千万元大赠奖"，试图先创造无利润的发行量，从而带进利润的广告量……以"第二种声音"、"台湾人的报纸"为诉求……推出"两亿黄金大赠奖"……七月份统一发票特奖号码六号码完相同者，获得价值三千万元的"珑山林"别墅一栋；与头奖号码相同者，得 285 万元的保时捷一部（共 7 部）。①

尽管主要凭借着高额赠品与"独派"诉求等策略，《自由时报》得以迅速崛起并获得与《联合报》和《中国时报》同等大报的地位，但如果对其崛起原因做如此简单的分析是不够的。因为在此举的背后，大手笔的促销活动得益于经

---

① 王天滨.台湾报业史 [M].台北：亚太图书出版社，2003：409—410.

济实力庞大的三重帮财团对《自由时报》的大力扶持和赞助，而其内容定位则主要源于其产权所有者林荣三与民进党高层和以李登辉为代表的"台湾团结联盟"的亲密联系。当然，此种政治上的紧密联系，也几乎肯定会给其带来经济上的不菲收入和政治方面上的倾斜。基于这一点，可以从2014年5月发生的"远雄弊案"——远雄集团董事长赵藤雄等4人涉嫌贿赂桃园县副县长叶世文等公职人员，以中标台湾桃园县八德地区合宜住宅招商投资兴建（用地标售）项目，后被台北地检署指挥"廉政署"查出①为例，便是一桩较为明显的地产商试图通过贿赂政客而获益的例子，只不过此种贿赂是通过实质上的物质利益输送来实现而已。此案虽然属于个案，看却也足以映射出台湾如今的政治生态。在台湾西式民主体制确立十多年后尚且如此，很难想象在民主体制尚未确立或确立初期，面对同是大地产商且向其进行各种利益输送的三重帮财团之时，权力"滔天"的李登辉会做出何种反应。

因此，采用文化与社会时代背景相互结合的研究方法，对传媒产品的生产者与流通者以及其本身所处系统的广泛探究，已经成为研究媒介的关键方法。此方面研究颇负盛名的批判政治经济分析家高定与梅铎认为，权力的不平等镶嵌于广大的资本主义系统之中，并进而会在传媒的所有权与控制力之上反映出来。②由此可以看出，高定与梅铎的主要关注点在于大众传媒被部分权力精英控制的局面以及隐藏于此种局面背后的不平等社会系统对此种控制关系的强化方面。换言之，大众传媒内容的生产及流通以及其对受众所可能产生的影响，从最终的结果来看，均会受到媒介产业结构的影响；传媒的产业结构，在很大程度上也被视为其所在的广泛的资本主义政治经济系统所运作出来的产品。从这个意义上说，传媒产品的不同文本、采用的技术及从业人员等众多细节的运行及其发展，均可以被看作受到政治经济系统潜移默化的影响所导致的结果。

通过对传媒产业背景相关的多种重要议题和因素的探讨，不仅有助于对高定与梅铎所指出的微观情景受到普遍的经济动态限定的观点进行思考和探究，也将有助于对台湾大众传媒与经济力量之间的实质关系做出论证。

---

① 朱炼. 涉桃园合宜住宅弊案 远雄集团董事长裁定500万交保 [OL].http://news.china.com. cn/live/2014—05/31/content_26917880.htm,2014-05-31.

② Golding ,p. and Murdock ,*G.Culture, communications and political economy*[A]. J.Curran and M.Gurevitch(eds).Mass media and society[C]. London: Arnold, 1991:70—92.

一、经济运作对媒介组织所有权的影响

基于传媒的独特个性，传媒的日常运营虽然会面临一些风险，但更会产生不菲的经济收入和重要的社会影响力。后者作为报社品牌的美誉度和无形的社会号召力，也是其主要拥有者——传媒组织所有权拥有者的重要收益之一，而此种无形资产也随同其他有形资产一起，共同构筑起了其在社会政经系统内部的优势地位。基于对大众传媒此种社会效应的觊觎，更多的利益集团开始通过经济运作等形式加强了对传媒组织的渗透，并试图获取相关传媒组织的所有权，或加强自身对该所有权人的影响力。

（一）商业所有权

纵观世界各地传媒演化史，传媒公司之间的扩张与兼并一直是个永恒的议题。Robert McChesney 指出：

在传媒产业中，企业扩张与合并的驱动力在近年来呈现出越来越强的态势，并导致中小型公司在此种处境下生存越来越艰难——这些公司如果不是通过相互合并或收购的方式让自己变得更加强大，就往往会被野心勃勃的竞争对手所吞没。[①]

从经济学方面来讲，商业所有权的集中是有原因的。可以在较大程度上讲，包括所有权在内的诸多资本，其存在的本质及追求便是确保自身的保值或增值，处于其中的传媒资本，自然也不能例外。但是，由于传媒产业又具有独特的性质，使得其保值与增值的策略又与其他产业有所不同。

从传媒产业运行的社会背景来讲，是充满风险的。德国学者贝克曾指出，风险逃脱了人类的感知能力，社会被风险分配的逻辑支配，不明的和无法预料的后果成了历史和社会的主宰力量；风险社会跨越了阶级和民族的界限，是世界性的风险社会；风险常带来社会的、经济的和政治上的后果，表现为灾难社会。[②]国际风云变幻，各个国家或地区内部问题层出不穷，也从侧面验证了贝克风险社会理论的正确性。尚且不论社会整体风险因素的影响，但就传媒产业

---

① McChesney, R. *Rich media, poor democracy: Communication politics in dubious times*[M]. New York: New Press,1999:20.

② 张彦华.风险社会中传媒协助治理群体性事件的思考——基于相对剥夺理论的视角 [J].宁夏大学学报（人文社会科学版），2013，（01）：149.

自身而言，由于其内容产品的发行质量、受众的喜爱程度也充满不稳定性，以及政策变动等原因，使得传媒产业自身的风险性也大大增加。特别是在计算机科技迅速发展，文化产品遭受侵权困扰的今天。

在此背景下，所有权通过各种方式集中，亦变为一种对抗风险的措施。这是因为：

> 边际效用递减规律通过对消费者消费物品或劳务的数量变动与为消费者带来的效用变动相互关系的概括，指出在一定时间内，消费者从对某一物品或劳务的消费中所获得的满足水平随该物品或劳务的消费量的增加而递减；当消费量增加到一定限度时，边际效用就会降为零；若再进一步增加消费量，边际效用就会变成负数，此时，享受变成痛苦，效用变为负效用。[①]

根据边际效用递减规律，如果某一商品在一定时间内的发行不受控制，消费者对其的满足水平肯定会下降，并进一步将直接大幅降低其发行价格和数量。为了保证资本的保值和增值，从事传媒产业的公司就会试图设法来制造人们对资源的稀缺感。

在诸多人为制造资源稀缺的方法之中，较为重要的一点便是控制产品的发行渠道。基于传媒内容产品的特性，如果不对其加以控制，适当的采用计算机等传播技术，便可以以微乎其微的成本对其完成无限量的内容复制及传播。特别是在传媒企业多元化经营和相关法律制度对产品的著作权保护不力的情况下，部分不法分子很容易用传播科技针对某个或一批内容产品完成上述侵权过程，从而给传媒公司带来很大损失。在这种情况下，取得市场某个方面的控制权，不仅意味着对该方面内容的制作、发行等渠道有了基本的掌握，可以人为控制内容的发行质量及规模，保持资本的价值不变或增加，而且意味着该公司拥有了强大的话语权，从而可以展开对侵权分子的强大舆论压力和法律上的追究力度。毕竟，展开对某一个人或公司的法律追究是耗费时间和精力的，而中小企业很难有多余的资源专门用于此方面的建设。

基于上述多种原因，从现实社会中可以看到，即使每个公司在规模和影响力方面各有不同，但在传媒市场的不同方面，仍旧是由少数极具势力的公司进

---

① 张彦华.文化创意产业与信息传播科技结合新形态探析——基于经济学视角的思考[J].内蒙古社会科学（汉文版），2013，(05)：131—132.

行压倒性控制的。在传媒市场中，进行资本扩张并获得所有权控制优势的途径之中，较为常见的方式是先购买某公司的控制权股份，以试图让目标公司先从事基础的开发工作；在规避初期运营的风险后，再取得目标企业的控制权。然而，在某些情况下，某公司的扩张不排除组建新的子公司，以向其他领域进发的可能。例如，台湾的《自由时报》，便是由台湾著名财团三重帮联邦财团的分支。

再以《中国时报》为例，它由《征信新闻报》为发端，在 1987 年台湾"解严"开放报禁以前，便培养出一批富含自由主义理念的新闻专业人士，成为不断突破威权政治体制，并促进台湾民主和自由发展的重大报纸。曾在鼎盛时期每日的发行量可超过一百万份的它，随着报业的发展和规模的扩大，逐渐发展为《工商日报》《时报周刊》《中时晚报》、时报出版公司、《中时电子报》等多种媒体形式，并成功收购无线的台湾中国电视公司和有线的中天电视等，成为跨越纸媒、电视、网络和出版的大型媒体集团。然而，由于市场经济的冲击及经营环境的改变，《中国时报》报业集团被由在香港上市的旺旺集团董事长蔡衍明所收购。尽管旺旺集团声明，"该投资项目乃蔡氏家族之私人投资并由蔡氏家族出资，公司目前并无参与，且未来也不会参与此投资项目及 / 于投资项目完成后中时集团之经营"[①]，但对于政治神经敏感、普遍警惕传媒被吞并和兼购的社会影响，且一直排斥台湾之外力量对传媒操纵的台湾各界人士而言，仍是一个很大的冲击。当然，包括台湾"议会"等行政机构对此项行为进行了调查，虽然给《中国时报》及其旗下各传媒的运行带来了一些影响，但从整体来看，并未影响其正常运行。另外，此举也是继香港《苹果日报》在台湾正式发刊后，又一次对台湾社会"禁忌"的冲破。

当然，台湾"国际化都市"的定位，也似乎有利于传媒集团，即让处于强势地位的传媒公司能够积蓄更雄厚的实力，抵御来自世界其他国家和地区传媒力量的威胁，或在世界传媒市场占据一席之地。

由上述传媒扩张的诸多事例可以看出，台湾传媒之间的扩张主要分为三种形式，即水平整合、垂直整合和部门内部扩张。所谓水平整合，指的是传媒公司试图通过对其他从事不同媒介产品的公司进行兼并的方式，来实现自身媒介产品功能或种类的扩张。例如，联合报系下所设立的《联合报》《经济日

---

① 陈康澄 . 旺旺大股东抢购中时 [N]. 香港商报，2008-11-05：（A07）.

报》《联合晚报》和《世界报》以及网络媒体 UDN 新闻网和购物网站"UDN 买东西"，则有上述的效果。所谓垂直整合，多指传媒公司在相关生产链上的扩张——对于生产流程不同阶段控制的力度越大，它们对于相关内容资源的生产与流通链控制的程度越高，而其在产业内的话语权和地位就会越重要。

上述两种方式尽管在台湾较为普通，但第三种形式也较为常见——传媒产业部门内部之间进行的扩张——毕竟多数接收与合并的市场行为仅简单涉及报纸等单一专业领域内的扩张或消减。例如，在台湾报业"解禁"早期，曾出现报纸数量剧增的场面，但随着市场经济的发展，其报业数量慢慢变化，并形成如今"四大报系"占据市场主要份额的局面。这是因为，如果一份报纸欲加强其在业界的影响力与控制力，较为简单的方法便是加强对竞争对手报纸份额的吞食强度，以直接完成对某个地方报纸市场的控制；或通过在其他地方收购报纸，或采取联合经营的方式，来从侧面增强自身实力，相对弱化竞争对手的实力，进而以"包围"之势消泯对手实力，并取得报业市场的龙头地位。当然，此种情况出现的后果，往往会使得地方报纸成为少数资本雄厚的报业集团的囊中之物。

当然，更多的扩张并不仅仅局限于上述单个形态。往往一个传媒公司的扩张，同时存有上述多种方式的痕迹。不管其以何种方式扩张，最终的结果往往导致大部分媒介市场控制在少数大公司之手，并给其带来数量惊人的财富。

上述大传媒集团的诞生及发展，并不意味着其优势不可被打破。如果传媒公司结合时代背景，加大创新力度，掌握发展时机，或许会对已占据优势的企业形成挑战。以《自由时报》为例，尽管其言论以分裂族群的倾向或捏造事实等原因而臭名远扬，但其早期所采用的有效的营销手段及准确的市场定位，却让其后来居上，不仅打破了台湾《联合报》《中国时报》等三大报垄断市场的局面，其发行量更是占据台湾"四大报系"前列。其手法之有效，不能不引人深入思考。

然而，《自由时报》对其他三个传媒集团垄断的突破，与其说是市场运营之下发生的奇迹，不如说是个例外情况。这是因为，那些在某个固定市场上长期占据支配地位的企业，会利用其竞争优势及其前期所积累的政治和经济优势，来遏制对其构成威胁的新兴企业的兴起，以确保其优势地位和由此得来的各种政治和经济资源的稳固。以天空卫视突破其竞争对手封锁的情况为例：

它在早期所承受的损失足以拖垮很多一般的公司，但是新闻集团对它的投资，加上该集团能在旗下的英国报纸密集促销，使天空卫视的订户日渐成长；同时它又收购市场上主要的竞争对手，最后终于能掌控整个英国的电视订户市场；新闻集团也经常煽动报纸的价格战，再次运用其财富和权力，以承受短期损失而追求获得竞争优势。[①]

和天空卫视拥有惊人的相似度，《自由时报》在台湾的崛起，同样离不开其背后以三重帮邦联财团为主体的强大政经系统势力的支持。

可以较为肯定的是，商业所有权的归属，对台湾相关传媒的新闻报道活动产生了巨大影响。以《自由时报》为例，其所有权归属人林荣三等人与民进党的理念较为接近，又有着千丝万缕的其他联系，故该报上层精英与民进党的联系较为紧密，在新闻言论方面也向民进党靠拢。就《联合报》而言，由于其创办人王惕吾及其子女与国民党高层联系紧密，且该报出现过多位国民党"立委"，因此与国民党高层的关系较为密切；而就其言论立场而言，虽偶尔发出相对不同的声音，但整体上却跟随国民党而动。

这种由商业所有权所引起的差异，表现在对耗时日久且影响巨大的两岸服贸协议谈判的新闻报道方面，便是《自由时报》不仅持续地对国民党整体及个人予以激烈的攻击，还不间断地刊载关于大陆的负面新闻——甚至许多负面新闻存在伪造的迹象，并基本上将大陆的全部优点弃之不顾，以试图将某种负面的标签牢固地安放在国民党和大陆的身上；反观《联合报》和《中国时报》对该事件的报道，却多集中在其带来的积极影响方面，其对大陆的关注，虽偶有批评，但从整体来讲是一种积极的认同。

（二）媒介所有权集中的影响

在台湾威权统治时期，由于多数报纸多为国民党党营和公营报纸，因此此时台湾报纸的所有权多为政治权力所控制。至于那少数民营报纸，尽管其媒介所有权被少数民营资本家所控制，但由于"仆从关系"的制约，其在实质上也是为统治权力而服务。随着台湾政治转型的进行，党营报纸和公营报纸逐渐萎缩，而民营报纸却随着市场经济的发展而快速兴起。此时，"仆从关系"开始破裂，而"结盟关系"开始逐渐发展。至台湾西式民主政治体制确立之后，尽管

---

① Paul Hodkinson. 媒介、文化与社会 [M]. 黄元鹏，吴佳绮译. 台北：韦伯文化国际出版有限公司，2013：48—49.

民营报纸已经挣脱了政治权力的直接控制，却旋而要面临资本渗透的影响。

随着资本对传媒快速而有效的渗透，传媒的所有权逐渐集中，并集中在少数权力精英手中。这种状况，使得传媒所发出的声音及其所代表的话语权也被少数精英掌握。此时的台湾传媒，虽然仍然拥有"第四权"的光环，但其声音却主要是反映那些处于权力中心者的利益和观点。J.H.Altschulll 在回顾报业体系的历史及功能之后也指出：

传媒在所有媒介体系中均是政经权力者的代言机制，而传媒从业人员也并非完全意义上的独立自主；资助传媒者的利益会在传媒的具体内容中得以体现；所有的媒介体系都笃信新闻自由的价值，但对其的定义却不同；所有的媒介体系均对担负社会责任表示赞同，宣称为保障民众的权利和利益而服务。①

换言之，由于传媒所有权的集中，尽管其内容的生产制作过程会浸透有权力运作的因素，但其对外的宣称却多是以客观和专业的外表出现，并通过舆论引导等方法来帮助控制其所有权的相关利益集团夺取某个议题的话语权。在传媒与这些利益集团之间较为紧密的互动中，对传媒商业所有权的控制与影响无疑是重要的一个环节，不然相对独立的传媒肯定不会表现得如此令那些利益集团满意。

然而，传媒所有权的集中化倾向，对于思想与文化的传播、流通却是不利的。这是因为，在那些势力庞大且占据垄断地位的传媒集团面前，居于弱势的其他传媒公司及不被前者所喜爱的思想文化无疑处于弱势地位。不仅如此，Bob Franklin 认为，特别令人担忧的是，这种所有权模式会减少多元主义和相关选择，扼杀多样性。②换言之，媒介所有权的集中化倾向，将同样会导致文化与思想领域的集中化倾向。某些掌控传媒力量的企业或个人，不排除利用传媒力量来传播自身支持的包括政治理念在内的诸多可能性。在现实生活中，不乏这样的案例存在。例如，三重帮邦联财团的林荣三掌控下的《自由时报》，较为倾向于发表一些符合其个人观点的言论。这种情况，不仅使得该报业集团旗下各个传媒类型之间的言论趋向于一致，且其所占据的部分垄断地位也会对其他

①　J.H.Altschulll. *Agents of power: The role of the news media in human affairs* [M] .New York:Longman, 1984:284.

②　Franklin，B. *Newszak and news media*[M].London :Arnold,1997:207.

传媒公司的言论内容形成某种压制。

台湾报业集团的集中化倾向，同样会侵蚀传媒的内容质量。这是因为，该倾向容易使得各个报业集团下属的子报采用更多的来自报业集团总部的新闻，而关于本地新闻的报道及其他内容的呈现便会相应地减少。由于台北和高雄是台湾两个最重要的政治、经济和文化中心，因此各个集团下属的报纸也多反映这两个地区的新闻及民众的意见。这种状况的发生，不仅使得各个报纸之间的内容存在有较强的内容同质化倾向，也使得其他地区有遭到忽略的危险。

此外，面对市场成本的压力和受众轻阅读倾向的发展等因素的影响，台湾传媒新闻的长度越来越短，对于事件的呈现越来越零碎化；部分传媒对政治公共事务的报道逐渐流于短浅，严肃新闻版面占据所有版面的比例逐渐减少，而追逐名人或耸动事件的花边新闻和娱乐新闻却越来越多。例如，多数传媒对地区领导人竞选过程的关注，也多是关注候选人之中何人领先而何人落后，或其中发生的各种人事变动或其他纠纷，而对竞选中的严肃议题缺乏深入、持久而广泛的探讨。尽管一些学者主张传媒应更多地报道那些具有实质性的关于社会政治事务的公共新闻，但在利益驱动的市场氛围中，显得有点力不从心。

尽管上述现象引起诸多人士的重视与抗议，但对于每个处于激烈竞争中的企业来讲，其最终的底线，便是获取其能够生存下来的利润。为了自身资本的保值与增值，资本所有权集中的倾向，在很大程度不容易被扭转。

以《苹果日报》《自由时报》《联合报》和《中国时报》为代表的台湾的四大报系为例，它们在相当大程度上掌控着台湾的整个传媒市场。这些大报系，以主要报纸为依托，发展出一系列的报纸及相关内容产品，在较大程度上垄断相关内容的生产、流通与销售。以《联合报》为例，它诞生时只不过是三份濒危报纸的联合体，经历了短短几十年的发展，如今它旗下不仅拥有《联合报》《联合晚报》《经济日报》和《世界报》等纸质媒体，还拥有联合新闻网和UDN电视台，并进而向电子商务行业迈进，开发了商业网站"UDN买东西购物中心"。当然，作为一份相对有职业操守的高级报纸，如果传媒所有权集中的倾向对其有所裨益，也会产生诸多正面效应。但是，以壹传媒有限公司为例，其旗下媒体虽遍布香港地区、台湾地区、美国和日本等众多国家和地区，但包括在台的《壹周刊》综合性周刊和有"毒苹果"之称的《苹果日报》等刊物，大肆刊发有违新闻价值的新闻报道，缺乏新闻人的职业操守，严重损害了新闻人的职业形象。另外，《自由时报》也经常以"台湾优先"为理由，大肆刊发不负责任的新闻报道，不仅促进了岛内族群认同的分裂，也在很大程度上为民粹主义的滋生及蔓延创造了条件。后两种刊物的盛行，以及传媒所有权向其集中的倾向，无疑不利于台湾传媒行业的健康发展。

二、经济运作对大众传媒内容的影响

大众传媒的经济运作及由此所引发的各种效应，不仅表现在其对传媒组织所有权的影响方面，还直接表现在其对传媒内容的影响方面。

（一）传媒组织收入的构成

在市场经济条件下，多数传媒从事生产运作的直接目的，便是获取利润。如果我们对传媒公司生产不同类型内容的动机及其对待不同内容的重要程度的分级等方面进行探讨，那么从该公司获取利润的核心手段进行挖掘和分析貌似非常有必要。

就经济利润来源而言，传媒组织获得经济收入的途径众多。但就常态情况而言，不外乎广告收入、发行收入和传媒公司之间的付费项目这三种。

首先，就传媒获得广告收入的途径而言，多是在其传播内容中插播相关广告内容，或允许广告商以直接赞助商的身份出现。为获得更多的广告收入，部分传媒公司甚至在新闻之中植入广告内容，导致了商品新闻化或新闻商品化现象的出现。这种现象的出现，也从某种程度上说明了大众传媒对广告收入的重视程度。当然，也有更多的传媒较为重视某类新闻和言论的内容质量，以试图吸引大量优质受众的关注。这些拥有大量优质受众的高端媒体，其广告费用也比较高昂。换言之，这些传媒提供优质内容的背后，是基于将其所吸引来的大量优质受众"卖"给广告商并获取不菲利润的目的，只不过这种对利润的追求，是建立在新闻专业的伦理基础之上。尽管通过正当途径展开对利润追逐的方式在商业化盛行的社会之中难能可贵，但是我们却从中同样可以看出它们对利润追求的郑重程度，只不过这种追求较为克制而已。基于此，我们甚至可以推论，传媒对其内容倾向的预先界定，也是基于某类受众及对此类受众感兴趣的广告商或其他赞助商的考量。这种情况的出现，或许也与现代传媒运作的环境有关——设备的更新、场地的租赁、人才的招揽和竞争激烈的市场环境等，都需要数额庞大的资金支持。凭借相对微薄的发行收入，并不足以支持报社等传媒机构日常工作的有效运转。面对广告商或其他赞助商所提供的具有诱惑力的经济或其他条件，很少有传媒能够克制住自己内心的冲动。现实社会中各类有

违新闻专业伦理事件的频发和高端报纸的匮乏，便是对此种现象的展现。因而，从此种角度来讲，就对传媒的经济贡献度而言，广告商等赞助商的作用要远远大于普通受众，而传媒也在某种程度上表现出了对广告商的依赖程度。例如，很多媒体的内容便依据广告商所关注的那部分人群来设定。传媒对广告商或其他赞助商的经济和政治依赖，使得来自其他部门的利益渗透了其内容的生产和流通过程之中，并假借传媒之名对其目标受众发挥着强大的影响力。

其次，与数目庞大的广告收入相比，由受众付费所构成的发行收入相对较为微薄，但也是传媒公司的主要收入来源之一。凭借自己内容质量等方面的优势，传媒公司利用零售或长期订阅等方式得以获得受众的注意力，并为其后续的一系列商业化活动奠定了基础。随着计算机技术和互联网的普及，越来越多的报纸等纸质媒体开始与新媒体结合起来，并专门设立内容数据库或采取一些诸如按次计费等相对新颖的收费方式，以更好地满足受众的碎片化需要。

再次，取得来自其他传媒公司对某类内容的付费，也是传媒公司的重要收入之一。换言之，如果一个传媒公司由于生产等方面的需要，对某传媒公司生产的内容感兴趣，并有意愿获得相关内容，那么该公司就能够获得前者支付的相关费用。对于报纸而言，这部分收入可以主要分为两个部分，即对某产品的实体销售所得和对其如著作权等无形资产的售卖获得——对相关内容著作权的许可以及对某类内容重复使用或重新制作的权利等。

（二）收入来源对传媒内容的影响

对在市场经济环境下运行的多数传媒企业来讲，由于其对相关利益获取的渴望，那么作为他们所获取利益主要来源的相关利益攸关方就可能在有意或无意间对其内容的生产和流通造成影响。

1.受众规模极大化倾向

新闻工作者对收入来源的依赖，可追溯到最早的威尼斯小报时期。那个时候，作为现代报纸的雏形，它通过由小贩沿街叫卖且售价仅一个铜元，获取收入的辛苦程度不可谓不高。发展到早期给报纸出售新闻的新闻社，迫于经济压力和技术的发展，同时为保证自己"提供的稿件被不同立场的媒体采用，必须不带偏见地去对事实进行报道，由此形成了'新闻客观性'报道的真正起源"。①

发展到现在，构成传媒主要收入来源的途径，已经扩展为发行收入、广告

① 张巨岩.权力的声音——美国的媒体和战争 [M].北京：生活·读书·新知三联书店，2004：281.

收入和传媒公司之间的付费收入等多种形式。但是，无论其付费形式有何变化，其基本点均指向受众这一因素，并在此基础上衍生出了一系列收入形式。例如，基于为吸引广告商所青睐的某类受众的需要，报纸需要在其新闻内容、标题制作、配图和评论等方面有所侧重。当出现此种情况时，经济因素便在无形之中已经对新闻的内容施加直接或间接的影响了。

为了获得最大的利润，传媒公司必须对其所能够掌控的资源进行最优化的配置。一般来讲，为达到此种目的，传媒公司希望达到受众规模最大化和成本最小化之间的均衡状态。对此种经营状态的追求，会在无形中影响其自身内容的生产与流通过程。

尽管传媒重视受众的需求没有错误，但是极大化受众规模的取向却容易给社会带来负面影响。这是因为，由于个人特质的不同，传媒不可能满足所有人的需求。但是，排除个人的不同之处，每个人又均会对一些生物性的普遍需求有所反应，而后者的制作成本又相对低廉。因此，在市场竞争激烈的社会背景下，受众可以选择的传媒内容渠道增多，传媒极大化受众规模的内容制作取向，较容易鼓励一些传媒企业生产并散布那些能够产生刺激与肤浅要求的内容，导致黄色新闻潮。另外，这种现象还会产生"劣币驱逐良币"效应，使得那些深度的资讯与表达形式被排除。在此背景下，为使受众不更换所选择的报纸或频道内容，McChesney 认为，采用经过尝试与测试过的性与暴力公式，会使受众保持高强度的刺激与兴奋状态，有助于上述目的的达成；此种方法适用于各种类型与形式的媒介。[①] 以如今占据台湾四大报系发行量前列的《苹果日报》为例，其内容的表现也可以从侧面验证这一点：

> 为刺激销量，《苹果日报》和壹传媒旗下多份报刊终日哗众取宠，渲染色情、暴力，更屡次捏造新闻，造谣传谣，严重破坏传媒生态……多次引发香港市民发起罢买以及罢读行动。
>
> 为打击异己，《苹果》以传媒的公器屡施私刑，歇斯底里谩骂，制造白色恐怖。
>
> ……
>
> 在香港起家的壹传媒一贯玩弄血腥色情、扭曲事实，自 1995 年《苹果日

---

① McChesney, R. *Rich media, poor democracy: Communication politics in dubious times*[M]. New York: New Press,1999:34.

报》创刊起，视新闻为商品，罔顾新闻事实与传媒操守道德，不惜哗众取宠，发起恶性竞争，严重破坏了香港传媒生态，因此招来"烂苹果"的恶名。这个"烂苹果"在2001年又将魔爪伸向台湾，陆续创办的台湾《壹周刊》《苹果日报》《爽报》及壹电视死性不改，其虚假报道不胜枚举，屡次被送上法庭并被判巨额赔偿。……一再证明，"烂苹果"没有最烂，只有更毒！①

在实质上，传媒公司对其资源所进行的最优化配置过程，便部分显示出了其对利润减少的担忧。这种担忧，会鼓励它为追求成功而去模仿那些已经被现实证明是成功的产品类型。由于对那些相对陌生领域的投资，往往会面临较大的风险，因而它们往往会遏制自己对该方面进行大量投资的冲动。事实上，上述情况已经发生或正在以各种形式发生在现实社会之中。例如，如果经过证明某类受众或广告商对某类新闻较为感兴趣，一些传媒便会涌现出大量相似的专栏或新闻类型。尽管这类内容形式是经过改编过的，但它们仍然会在一定程度上呈现出那些成功的节目类型所显露出来的重要元素。例如，众所周知的重要人物、清晰可见的故事线索等。因此，对于那些传媒公司而言，特别是大型的上市公司而言，基于对股东利润负责的态度，也使得其生产内容和模式变得日益标准化和同质化，且对受众即刻的刺激和吸引的重视程度要高过对某类内容长远社会影响的关注。

上述的论点并不排除一个可能，即一些商业组织同样可以生产出一些在细节、复杂程度等方面富有创新意义且内容优质的产品。出现这种可能的原因或许是由于传媒公司日渐增多且竞争激烈化，产品也相对逐渐多样化，以形成不同的利基市场。但基于对自身品牌的塑造，针对部分优质受众要求高品质内容的偏好，一些公司至少会在某种程度上做出回应，以生产原创的优质内容。

2.广告商对传媒内容的渗透

对于传媒公司而言，其所拥有的受众数量，关系到其能争取到的广告商的数目；而其所拥有的受众的类型，也关系到其能直接争取到的广告商的类型。当然，如果某份报纸拥有庞大的受众群体，且该受众群体又多是优质受众，那么它就可以得到价格不菲的广告赞助。对于广告商等赞助商而言，其向传媒投入的资金，直接的目的是施加某种产品或服务对某类受众的影响力，并设法促

---

① 龚学鸣.远离真相 壹传媒做假新闻罄竹难书 [OL].http://news.takungpao.com/hkol/topnews/2014-01/2171581.html，2014-01-12.

使其产生购买行为。为达到此种目标，在决定提供某种商品或服务之时，广告商便会根据市场行情预先设定目标销售人群，并设法通过传媒的强大影响来"劝说"受众购买此种商品或服务。特别是那些较为特殊的商品或服务，对受众的要求也更为严格，这就使得广告商对其广告载体的选择也会有一些特殊的要求，以便确认该传媒所刊登的广告类型能够持续吸引到数量较为理想，且其生活风格与该产品或服务较为契合的受众群体。

然而，商品的销售，意味着其目标对象必须有一定的购买力。特别是在生活压力较大的社会之中，那些资金充裕且消费能力强的消费者，无疑是众多广告客户眼中的高品质受众，而那些贫困群体等边缘人士在很大程度上会遭到忽视。尽管新媒体的蓬勃兴起，带来内容传播渠道的增加，而边缘群体也获得了相对丰富的内容，但这并不能改变优质受众备受广告商青睐的局面。

对于广告商而言，由于预算等因素的影响，他们一旦开始在某个传媒之上刊登某类广告，便希望在一定时间之内看到该商品销售业绩的预期增长。如果该业绩增长并不能令他们满意，这些广告商往往会削减在该媒体之上的广告预算或干脆将广告预算投入到其他媒体之上。对于该传媒而言，它接受了广告商的相关委托，便要努力完成相应的义务，否则预期之内可以获得的满意收入便有缩水的危险。为规避此种风险，它首先要避免刊载对广告主不利的新闻报道，以避免该广告主的反弹。例如，《联合报》就曾经刊发过"忤逆"相关广告主的新闻报道，进而造成商议好的六百万元（台币）广告费用被撤回。

德国西门子和法国亚斯通1997年组成欧铁联盟，协助台湾高铁备标，但台高取得高铁BOT案后，却在2000年转向日本新干线采购核心机电系统，痛失近千亿元商机的欧铁联盟，于2001年初提起国际商务仲裁，全案历经三年缠讼，国际商会裁定台湾高铁应补偿欧铁七千三百零四万美元，加计新台币约廿八亿多元。

联合报记者陈怡如最先独家报道这项讯息，新闻见报当天，台湾高铁公司否认本案已作成仲裁，联合报被撤了六百万元广告。[1]

以"正派办报"自许且实力雄厚的《联合报》，面对六百万元广告的损失估

① 黄年等.联合报60年：1951—2011[M].台北：联合报，2011：119.

计也会"肉痛"。对于那些普通报纸而言，是没有实力也缺乏胆魄做出上述决定的。对于那些普通报纸而言，在多数情况下，它们需要将广告商的产品展现在那些有能力主动消费且富有消费意愿的受众面前，并诱使受众产生对该商品的购买行为。此举反映在内容方面，便是大众传媒对一些令人感到沮丧或带来更糟的结果的内容的回避。因为那些轻松愉快的内容所带来的正面心境能够促使受众产生消费意愿并完成购物行为。当然，此举也直接促进了台湾传媒娱乐节目的发达，但同时也导致了植入广告泛滥情况的发生。

无论是对已有的广告商将预算投入到本传媒策略较为明智的证明，还是要在未来一段时间内争取更多赞助商的青睐，传媒都需要向外界展示自己所拥有的强大影响力。这种展示，不仅体现在其在平时对优质受众的吸引和培养方面，还表现在当广告商决定向该传媒投入资金后，传媒一方对内容的微妙改变方面。这是因为，传媒对某类优质受众的培育过程，实质上也是为某类商品筛选某类消费者的过程。它在无形之中，便通过长期潜移默化的影响，软化了受众对待某种生活方式或某类商品的负面态度，并间接建构了受众认同该生活方式或商品类型的积极的心理基础。换言之，在某种商品或服务未到来之前，传媒已经成功建构起了其受众对于某种生活方式所需要的某类商品或服务的认同。当广告商到来之际，传媒便可以通过进行有目的的相关内容的生产和选择，来点燃已经从读者角色转变为消费者角色的广大受众的消费热情。这种经过大众传媒长期潜移默化地对受众施加影响的过程，颇有些类似"霸权"的作用过程，只不过此种"霸权"主要侧重于商业方面。

基于大广告商的强大实力及其广泛的社会影响力，传媒必须对两者关系予以慎重考虑。表现在其对待两者关系的态度方面，便是要认真考虑任何可能破坏那些大广告商利益的举措。这是因为，由大众传媒所发布的诸如上市公司等大广告商的任何负面信息，都可能会导致其遭受包括股价受挫等重大损失，而大广告商对某个报纸长期投放的广告投资往往占据传媒公司整体收入的重要份额，如果因发表负面信息令其受创严重，广告商将会有直接撤回广告投入的可能。在竞争激烈的传媒市场中，大量本应属于自己却又流入竞争对手的资金份额及其影响，让传媒在处理此类问题时不得不慎重。在传媒史上，的确发生过上述现象。例如，《Blitz》这本杂志曾发表一篇专文，涉及对某类商品的负面评价，结果导致该类商品的数个广告商撤回投资，促使了该杂志走向消亡。① 作为前车之鉴，此类事件的发生，不能不让多数传媒公司在处理与那些利益攸关者之间的关系时保持谨慎态度。

例如，如果大广告商在没有触犯众怒的情况下，传媒对其产品或服务的负面信息一般是持回避态度，甚至连那些与大广告商关系紧密的利益集团的负面消息也有被回避的可能。当然，此种情况的出现，其实质或许与传媒与大广告商之间的利益交换有关——后者用不菲的广告费用来换取部分传媒的支持，或至少在某个问题上表现出沉默态度。

随着台湾新媒体的蓬勃发展，广告商可以选择的广告投放渠道将会越来越多。在广告投放总额波动不大的情况下，单个传媒公司为竞逐某个广告商投放的一定比例的广告份额，将会不断强化广告客户讨价还价的立场及预期目标。继以赞助商的形式将某个版面烙上自身标签之后，某些广告商或许会深入一步，与传媒公司签下共同制作节目内容的合约——此举也将广告商提升为传媒公司"合伙人"的地位。伴随着传媒公司与其广告商两者之间权力的失衡，传媒将付出越来越多的代价，而广告商将对传媒的实质内容生产拥有越来越大的影响力。如果此种状况不加以改善，将会导致传媒商业内容与其他内容之间的区别渐渐变得模糊。

对于《自由时报》等传媒公司而言，其本身便是台湾三重帮邦联财团旗下的一个重要分支机构，因而其受到母公司的影响，将会比上述的那种"合伙人"所施加的影响更为严重，其所造成的影响，也将更为人所忧虑。

本章小结

自台湾实施"解严"后，威权统治逐渐瓦解，而市场经济的力量对大众传媒的影响逐渐增加。随着传媒的经济运作，其自身也开始了商品化的过程。这种商品化，不仅包括传媒内容的商品化、受众的商品化，还包括其他延伸的商品化形式。

伴随着大众传媒商品化程度的逐渐提高，不仅其自身所有权发生改变，而且其内容的质量也在较大程度上为媒介组织的收入目标所设定。表现在现实之

---

① Jackson, P., Stevenson, N. and Brooks, K. *Making sense of men's magazines*[M].Cambridge: Polity Press,2001:62.

中，便是媒介所有权的集中及广告收入等对传媒内容的诸多影响。

经过本章第一部分对台湾大众传媒与政党政治关系的考察过程，我们已经知道无论是威权政治时期，还是西式民主政体正式确立之后，台湾大众传媒与政党政治均存在着较为紧密的关系。随着市场经济的发展，这种关系还会进一步深化。那么，既然市场经济的力量确实对大众传媒产生了如此大的影响，而同时由于传媒与政党政治之间"结盟"关系的存在，则市场的经济运作又会对台湾大众传媒与政党政治关系产生何种影响呢？

第六章　经济运作对台湾大众传媒与政党政治关系的影响

哈钦斯委员会认为，现代传媒本身是一种新的奇迹：

现代传媒的典型单位是一些强大的大众传播机构。这些机构可以促进思想和讨论，也可以窒息思想和讨论；可以加快文明的进程，也可以阻挠这个进程。它们可以使人类变得低劣、庸俗。它们可以危害世界和平——这是它们在心不在焉的时候偶尔为之。它们可以拔高或者贬低一则新闻及其意义，它们可以鼓励和煽动情绪，它们可以编造自感得意的谎言并隐瞒污点，它们可以滥用伟大的词语，提出空洞的口号。随着这些机构使用了一些新的传播工具，它们的影响范围和威力每天都在增长。①

上述哈钦斯委员会对传媒的概括，在一定程度上体现了台湾大众传媒的现况。这是因为，台湾目前大众传媒与政党政治之间相互依存的"结盟"关系，建立在明确的法律框架之内，并经由"宪法"等途径得到具体的保护和安排。这种情况，从理论上讲，使得处于强势一方的政治权力很难对传媒进行粗暴干涉或直接控制，从而使得传媒在保持其对政治强权势力的合作关系时，仍能够获得一定的独立自主的空间。正是此种空间的存在，为传媒诸多"扒粪"行动的进行提供了可能。

但是，台湾地区宪制性规定对传媒的保护等措施，虽然体现了对思想自由和新闻自由的弥足珍视，也并不足以否定大众传媒与政治权力相互依存的"结盟"关系——它只是保证了如果二者发生冲突时，处于弱势的一方会受到保护，

---

① 传媒自由委员会.自由而负责的传媒 [A].弥尔顿，等.西方新闻传播学名著选译.顾孝华译 [C].上海：上海社会科学院出版社，2008：249.

并不必然意味着两者之间的关系天然就应该充满冲突与对立。

第一节　台湾大众传媒经济权力的扩张效应 ①

　　台湾大众传媒的角色颇为复杂：它受到法律制度的保护，从而使自己脱离于台当局的直接掌控，却又和台当局权力之间保持着紧密的联系；它以独立、客观和公正的面目彰显于世，鼓吹公共利益，却又对金钱等诸多私人利益迫切地追求；它公开以"民意代表"自居，却时常在私下里又通过各种手法来塑造它。在台湾，在很大程度上来讲，传媒本身便是这个时代的一个权力中心。

　　确实，就台湾大众传媒而言，它拥有极为庞大的政治和经济资源，是台湾盈利水平较高且富有社会影响力的重要行业之一。在市场等诸多力量的推动下，在全球大众传媒企业集中化发展趋势的背景下，部分传媒企业在整个产业中所占据的份额将会越来越高，其经济权力也将会变得越来越大；同时，作为社会主导意识形态的重要载体，它也扮演着社会相关主导意识形态主要塑造者的关键角色，对台湾社会文化和民众的意识形态等方面发挥着主导性的作用。特别是在重大选举进行的前夕或选举期间，报纸等大众传媒更是将自身权力行使得淋漓尽致，并直接导致政局的跌宕起伏。

　　在威权统治时期，报纸等台湾大众传媒充其量是政治权力的"仆人"，仅拥有微末的权力；然而，自"解严"后便在很短的时间内成为政坛乃至整个台湾社会不可或缺的重要角色，如今更是发展成为能直接影响台湾政局走向的关键因素。在短短几十年内，其权力的扩张程度令人惊讶，也发人深思。

一、台湾大众传媒市场的四个层面

　　美国资深媒体人安楚尔认为，传媒发展的历史表明，虽然报纸及其现代的种种衍生形式主要是为那些在经济上占据优势地位的人提供服务，但同时它们又给自己建构了一个为大众提供新闻等资讯的外表；如果人们仅凭后者便希望传媒能真正忤逆前者的意愿，转而真正为自己服务，那简直是空想。② 安楚尔

---

　　① 该部分内容已经在《台湾大众传媒经济权力的扩张效应》[《内蒙古大学学报(哲学社会科学版)》，2014 年第 9 期] 发表；部分内容有增加或删减。

　　② Altschull, Herbert J.*Agents of power: The role of the news media in human affairs* [M]. New York: Longman, 1984:299.

对传媒与经济利益之间关系的描绘，或许局部忽视了传媒对于民主政治的推进及其他诸多正面效应，但他至少在一定程度上呈现了掩藏在台湾大众传媒诸多正面光环之下的部分实质，即台湾多数传媒首先是一个遵循市场经济运行规律且以盈利为主要目的的企业。

按照马克思主义的基本原理，存在无疑决定意识。如果我们从此视角出发，以大众传媒的经济运作角度切入对台湾大众传媒经济权利的考察，不仅能够有助于上述事实真相的探索，更有利于从根本上对台湾大众传媒扩张的因素进行分析，进而切中问题的实质。

以报纸为例，就商品的生产和交换过程而言，大众传媒的市场可以分为四个层次。首先，就新闻记者而言，不管他怀揣有多么伟大的改造社会的使命感，就其本质而言，他都摆脱不了传媒产品生产者的产业定位。用美国学者道格·安德梧的话来讲："报纸感受到极大的财务压力……如果你发现部门里有人一再对产品有恶意批评，先向他解释为什么有这个决策。如果发现有人根本不满意报社，就劝他换工作吧！他们入错行了。"[①]换言之，新闻记者得以被报社聘用，主要原因便在于他可以用报纸的版面等资源来交换到符合其所在报纸价值需求的新闻，并听从报社的安排。对于其新闻来源而言，不管出于何种目的，他都将自己所掌握的新闻线索提供给了记者。通过此种过程，双方完成了传媒市场的第一次交换。当然，诸如此类的交换还包括购买新闻设备等工作。

其次，报纸编辑将新闻记者采集而来的新闻进行加工制作，并包装付印，以图获得受众的青睐；对于受众而言，基于获取资讯等方面的需要，他也有必要购买相关报纸。受众购买行为的发生，便意味着传媒第二个层次市场的形成。在这个过程中，传媒扮演了生产者的角色，而消费者的角色由受众扮演。值得注意的是，在此交换市场中，报社以低于报纸本身所含真实价值的价格，将其卖给受众。

再次，借由第二个交换市场的运行，报社得以"生产"了大量受众。为满足广告商等赞助商对于某种类型产品或某种价值理念的消费者的需求，传媒转手将受众"卖"给广告商。此种过程，构成了传媒市场的第三个层次。在此过程中，传媒用自己的受众、报纸的发行时间和版面空间等资源，换取了赞助商的金钱。

---

① 道格·安德梧.MBA 当家——企业化经营下报业的改变 [M]. 林添贵译 . 台北 : 正中书局，2000：51.

第四，随着报社经营规模的扩大，同时也为了获取更多资金的支持，越来越多的传媒企业成为上市公司。另外，被大众传媒本身特质所吸引，台湾许多上市财团也开始创办报纸——如台湾三重帮财团创立的《自由时报》，欲在传媒市场中也分得一杯羹。伴随着上述行为的推进，越来越多的传媒企业所有权开始以股票形式出现。股票市场构成了传媒市场的第四个层次，并把报社等传媒公司变为了必须追逐利润并向股东负责的股份公司。

以上以报纸为例对台湾大众传媒四个层次市场进行分析的状况表明，如果依据力量的凝结程度及力量大小等因素对各个市场中影响传媒运营的因素进行比较，则会发现传媒产权所有人、大赞助商和新闻工作者无疑应该依次排列，而数量众多但力量却极为分散的受众，貌似扮演着最弱小的角色，缺乏对传媒有效的制约能力。在这种市场关系下，新闻变成了受市场驱动的新闻，而传媒企业也成为了利润导向型的现代公司。

二、传媒企业规模的扩张

"在市场经济环境下，偶尔会发生市场失灵事件。传媒作为具有较强公共属性的文化产品，是市场失灵事件的重灾区。很多内容质量较高的传媒因为经营不善而倒闭，这对受众和社会都是一种损失。传媒应努力寻找适合自身的盈利模式，加强经营管理，善于借助各种工具或其他外力。"[①] 由此角度来看，传媒借助市场的力量来发展自身，似乎并无不妥之处。但是，如果传媒借助市场经济的力量，过度或不当地进行市场运作，那么由此而来的对利润的追逐，对传媒企业本身及其产品又有何种影响呢？

不可否认，基于对新闻自由、言论自由等价值的珍视，台湾大众传媒受到各种法律制度的保护，但此种制度层面的保护并非是万全之策。以管制机构的设置为例，即使台湾由"通讯传播委员会"（NCC）行使部分对传媒的管理权限，但其职能多体现在广电媒体方面，缺乏对报纸等纸媒的实质制约。尽管还有其他一些对传媒实施限制的政治手段或潜在里不允许传媒涉足的领域，但传媒自有对付此种状况的方法。一般而言，传媒往往先造成违规事实，等到相关管理机关发现并涉入时，再诉求于法律的保护。由于传媒集团背后有各种政治、经济和舆论力量的支持，他们往往可以通过旷日持久的诉讼途径取得胜利。通

---

① 张彦华．大数据时代国内传媒产业的挑战与机遇 [J]. 现代传播 ,2013，(11)：26.

过这种不断打破"禁忌"的行为，传媒的一些行为逐渐变得合理化，传媒集团的规模也在不断变大。

在传媒得以不断打破各种或好或坏的"禁忌"领域的背后，除了相关法律制度的保护之外，在台湾占据优势地位的新自由主义经济学说也是一个重要的推动力。新自由主义经济学说认为，政府对经济的干预程度越低越好，而其对传媒的管制也似乎是不必要的。换言之，在市场经济条件下，民主与自由的基石是自由的传媒；政府作为一种必要的恶，民众理应对其保持警惕，并使传媒避免被其干预或掌控。由此可见，此种理念的盛行，对于台湾早期传媒得以摆脱威权政治的桎梏提供了理念上的支持，但同时也为后期大众传媒经济运营中的种种不良行为埋下了隐患。

在促使传媒企业规模扩张的因素之中，除了经济理念等因素的支持之外，蕴含于其具体运营过程中的赞助商的因素也非常重要。这是因为，其他行业的历史发展过程已经证明，在市场本性的驱动下，如果缺乏足够强度的干预和调控，必将导致企业集中或垄断的出现。传媒作为一个在市场中追求利润的行业，同样逃脱不掉此规律的运作范畴。此外，其他行业中企业的集中或垄断，促使其商品营销务必要面向整个台湾或更广的范围，而这种需求也将影响负责投放其相关广告的传媒——该传媒的受众也必须分布于全台湾或分布在更广的范围，以适应相关企业投放广告的需要。在这种情况下，地方媒体往往得不到广告商的青睐，并有被激烈的市场竞争淘汰的可能。在这一压力下，传媒纷纷加快发展步伐，以抢夺全台湾或更广范围内的广告市场，并进一步加剧了传媒企业规模的扩张和集中化倾向。

这种倾向，反映在报业上面，便主要表现为报业的连锁经营及跨媒体集团的出现，如台湾的联合报系、中国时报系、自由时报系和壹传媒集团等。此外，传媒集团和其他工业集团等利益团体之间的结盟现象，也是台湾较为鲜明的特点。例如，《自由时报》与林荣三为代表的三重帮邦联财团之间亲密联系，《中国时报》与旺旺集团之间的紧密联系等。这种传媒集团与其他产业集团之间盘根错节关系的出现，不仅意味着台湾大众传媒与政治经济势力之间的联系更为紧密，也意味着传媒的内容将会受到更大程度的影响。这是因为，随着传媒以各种方式来扩张规模，并将权力扩大和集中化，传媒可能发生以下变化，即："我们以前在媒体中至少还有杂七杂八的垃圾，但现在我们正走向一种集体意识，把可能听到的声音加以重重限制，同时使反对的声音收声。"① 这种观点虽然看似有些夸张，但它却警示了传媒的集中化倾向及其权力的扩张所可能带来的一系列负面影响。传媒集团的这种发展趋势，对于以文化多元化和意见的自由市场而自豪的台湾人，也将是一个打击。

因此，由于大众传媒的经济运作，使得传媒的集中化倾向已经成为台湾传媒产业的重要现象。它导致了报业集团规模的不断扩张，也促使了更大的跨媒体集团的出现，并有可能损害言论自由与文化多元性，并最终损害台湾的民主化程度。但是，作为私人企业在市场经济中竞争的必然结果，从目前的趋势来看，台湾大众传媒的集中化趋势还将会继续下去，并有进一步蔓延的可能。

三、大众传媒趋利性倾向的加强

在台湾竞争激烈的传媒市场之中，赞助商等诸多因素的存在，使得报纸等传媒的目标受众的界定及资讯服务的提供会不自觉地向那些占据政治和经济优势的社会中上层人士靠拢，并表现出某种鲜明的趋利性倾向。由于台湾普通大众对光影效果较强的电视媒体更为感兴趣，而精英阶层则对相对枯燥和理性的报纸更为青睐，因此，大众传媒的这种趋利性倾向在报业表现得更为明显。

这是因为，基于对推广某种类型的商品或政治理念的需求，广告商和公关公司等赞助商会对其目标受众群体有其基本的考量。这些被其纳入考量的重要因素，往往是经济收入和政治地位。按照一般规律，那些教育程度较高的人群，收入和消费能力也会越高，在人群中也会有较高的政治影响力，并会在各类政治选举中发挥重要作用，而广告商和公关公司所需要的也正是这类群体。基于此种判断，传媒就会有意识地对特定内容的生产进行筛选，并使得其内容及读者群较为满足广告商和公关公司的需求，以吸引其将广告或赞助费用投放到自己身上。传媒公司的此项考虑，往往会收益颇丰。据美国一项调查数据表明，一个在中上层阶级中发行 1000 份的杂志，比一个在下层阶级中发行 10 万份的杂志要好得多。② 当然，尽管上述数据集中在对杂志的说明上，但也有助于较为清晰地呈现市场经济条件下报业的运作规律。这是因为，无论广告的载体是杂

---

① 张巨岩. 权力的声音——美国的媒体和战争 [M]. 北京：生活·读书·新知三联书店，2004：256—257.

② Betting, Ronald V., & Hall, Jeanne L. *Big media, big money* [M]. Lanham: Rowman and Littlefield Publishers, Inc., 2002：97—98.

志或是报纸，广告商需要的都是那些具有较强消费能力和较大社会影响力的读者群。特别是在选举盛行的台湾社会之中，此种表现更为显著。以台湾《中国时报》报业集团为例，在 2008 年其为旺旺集团收购之前，以社会一般大众为目标受众的集团母报《中国时报》及其旗下的《时报周刊》《中时晚报》、时报出版公司、中天电视及无线的中国电视公司均出现亏损的状况，而其旗下以社会中上层人群为目标受众的产经专业类报纸《工商时报》却仍为盈利状态。①《工商时报》目标群体的界定，在很大程度上是其能够盈利的重要保证。

　　因此，基于企业生存的压力和长远发展的考虑，也迫使传媒自发地对其受众进行筛选。当传媒的目标受众与相关赞助商的需求契合之后，便会引来数量可观的资金注入。由于赞助商在某个时间段的整体预算是既定而有限的，那么投放到其他媒体的预算便会随之减少。对于其他媒体而言，获得赞助商的资金支持如果大幅缩减或持续萎缩，不仅会使其发展速度变缓，而且严重者会有导致其被兼并或倒闭的可能。

　　此外，在台湾存在有数量较大的受众调查公司等公关公司，甚至一些传媒自身便有专门的受众调查部门。这些调查公司通过相关调研过程，将受众的地域分布、人口构成、兴趣爱好和广告效果等因素反馈给传媒公司，并对传媒公司的新闻采编和内容呈现等方面产生直接影响。经过此种潜移默化的过程，多数传媒的目标受众也向社会中上层人士靠拢，而其所要呈现的思想与观点也会逐渐迎合这部分人群的爱好，并打上了该阶层的烙印。与此相反，对于那些在社会政经系统中处于弱势地位的阶层而言，他们与报纸等大众传媒之间的联系，无疑慢慢地淡化了。这或许也是台湾大众传媒在脱离了威权政治时代的枷锁之后，反而在市场力量的驱动下，自动向那些在政治经济系统内占据优势的中上层人士靠拢的部分原因。

四、大众传媒可控性的增强

　　传媒趋利性的增强及由此暴露出来的诸多弱点，将会大大增加外界力量对其实施控制的机会，更会大大增强这些心有所图的外在势力对其实施控制的能力。

---

　　① 徐和谦. 旺旺董事长收购中国时报集团 [OL]. http://www.caijing.com.cn/2008-11-05/110026332.html，2008-11-05.

（一）传媒内在因素的影响

传媒的经济运作及由此而来的集中化和逐利性倾向，会对大众传媒产生何种影响？最直接的影响便体现在传媒的丰硕收入上面。即使"经济不景气……报业公司利润下降，但报纸依然是赚钱行业"。[①] 当然，传媒上述诸多过度的市场化运作，也产生了其他诸多负面效应。较为明显的一点是，为了迎合受众的喜好，追求更多的发行量和更多赞助商的支持，也为了规避对政治立法等严肃议题的报道而产生的麻烦或节省因投入到严肃议题的调研中而发生的相对较多的开支，很多报纸已经开始更多地报道娱乐、暴力和色情等传媒认为受众会感兴趣的话题，而此种趋势将会导致传媒社会责任感的整体削弱。无独有偶，美国《哥伦比亚新闻评论》在某个时间段内联系了《华尔街日报》新闻中提到的111 家公司，获得了 70 家公司发送给该报的公关材料，结果发现 70 家公司之中的 53 个的新闻完全基于公关材料，而其中 32 例的公关材料被一字不差地采用，其余 21 例中也只是做了一些轻度的编辑工作；而最令人不安的是，其中的 20 则新闻均署名为"《华尔街日报》记者报道"。[②] 美国《哥伦比亚新闻评论》对《华尔街日报》进行的研究，则从侧面部分验证了上述推理的正确性。

当然，此种现象也可以在理论上得到解释。这是因为，作为对传媒的市场运营影响重大的因素，那些赞助商，特别是大型的赞助商投放广告等赞助费用的金额及方向的不同，无疑会对多数传媒的内容呈现与目标受众的界定有潜在的激发作用，并在某种程度上可以影响到整个传媒产业结构的更新和分布。对于个别传媒企业来讲，迫于市场的压力和节省运营成本的需要，使用由公关公司所投放的免费的资讯材料，无疑会是一个较具诱惑力的备选项，而其对后者的采用，势必会对自身内容的质量及经营理念构成侵蚀，并使得外界对其施加某种控制的可能大为增加。

对于市场更为狭小、竞争力度更大，且实力相对薄弱的台湾大众传媒而言，联合报系、中国时报系、自由时报系和苹果日报系这四大报系的竞争现已达到白热化的地步，而由于台湾经济的不景气，使得报纸的盈利能力在某种程度上受到影响。为了提高工作效率和提升报业运营的水准，各报均对记者的发稿数

---

① 道格·安德梧 .MBA 当家——企业化经营下报业的改变 [M]. 林添贵译 . 台北 : 正中书局，2000：68.

② Jeff and Marie Blyskal,PR.*How the public relations industry writes the news*[M].New York:William Morrow&co.,1985:34.

量、截稿时间等方面有严格的要求，并以此作为对记者进行薪酬评价的重要指标。对于记者而言，特别是那些新晋记者而言，其本身的工资水平、工作环境和办公条件与经济危机之前的资深记者相比均有差距，使得其新闻的采访及撰稿等环节均更容易受到外界影响，也为自身被外界势力所控制埋下隐患。反映在现实社会中，所出现的最简单和最普遍的情况，便是在他们对每次活动进行采访前、采访中或采访后，均会收到形形色色的举办方和公关方所提供的熟谙新闻写作规律的"新闻通稿"等公关材料；甚至有些记者并未参加相关活动，仍然收到了相关的公关资料。为了满足报社的撰稿要求，在条件紧急的情况下，不排除这些记者根据"通稿"等公关资料提供的内容撰写新闻的可能。长此以往，记者等新闻工作者所坚持的新闻理念便有遭到侵蚀的危险，增加了其受外界不良因素影响所导致的各种风险。

（二）外在力量对传媒权力的觊觎

当然，传媒可控性风险的增加，其内部运营过程中存在的漏洞固然是主要因素，但外界力量对其的觊觎和侵蚀也是不可忽视的重要原因。就后者而言，传媒自身所具有的约定性权力和意识形态的霸权功能是令其动心的主要因素。

就权力的概念而言，尽管尚存部分争议，但却不排除多数学者达成共识的可能。"尽管对如何界定这个概念存有分析，大多数分析家们还是承认，'权力'基本上是指一个行为者或机构影响其他行为者或机构的态度和行为的能力。"[①]就类型而言，它也可以分为约定性权力等不同表现形态。所谓约定性权力，是指主要通过劝说或教育等方式来改变他人的信念，从而使得他人服从的权力。[②]这种约定性权力，在学校、传媒等组织和个人身上均有所体现。就台湾传媒来讲，其所拥有的约定性权力，在使其成为一种快速发展，影响巨大，且在自身乱象频出惹来高度争议的情况下仍然遭到传统的三大权力机构立法、司法和行政权力的忌惮中扮演着至关重要的角色。

这是因为，如果某人通过言语所建构的世界能够被他人视为"现实"，那便是他所拥有的权力意志的体现。就传媒而言，它通过决定讯息的生产与传播以及对世界的某种解释，来对大众头脑中的现实图景进行塑造，并被大众所接纳。

①　[英]戴维·米勒，韦农·波格丹诺.布莱克维尔政治学百科全书[M].邓正来，等译.北京：中国政法大学出版社，1992：595.

②　张巨岩.权力的声音——美国的媒体和战争[M].北京：生活·读书·新知三联书店，2004：264.

因此，作为大众社会最重要的信息载体，传媒通过塑造整个社会意识中的图景，来使得他人服从的权力，在很大程度上也是一种约定性的权力，富有宰制力。

此外，传媒的这种约定性权力，对于台湾那些占据社会优势地位的政经集团来讲，有极其重要的作用。这是因为，对于那些把持着社会多数权力的利益集团来讲，为维护其既得利益，并预先消除那些潜在的反抗者，维持或加强既有的价值理念和民众对现有政经体制的信赖是至关重要的——现有的价值理念和政经体制是他们继续维持或获得各种权力的源泉和保护伞。传媒所具有的环境监视、社会地位赋予、社会规范强制以及麻醉等众多功能的存在，使其可以在意识形态塑造及现有政经体制的维护等方面发挥着重要作用。基于媒介化社会和大众社会的形成及发展，传媒所营造的虚拟环境有被大众当作真实的客观世界进行认知的倾向。因此，如果该利益集团将传媒掌控在手，便可以利用其来展开积极的组织与欺骗——在被统治者头脑中建构出由自己需要的某种"现实"，并将该"现实"的结构与延伸范围、对从属地位的理解等，限定在不至于威胁到其统治地位的范畴之内，并在台湾政治体系及整个社会的范围内将其制度化，将自身权力来源正当化、合法化，从而更好地赢得那些居于社会底层的多数民众的积极的认同和接纳。此种统治行为，使得那些处于被统治地位的"大众阶级"的阶层意识的发展受到抑制，不但不足以强大到打破统治阶级主导下的整体社会意识形态的程度，而且自身也变为了上层阶级维持统治的工具，进而确保了精英阶层的统治地位的"长治久安"。与以往那种依靠军队和警察等暴力机器强迫民众认同自身统治地位的措施相比，借由传媒的途径进行统治的方法，无疑高明了很多。

作为约定性权力的主要承担者，台湾传媒的这种权力并非不可获得。正是此种可获得性，使得各大利益集团对其的觊觎之心有增无减。这是因为，诸如赞助商等其他诸多大利益集团，拥有雄厚的政经资源，并可以通过公关、广告、赞助费用等常规途径与传媒产生联系，并进而对其新闻、评论、广告、人事安排等形成或明或暗的影响。对于某些利益集团而言，如果某个传媒企业对其利益至关重要，但又不容易被常规途径侵蚀，不排除他们采取非常规途径达到目标的可能。经过上述诸多操作过程，那些占据社会优势地位的利益集团，便有可能在较大程度上决定公共信息的广度或深度，并进而在幕后操纵大众舆论及其意识形态。对于居于社会弱势地位的普通民众来讲，他们缺乏购买传媒空间的资源以及雇佣公关公司的能力，也缺乏独立获取并鉴别所需的客观资讯的能力，便在较大程度上陷入部分大众传媒和不良利益集团"玩弄"的陷阱而不自知。由此可以推理，传媒权力的重要性及其可获得性，致使其沦为社会上占据优势地位的政经集团的代言人可能性大大增加，并会对台湾真正民主政治的发展造成不良影响。

五、民主政治的危机

在市场竞争激烈且缺乏足够强度监控和干预的社会背景下，台湾传媒的集中化与趋利性倾向似乎不可避免，但同时也为外界对其施加某种控制提供了某种契机，平增了许多不必要的风险。当然，如果此种风险仅仅如其他一般企业一样体现在经济方面，尚且不令人感到那么忧虑，但大众传媒自身所具有的特点，使得这种风险无论对于社会文化的塑造，还是对民主政治的提升等，都具有深刻的影响，因而更为人所担忧。

显而易见，如果新闻产品变为如其他一般产品那样，成为市场竞争中主要受经济利益驱使的产品，那么便会对台湾社会的民主政治产生某些不良影响。这是因为，经典民主理论的一个重要假设，便是公民能够通过自愿、独立、理性和批判性的决策，以选票的形式来参与到政治进程之中；传媒作为社会的公器，理应提供客观、独立、理性等符合新闻专业价值理念的新闻资讯，并承担着社会公共领域的职能，不仅应该确保公民用以决策的讯息准确而客观，而且应该促使大众参与政治的进程符合公共领域的需求。

根据在第二章中哈贝马斯对公共领域的阐述，我们可知，哈贝马斯将公共领域界定为一个居于国家与市民社会之间的中间区域。这个中间区域由公共舆论构成，而每位公民均有权利在其中进行理性的讨论。换言之，只有与国家或社会的经济力量的主导作用相独立时，公共领域才最有可能是有效的。如果在现实中，公开代表并行使着公共领域职能的传媒企业本身，便是一个巨大的利益集团，且与其他财团之间有着紧密而复杂的联系，那么我们又怎么可能会完全相信，该传媒集团所提供的资讯的完整性、客观性与公正性呢？又怎么能确信那些参政或议政的公民能够根据这些传媒所提供的讯息来做出各种正确且公正的政治决定呢？又怎么能确信传媒能够始终秉持"第四权力"社会公器的立场，即使在其受到税收、管制或法律诉讼等挑战时也不动用其议题设置或决定政客传媒形象等诸多权力为己谋福利呢？答案显然是令人担忧的。

此外，弥尔顿在《论出版自由》中指出："虽然各种学说流派可以随便在大地上传播，然而真理却已经亲自上阵；我们如果怀疑她的力量而实行许可制和查禁制，那就是伤害了她。让她和虚伪交手吧。谁又看见过真理在放胆地交手时吃过败仗呢？"[①]换言之，弥尔顿认坚信，真理是明确的而且是可以证实的，只要允许它参加"自由而公开的斗争"，它就会显示出战胜其他意见的独特力量——由此观点出发，当代逐渐发展出了"意见的自由市场"观念。[②]依据该"意见的自由市场"理论，传媒公司作为一个个体，也理应享有通过经济等行为来表达自身言论的权利。然而，在意见的自由市场之中，并非每一个参与者都持有与传媒集团同样的资本，也并非每一个个体均能发出如传媒集团一样嘹亮的声音。与那些孤立且资源匮乏的民众个体相比，传媒集团自身不仅拥有强大的经济资本，直接掌控着意见表达的强大机器，还通过与其他利益集团紧密的联系，在社会政经系统中占据着重要地位。这些因素，都决定了它的意见的重要性是其他参与者所不能比拟的。那么，当传媒集团成为主要资本的占有者之时，仍然把它与其他不具有庞大经济、政治资本和言论权力的参与者，或势力更为弱小的参与者的地位同等对待，更容易造成后者以"沉默的大多数"的形象出现，对于社会的健康发展无疑是不利的。基于此，通过对台湾传媒市场及其影响的各个方面的分析，我们可以看到，台湾"意见的自由市场"似乎成了传媒集团借以追求更大政治利益的辩护词和掩护色。

传媒经济权力的扩张，不仅直接表现在民主政治进程中意见的表达等方面，更直接体现在社会日常生活中民众意识形态的塑造方面。这是因为，意识形态从来都是在社会上占据统治地位的思想形态，并承担着将那些不平等、不合理的社会关系合理化的重要角色。那么，富含文化属性，传播效果威力巨大，且在经济化运作过程中呈现出可控性的商业化传媒，也将不可避免地会在塑造并传播那些在社会政经系统中占据优势地位的上层阶级所主导的意识形态中扮演着不可或缺的重要角色。在此情况下，商业利益将有很大可能通过报纸这种民主政治的载体向民主制度渗透。在这种情况下，不排除出现此种状况的可能，即社会正在滑向这样一种情形，即由一小部分利益集团，基于利益最大化的驱使，从而对民众的所见所闻施行巨大程度的控制。[③]换言之，规模越来越集中

---

① [英] 密尔顿. 论出版自由 [M]. 吴之椿译. 北京：商务印书馆,1958：55—56.

② [美] 弗雷德里克·S·西伯特，西奥多·彼得森，威尔伯·施拉姆. 传媒的四种理论 [M]. 戴鑫译. 北京：中国人民大学出版社，2007：36.

③ Harry Levins. *Scholar seeks to lessen grip over first amendment*[N]. St. Louis Post—Dispatch, 1997-01-11：(09A).

的台湾传媒集团，凭借其相对雄厚的经济实力、与政党联系紧密且意识形态中所必然具有的党性、在各种冲突中对自身所认同的"蓝""绿"群体利益的确认与偏爱以及其所拥有的强大的引导社会舆论的能力，势必对台湾民众的资讯获取及政治抉择等方面产生重大影响。因此，在很大程度上可以说，台湾大众传媒过度的市场化运作倾向及其由此带来的影响，会强化那些能够对大众传媒施加影响力的相关利益集团的舆论塑造能力。

由上述论述可知，在市场经济的运营之中，享有过度的自由而又缺乏相应的制约措施的状况，使得台湾大众传媒的规模不断扩张，趋利性倾向急剧增强。在此过程中所暴露出的缺点，又使得其自身的可控性不断增加，继而又给真正民主政治的发展带来危机。尽管此种趋势多由市场竞争的基本动力所致，但传媒绝非一般企业，它所独具的特性使得自身与整个社会的政治及意识形态息息相关，也直接关系到大众权利的实现与社会的健康发展。如不对上述诸多问题进行迅速而有效的行为介入并真正予以解决，台湾真正民主政治的实现便极有可能只是一种空想而已。

第二节　传媒公关与社会控制

台湾宪制性规定及相关法律制度对大众传媒的保护，只是保证了传媒免于政治权力的直接干涉，并没有规定当局不可以通过其他途径来影响传媒，也没有限制传媒必须站立在政治权力的对立面。宪制性规定对大众传媒的保护及传媒对政治权力的监督，仅仅只是大众传媒与政党政治之间关系的一种表现形式而已。在市场经济的宽松背景下，实行经济运作的大众传媒和面对传媒经济化运作的政府、政党等政治权力团体组织及个人，彼此发现了更多可以推动其双方关系向前进一步发展的可能与方式。事实上，公共关系事业在台湾的迅速发展，正是传媒与在政经系统内占据优势的群体及阶层相互合作与推动的结果。当然，它同时也扮演着两者之间桥梁和纽带的重要角色。

所谓公共关系，多指相关组织机构与其所处的社会公众环境之间所存在的某种沟通与传播关系。由于涉及沟通和传播，公共关系便势必需要对传媒施加影响，以便于借助其力量来对相关组织机构及其所处的社会公众环境进行优化和调整。在台湾，公共关系目前已经处于整合型推销传播阶段，并往往同时利用传媒、广告和市场营销等多种手段，以试图对目标受众形成全方面的影响，并促使其情感、态度和行为产生某种预期的变化。

随着台湾公共关系产业的迅速发展，其在社会系统中所发挥的作用也越来越大，而其所扮演的角色也越来越重要。如果不了解公共关系产业在台湾的重要性，就很可能无法全面把握台湾大众传媒及政党政治的运行以及经济运行对台湾大众传媒与政党政治关系的实质影响。

一、传媒公关与社会控制

公共关系发端于美国李普曼时期，确立于贝奈斯时期，并以其代表作品《晶化舆论》为重要标志。此后，此种重点关注如何改变和塑造大众舆论的学问逐渐衍变为一种科学，并向包括台湾在内的世界各地蔓延开来，并对世界各地产生重要而深远的影响。

"公关之父"贝奈斯采取的是精英主义的态度，并视普通民众为可以操纵的存在。换言之，贝奈斯认为，少数政治精英可以通过对大众舆论的操纵等方式，来维持政府及其所下辖的普通民众之间的某种关系，并以此来实现所谓的民主。无独有偶，法国社会心理学家古斯塔夫·勒庞也对民众采取较为藐视的态度，并在其代表作《乌合之众：大众心理研究》指出，他们集合在一起的力量虽然较为强大，却又缺乏科学行使自身力量所需要的理性思维，并多在感性和冲动的刺激下做出反应，是由"群氓"组成的"乌合之众"。后来的加布里埃尔·塔尔德虽然将"群氓"的性质提升为"大众"，却仍然存有对普通民众的轻视。

古斯塔夫·勒庞、加布里埃尔·塔尔德、李普曼、贝奈斯等一些精英论者的观点虽有一些偏激的成分在内，但其思想的实质部分——对精英的推崇和对普通民众的轻视——历经数十年仍被公共关系行业在较大程度上所遵循，也可以看出该思想在公关界运行的有效程度。由此观之，他们对某些问题的认识至少在某些方面是切合实际的。

截至今天，公共关系已经发展出多种功能，包括政府公关、危机公关、劳资公关等。但是，所有的这些功能的实现，均离不开其最重要的功能，即传媒公关。

传媒公关的效果可以分为下列几个阶段。首先，公关公司要成功地将相关信息引起相关传媒的注意，并进入传媒所设定的议程；其次，随着事件的推移，传媒对客户的报道，应通过潜移默化等手段，促使客户形象的改善；再次，传媒根据自己的特点，通过各种方法来影响或操纵大众舆论，并对相关团体及个人的行为、态度和认知等产生影响。

传媒公关这几个阶段的划分，和泰勒提出的个人意见的过程模式联系较为紧密。个人意见的过程模式类似于一种多阶段螺旋过程模式，它主要包含四个变量：

1.个人对某一问题的看法，其既可以归于真正的少数派，也可以归于多数派；

2.对主流立场的估计，其既可以是准确的，也可以是错误的；

3.对未来趋势的预测，其既可以有利于真正的少数派，也可以有利于真正的多数派；

4.是否表达个人意见的意愿。[①]

在这四个变量之中，第一和第二个变量本身便客观存在，因而毋庸置疑。但是，这两个变量却会直接影响到第三个变量，即民众个人对主流意见的预估，并会在此预估基础上来决定是否表达自己的意见。当然，在多数普通情况下，此种意见的表达尚体现不出它的威力，但在选举时期却可以直接影响到各种选票的归属，并决定某个政客或政党事业的成败。因此，为了加大自己胜选的概率，他们往往在设法对直接引发第三个和第四个变量的前两个变量予以影响或控制。例如，他们常会像丹斯螺旋模式所昭示的那样，通过各种方法来不断提供给选民有利于自身的相关讯息，并设法强化他们对自身的良性认知。由于信息的广泛传播促使了各方参与的扩大，那么对其良性认知的场域也在不断扩大。通过某个政客或政党对此种正面信息源源不断地发送和受众自行衍生的诸多话题的参与，这个场域所形成的螺旋圈就会越来越大。当该螺旋圈发育到一定程度并被那些中间人士所感知，就往往会被他们视为一种将要流行的多数意见或主流立场的反映。由于中间人士立场较为模糊且对其他两端的意见均抱有似是而非的态度，故此种预测将会使他们更乐意于表达自己基于上述预测所做出的选择。对于那些被上述场域所孤立的"少数派"而言，由于他们察觉到自己的立场并不被"多数人"认可且似乎本立场"气数将尽"，故为避免说出来为人所嫌弃或鄙视，也为了至少在表面上将自身立场与胜利者保持一致，他们在潜意

---

① ［英］丹尼斯·麦奎尔，［瑞典］斯文·温德尔.大众传播模式论［M］.上海：上海译文出版社，2008：104.

识里也不倾向于表达该立场。这些人士的沉默，使得前面所形成的场域和螺旋圈会变得越来越大，直至在涵化或其他作用下变成真正的主流意见和主要趋势。在台湾现实社会之中，确实发生过一些候选人甲、乙双方看似势均力敌，但却由于大众对胜选者的预期向甲方倾斜，而最后甲方确实获胜的案例。例如，陈水扁在地区领导人选举关键时期发生的"两颗子弹"事件，便使得民众对其更为同情，从而拉升了本来已经相对落后的支持率，而最后他也确实顺利连任。当然，此种利用传媒公关的形式，来对选举过程予以影响的过程，本身便属于社会控制的范畴。

尽管可以通过传媒公关途径对上述变量施加影响或控制，诱发"沉默的螺旋"效应，并直接影响到以后的传播结构和内容，但如果某个政客或政党提供给大众的信息较少或不容易被受众所接纳，那么该螺旋圈及其所引发的场域就会相对有限很多。为克服此种弊端，相关政客及政党均多采用另外一种方法来弥补个人意见的过程模式所存在的不足。这种方法便是议程设置，即通过影响传媒的议程，进而设法控制公众议程。

以作为报纸等大众传媒对大众舆论影响较为重大的手段——议程设置为例，它可以将自认为某种重要的议题或相关讯息，通过各种方式传递给受众，并力图使其在情感、态度、认知和行为方面达到传媒所预先设定的传播效果。但是，大众所得到的信息多是由传媒通过议程设置的方式传递而来，而传媒的议程决定权又由谁来决定呢？或许，事情的真相是，那些从事公共关系的精英在较大程度拥有影响或操纵传媒议程设定的能力。这是因为，他们可以通过对其施加经济影响或采取控制其信息来源渠道的方式来直接或间接地对传媒施加此种影响。以公共关系精英分子对传媒信息来源渠道的控制为例，就直接击中了传媒的软肋。对此事实，传播学者甘迪表示肯定，并认为"谁控制着信息渠道，谁就决定大众获取怎样的信息"。[①] 由于新闻记者与新闻来源之间的交换，构成了传媒市场的第一个层面，并因而成为其市场继续衍化的重要基石，因而它的顺利进行对传媒的正常运营具有非常重要的作用——不仅在一定程度上决定了传媒内容的品质，更在一定程度上决定了该传媒的命运——因此甘迪的意见是有道理的。通过丹迪的论述，我们可以推论，那市场每一份流通并成功送达受众手中的报纸，都是经过一系列选择的结果。即使记者确认其对某项事实的报道

---

① Gans, H.J. *Deciding what's news*[M]. New York: Panteon, 1979: 116.

是事实的真相，但此真相往往也是他所了解的真相，并不足以反映该事件的全部客观真实，或如实地反映所有以"真相"形式表现出来的客观事实。由于客观现实的"真相"结构的复杂性较高，使得传媒在提供真正民主社会所需要的相关资讯时，显得力不从心。

在台湾现实生活中，那些在给新闻记者提供各种街头运动的消息来源人士，往往是某组织结构的公关人员或其代理人。较为常见的现象是，公关公司可以凭借数量众多且以多种方式送达传媒的公关材料，直接辅助于新闻工作人员的新闻采访活动，并直接或间接发挥着培植传媒议程的作用。事实上，在台湾传媒业界，每个记者均会收到很多来自公关公司等公关组织或个人的公关材料。对于这些材料，一些严肃的报纸或许会对某件事实进行查证，但对于某些小报而言，为节省时间和金钱，不加调查便进行选择性使用是常有的事情。由此也可以看出，作为传媒重要消息来源的公关公司及其合作伙伴，正在利用各种或隐或现的途径，对传媒议程进行培植和设定。

当一则别有意图的公关材料以某种方式成功进入报纸等大众传媒的正式内容伊始，便已经对传媒的议程产生了影响，并进而借助传媒的传播效果对社会公共议程产生了作用。当公共议程发生了实质上的变化，那么大众舆论也会因此而出现不同程度的变化。由此角度来看，我们可以将那些控制消息来源等重要资源的公共关系精英，视为塑造新闻实质内容并进而操纵公共舆论的关键性因素。尤其是那些权威报纸，因其对社会影响的重要性，从来都不曾离开这些公共关系精英的视线，并一直被其利用经济或控制消息来源等手法试图加以渗透和控制。

由于采用公关材料会使得业界对某个记者采集新闻的能力等职业素养形成质疑，台湾多数记者对公关材料的运用，常呈现为从中获取包含新闻价值最丰富的某个新闻点，然后对此进行深入挖掘，以此形成新闻稿。但是，其对外公开地表示却是自己没有采用过公关材料。这是因为，对于某个报社而言，接受公关群体的相关公关材料，意味着自己的独立、客观的新闻报道原则有受到侵蚀的危险，不易被受众信任。因此，尽管其对外公开的表示也是不曾采用过相关公关材料，但实质上，无论是获取信息来源，还是其他利益交换，他们对公关材料是存有一定的依赖性的。例如，由于部分公关材料被公关公司通过各种途径广为散发，使这些材料有被竞争对手获取的可能。表现在现实世界，便经常可以看到一些报纸，特别是一些不知名的报纸对某个事件的新闻报道，常常在字里行间藏有较强的相似性，甚至有些段落完全相同。换句话说，他们时常采用一些公关材料提供的讯息，在对其进行修改后予以刊登，或甚至不对其进行修改便予以刊发。由于传媒对消息来源的依赖，使得新闻未必就是必然发生过的事情，而是一个消息来源所阐述的发生了的事情。[①] 这种未经调研或调研过程在较大程度上被引导的状况，严重侵蚀了新闻的客观性原则。

当然，对一般的事件而言，经过公关公司和传媒的联手运作，往往可以使大众对其的观点发生较大程度的改观。即使该事件在某个时期内处于不利的境地，传媒和公关公司也可以利用发布其正面形象的信息或创造其他社会关注点的方法，在相对较短的时间内使原来较为一致的舆论变得混乱，对其不利形象进行中和，或将其形象模糊化，便可以在此基础之上进一步影响舆论，并在很大程度上达到了自己的目的。但是，在某些特殊条件下的重大事件，特别是受众自身拥有可以对其进行理性评判的知识储备的情况下，传媒公关往往需要付出更大的努力。

由以上论述可知，台湾的公共关系业已经成为能够对传媒施加影响并可以在较大程度上对公共舆论进行操纵的一个主要行业。在它的幕后，站立着包括公权力机构在内的诸多利益集团，并以其为工具，通过对传媒和公众舆论施加影响力而获得相关政治和经济利益。在这中间，公共关系行业作为权力精英与传媒之间联系的纽带，以直接或间接的方式推动了政治权力与大众传媒权力之间的互动，并为市场经济条件下政治权力对传媒施加某种控制提供了新的途径。借助于此种关系，政治精英既可以有效回避威权统治之下政治权力对自由传媒力量直接干预所产生的诟病，以保持其尊重自由和民主的良好外在形象，又可以借助此种关系来施加自己无形的控制力；对于传媒来讲，它携带着庞大的用以塑造舆论的力量，并得到了迅速崛起的公共关系业和广告业的补充和刺激，使得某种舆论或政党形象已经成为可以用传媒公关去创造、改善或修补的实体性的存在，并在此种运作中得到大量来自政经利益集团的包括各种经济和政治支持在内的各种"友谊"，也促进了其自身权力的扩张。在这种彼此需要且彼此推动的互动关系中，传媒和政治精英得到了他们各自想要的资源，并以"结盟"的方式对社会施加统治力。

① Sigal.L.V.*Reporters and officials: The organization and politics of news making*[M]. Lexington,Ma: Heath,1973:121.

二、大众传媒、公共关系及精英统治

早在古希腊时期，哲学家柏拉图便通过"洞中人"的隐喻对多数大众无法摆脱少数权力精英统治的境况进行了阐释，并表示同情。然而，随着时间的推移，大众的此种境遇并未被改善许多，而权力精英对社会施加统治的学说也一直流传了下来——从亚里士多德的《政治学》到马基雅维利的《君主论》和尼采的"超人哲学"，再到李普曼与贝奈斯对舆论与公共关系的认识与践行，一直都浸淫着西方由少数精英统治阶层对懵懂的多数大众实施管理与统治的观念与传承这一政治哲学。

在这些政治哲学之中，一直都牵涉到一个问题，即政治权力对社会现实进行建构的权力。换言之，作为权力最高表现形式之一的政治权力，在某种程度上便是通过构造、影响和改变大众脑海之中的图景、态度、认知和情感，进而对现实进行控制的一种科学。权力精英可以通过对社会现实的建构，来控制大众对世界的认知，并促使他们将此种建构而来的虚假环境视为真实的客观存在。

无独有偶，传播学中的风筝型互向模式也认为，那些当前富有争议的任何公共事务，无不受到那些心怀某一私利的权力精英、扮演着社区民众和传媒受众角色的公众以及传媒及其从业人员所影响。在这三者的互动和角力下，社会问题就像他们手上牵引着的风筝一样，成为社会各界所普遍关注的公共事务。这种看法是有道理的，毕竟那些不时涌现的社会问题及其最新的发展情况，在较大程度上取决于公众、权力精英和传媒之间的关系。换言之，由于所处立场的不同，那些普通民众和权力精英之间认识世界的方式及由此对世界的认知将会存在差异。这种差异，将会给二者之间带来不同的压力。在此种压力之下，公众往往试图从更为广阔的渠道来获取信息。由于传媒所宣称的专业性及其易得性，其不可避免地成为那些普通民众获取资讯的主要渠道。对于权力精英而言，与公众理念的不同，不仅意味着其统治基础将有可能受到来自社会下层民众的挑战，而且其根据"主权在民原则"得来的统治地位也将有可能不被其继续认可，更遑论其政见的实施效果如何了。基于此种压力，他们要么对相关公共事务直接进行干预，要么试图展开传媒公关，进而试图通过影响传媒的方式来取得公众的支持并获得公共事务走向的控制权。

由上述论述可知，不管出于何种目的，此种政治权力精英通过建构虚假环境，进而影响或操纵民意的现象都会有较大程度的存在。特别是在选举社会之中，此种现象发生的可能性更是大大增加。这是因为，即使在正常情况下，由于民众活动时间及空间的限制以及文字描述客观现实时所发生的"失真"现象的存在、人们认知的缺陷等原因，人们也不能充分而透彻地认识其生活的世界。在信息社会到来之后，海量信息的涌现和人们生活环境的虚拟化、复杂化，更使得民众认知真实世界的困难程度大为增加，也为权力精英从中作梗提供了便利条件。然而，民众为了日常生活的需要，需要在脑海之中建构起一个"客观世界"，并依靠自己对此世界的认知来对相关事件做出反应——经过长期积累，此种反应可以成为他们的生活习惯，并被他们视为理解世界的主要方式。当自己所建构而来的"客观世界"在实质上是一个虚假环境时，民众的行为便往往会被隐藏在幕后的权力精英所操纵。

在事实上，台湾包括民进党在内的诸多政党和其他政治利益集团便经常通过新闻报道等方式来进行虚假环境的建构，以便操作民众舆论并增强自身政党的支持率。以台湾"独派"报纸《自由时报》对大陆形象建构的新闻为例，其在 2013 年 6 月 9 日的"国际万象"版刊发了针对大陆的负面新闻《厦门 领不到社保金 陈情受阻火烧公车泄愤 拉 46 人陪死》。这则新闻看似普通，却浸透着民进党为首的"独派"的意识形态。换言之，作为"绿派"联盟的代言人，《自由时报》此则新闻报道中事实的选择、语句的排序及措辞等方法，从侧面体现出了所谓新闻的部分本质，并展现了其内在的意识形态张力和政治立场。

在这则新闻报道中，《自由时报》如此写道：

厦门公车捷运系统一辆满载约 100 人的公车（BRT，大陆译为快速公交系统），7 日晚间交通尖峰突然起火，造成 47 死、34 伤，并有多人下落不明。厦门当局 8 日宣布侦破此案，表明纵火案已葬身火窟，他疑似多次上访未果才愤而行凶。

博讯新闻网指出，纵火犯陈水总 6 日晚间曾发文微博，指自己"1954 年生，老上访户"，他抱怨自己被公安局与信访局互踢皮球。陈水总来回做了几趟的公交车（即公车），然后挑选一辆载满乘客的巴士犯案。

海峡都市报闽南版的官方微博公布，陈水总 3 月写下自白书，说他当年不到小学三年级，就跟着家人下乡，文革结束回城市，但时代中断他教育与成长，没有任何弥补，没赶上经济起飞，他成了边缘人，靠摆摊与打零工为生，熬到 60 岁打算退休，却因迁户口时派出所填错年龄，害他领不到社保金，虽多次上访，却被有关单位互踢皮球，使他老无所依。

厦门当局 8 日宣布，在陈水总家搜查出自白书，证实陈某因自感生活不如意而纵火泄愤。

这是 5 月 31 日以来，大陆发生的第四场大火灾，其中，6 月 3 日吉林省屠宰场大火爆发，共造成 120 人罹难。

上一次的重大交通事故是发生在 2009 年的成都，一名失业男子在公交上引燃汽油纵火，造成 28 人被烧死，另有 70 余人受伤。[①]

可以看出，这则新闻的写法虽然较为普通，但却以最直白的手法体现了传媒的政治意识形态的张力。例如，在这则新闻的导语之中，"他疑似多次上访未果"的"疑似"，是对事件的不确定，但在新闻标题中直接显示为"陈情受阻火烧公车泄愤"，在概念之中偷梁换柱，将不确定关系转换为确定关系，已试图达到记者和编辑所欲要但却实质上不一定存在的因果关系逻辑。标题和导语的内容，作为新闻报道的精华凝聚所在，是最吸引受众也是最令受众关注的。该报工作人员企图通过对二者内容的预先设定，来达到预先设定受众视角取向、心理感受及价值判断的效果。

其次，通过对该重大纵火案的犯罪嫌疑人的犯罪背景进行展示，字里行间透出了对其的同情，进而通过对其"文革"受难、"经济边缘人"、"老无所依"形象的塑造，再依据导语里所虚假建构的因果关系将其罪孽推到大陆行政部门的身上。

再次，厦门警方虽在半天之内破获该则重大案件，但其对此优点一语带过，反而将大陆发生的相关重大负面灾难新闻予以重点罗列，依据其在导语里建构的虚假的因果关系，继续抹黑大陆形象。

第四，新闻报道版面的大小、位置、文字的处理等，都是传媒用来构造新闻的工具。就这则新闻而言，其不仅将大陆新闻别有用心地安排在"国际万象"版，将其当作"国际新闻"来看待，而且将此则新闻中的"中国新闻"四字以红底重点衬托——本版刊出的针对瑞典、美国加州、菲律宾的相关负面或正面新闻中，并无其他任何国家和地区被做此类的处理。再观察此则新闻对大陆的措辞，以"中国""当局"等称谓代替，其"独派"的反华立场跃然纸上。

其实，这则新闻的处理方法也是《自由时报》的一贯做法，及每天均要刊

---

① 魏国金 . 火烧公车泄愤 拉 46 人陪死 [N]. 自由时报，2013-06-09：（A13）.

发至少一条针对大陆的负面新闻。此举也被台湾新闻界笑称为"每日一黑"。纵观台湾 2013 年 6 月份刊发的新闻报道，除 6 月 16 日的一则《台船失火 中国船伸援》的中性报道外，全部是对大陆形象的负面新闻建构。而唯一的这则中性新闻，被安排在该报的"社会体育"版面左下角，而且处于大陆负面新闻的大幅图片之下。按照台湾民众从右至左的阅读习惯，此则新闻的版面位置为最不易为人发觉之处。

当然，从客观报道这条标准看，除了对上述因果关系的确认有待商榷之外，该则新闻报道确实是较为无懈可击。因为基本上所有的评论和观点均有出处，陈述的也都是"事实"。但是，传媒却通过顺序的安排和对事实的选择，以及对语句措施的把握，来界定一个问题，并试图确定其中的因果关系，进行道德判断，来较为有效地传递了它对大陆的政治及意识形态立场。就此来看，尽管客观报道等原则对新闻的报道做出了较为严格的要求，但是，诸如这种"客观"的新闻报道手法的采用，似乎并不能影响其政治意识形态的表达，反而会给后者提供一件很好的"外衣"。

由此可以看出，在台湾现实社会中，记者报道新闻，编辑挑选新闻，绝不是任性而为。在本质上作为一种社会产品的新闻，它要受到新闻来源、新闻工作者的个人因素、传媒机构类型、受众需求以及社会文化和政治意识形态等多种因素的塑造和过滤。而后者，才往往是重中之重。

作为目前台湾社会新兴的权力中心，传媒所拥有的雄厚的经济实力和强大的意识形态塑造力量，对大众脑海中的"现实"图景有深刻的影响。即使民众有能力对其脑海中的情境进行反思，并可以通过其所在的组织等途径在互动中理解和分享共同视野中的世界印象，并据此解读自身在世界之中的真实位置并以此而行动，但由于社会整体便可以视为一个符号的世界，而传媒亦在构建符号世界之间充当着某种核心角色，因此他们亦不可避免地受到传媒或隐或现的影响。另外，对于部分普通民众而言，尽管其拥有理性思维的能力，但由于其理性思维或用以推理的资讯不足，他们进行理性反思的程度也往往存有局限性；他们尽管可以通过组织等方式求得帮助，却不可避免地会受到组织中担任意见领袖的权力精英的影响——这些作为利益既得者的权力精英，在部分程度上和那些处于社会上层的权力精英同属于一个利益联盟之内。换言之，他们即使可以忽略传媒的影响，但却转而受到了来自权力精英的直接影响，此种遭遇不能不令人同情。对于权力精英而言，他们不仅自身发挥着意见领袖的作用，还会利用传媒公关的方法来对自身优势地位予以维持，更会从传媒"信息沟"的效果中获益。

在这种情况下，虽然台湾的传媒并没有被直接置于政治权力的直接掌控之下，但仍然负载着"宣传"的功能。只不过这种功能的实现，是通过维持"客观"与"中立"等标准的表象下达到其意识形态的张力作用的，并使得大众在不知不觉中和主流社会的价值相符合。当然，由于台湾主流社会的价值也呈现出"蓝""绿"分割的状态，台湾民众的意识形态也基本表现为这两种状态。

由上述论述可以看出，那些生活在虚假环境之中的大众的思维多是非理性的，且由于不能准确、真实地理解和认知客观世界，导致其行事也欠缺明智。基于生活的需要，他们往往也会从意见领袖或传媒那里获取一些资讯。但是，由于其自身缺乏独自理性分析问题的能力，致使那些从外界得来的只言片语也多半是以碎片化存在，并不能真正有效地帮助他们完成对客观世界较为透彻的考察。因此，大众舆论虽然威力强大，但有时却是一种非理性的力量。

大众见识浅薄的情况，对于其自身毫无疑问是一种悲哀，但对于统治阶级而言却是有益的。因为后者可以通过种种科学或工程性的手段，来制造种种虚假环境，并通过传媒途径输送到大众的脑海之中，进而对他们的认知、态度和行为造成影响，以期得到自己希望的效果。换言之，权力精英可以通过制造认同等方式，来维护或加强自身的统治地位，但同时也会让民主政治陷入堕落之中。

当然，如果加以恰当的使用，制造认同的方式也会推动政务的开展，进而有利于民主政治的发展和巩固。以台湾2012年居民用电收费标准的提升为例，当台湾当局初次提出该议题，并试图用各种理性的数据及相关行业专家的观点来表明此举对社会环境等方面的贡献，并力图说服民众接受该政策时，却遭遇到广大民众的反对。基于此种情况，在征求了相关公关专家的建议之后，转而通过传媒公关途径，将其主要诉求方向变为：对该政策的实施，对平民的生活影响较小；实施该政策的主要目的，在于对那些用电量较高的富有阶层征收更多的费用，以促进整个社会更加公平、合理。当台湾当局采用传媒公关的方式，并以此为诉求点诉诸民众时，后者纷纷表示接受，而该政策也得以顺利推行。在该事件中，台湾当局通过传媒公关的方式，将部分持反对意见的大众及其舆论逐渐引向以台湾当局意见为代表的主流意识。通过此种举措，不仅避开那些以自我为中心的个人意见对公共事务的干预和阻挠，而且使当局行为获得了民众赋予的正当性，推动了公共事务的良性进程，更为执政党在政治选举中获胜打下了基础。

从上述角度来看，尽管大众传媒拥有较为强大的传播效果，但由于其缺陷的存在，至少使其在承载维护广大民众所渴求的那种真正的民主和自由理想时显得有些脆弱。诸如公关公司为代表的台湾公共关系业的飞速发展，正使得在社会政经系统占据支配地位的精英集团，可以通过对其的雇佣等方式，来直接或间接制地造出种种适合自己需要的信息，然后通过种种不为人知的手段，利用传媒途径来输送给大众，以用来塑造民众头脑中的图景，改变或强化他们的政治意向及相关态度、行为。通过对此类力量的成功运用，精英统治阶层得以成功地将分散且杂乱的大众情感聚集到一起，并使之认同以自己思想为代表的主流意识形态，不但为包括公共政策在内的诸多表现自身意志的法律政策的施行夯实了社会基础，又在很大程度上排除或消灭了异己势力，有效巩固了统治基础。

第三节　大众传媒与权力的结盟

在台湾政治转型期间，由于社会的快速变迁所引发的大量不确定因素的出现以及大众传媒自身实力和社会影响力的增加，使得社会各界对于传媒的需求和依赖程度大为增加，传媒和政治权力之间的"结盟"关系已经开始萌芽。随着台湾政治体制趋于稳定以及传媒和政治权力彼此之间的紧密需要，使得此种"结盟"关系更为巩固。例如，当马英九在其办公室或台北中山纪念堂对着大量记者的摄像机和采访话筒讲话的时候，他实质上是在通过传媒实施统治。当国民党、民进党等党派和无党派势力的政客们为了党内地区领导候选人的提名或其他各种公职选举而进行激烈的争夺角逐时，他们也必须经常经由传媒途径在民众面前出现，呈现个人的政见，或展示自身形象。对于其他利益集团来讲，也往往利用传媒公关等途径来对公共议程施加影响，并试图直接影响政策议程。

上述诸多情景的出现，从侧面昭示了一个事实，即台湾社会的统治主要是通过传媒和公共关系来实施的。如果我们对台湾公共关系和大众传媒在台湾地位日增的状况进行考察，再对无论是政客的竞选、还是台湾当局公共政策的施行等均离不开两者的参与的情况进行分析，那么我们就可以说，在正常时期的台湾社会，权力精英对其优势地位的维护，确实需要借助于大众传媒和公共关系的力量来实现。

那么，以公权力机关为代表的政治权力是怎样对大众传媒展开公关攻势的呢？政治权力与传媒势力之间的结盟关系，是怎么具体实现的呢？由于政党政治的终极目标便是成为执政党，通过合法的方法行使正当的权力，因此可以在很大程度上将台湾当局看作台湾政党政治的一个缩影。从传媒的经济运作入手，通过台湾政治权力与大众传媒"结盟"关系所表现的各个方面进行挖掘，更有利于对经济运作环境中台湾大众传媒与政党政治实质关系的探析。

一、大众传媒与权力的结盟

在台湾，处于威权统治时期的报纸，即使那少数几家与当局及其高层人士联系颇为紧密但又享有一定新闻自由权的报纸在内，均呈现出鲜明的政治性特征，双方的关系也呈现出较为明显的"仆从关系"。当然，此时报纸中所蕴含的政治性和党性，均偏向于国民党。

然而，自报纸"解严"后，传媒开始脱离严格意义上的政治性报纸的范畴。即使仍有一些报纸尚存有部分党派喉舌的色彩，但整体仍偏向于自由市场的经济化运作，报业整体的政党色彩大为弱化，而双方的"仆从关系"也向"结盟关系"转化。随着后期台湾大众传媒与当局、政党等政治权力实体的接触及联系变得更为亲密和更加多样化起来，双方的此种"结盟关系"得到了进一步的巩固和发展。

通过对传媒权力扩张的相关分析，我们已经知道，可以在很大程度上说，传媒首先是私人企业，其次才扮演着对政治权力监督的公共媒体角色，而后者显然类似于某种经济运作中所出现的边际效应。要真正理解在自由市场的经济运作中传媒与政治权力的实质关系，那么对传媒新闻来源的剖析是必要的。

作为传媒市场的第一个层面，新闻记者与新闻来源之间的市场交换过程的顺利与否，直接关系到其他三个市场层面的正常运营，甚至直接对其命运造成直接影响。从这个角度来看，传媒对其新闻来源具有较强的依赖性。换言之，不管传媒享有多么大的自由度和独立性，那些为消息来源而竞争的新闻记者们，都希望与那些提供新闻线索的"线人"保持一种较为稳固的关系。这种关系的存在，不仅是因为该"线人"所提供的新闻已经得到数次的验证，具有质量上的保证，还在于记者能够凭借此种关系获得绵绵不绝的新闻线索，获得数量上的保证，并同时免于更换新闻来源所带来的种种开支及其他问题的发生。对于台湾记者来讲，由于职业特点决定，记者一般按照特定的新闻线进行长期采访，如政治线、文化线、教育线、体育线、经济线等，且每个领域的新闻来源有限。如果新闻记者要在报社规定的时间段之内，每天成功完成报社所需的一定数量和质量的新闻稿件的任务，那么既定的采访路径和由长期交往而形成私人友谊将会起到帮助作用。有限的新闻线索、既定的采访路径、时间的限制及同行的竞争压力，使大部分记者很少有勇气去破坏好不容易与消息来源建立起来的既定友好关系。对于新闻来源一方来讲，它也需要经由大众传媒，来帮助其某种目的的实现，因此一般也不会主动破坏和新闻记者之间的这种友谊。在这种关系下，正如吉伯和约翰逊信源—记者关系模式所昭示的那样，新闻记者几乎肯定会失去独立性，且两者在价值观等方面也肯定会有相当大的共识。这种由"结盟"而衍生出来的强烈同化现象，是双方联手对社会实行的更为有效统治的一种表现。

另外，传媒要求其新闻来源最好富有权威性，而在社会各个商业之中，政府和相关专家总是扮演着最权威的角色，来自这两者的讯息也总是比其他新闻来源更富有权威性，也更能得到受众的信赖。但是，来自政府内部的消息途径和相关领域内可咨询的专家人数，对于某个特定的记者而言，是有着较大限制的。由此可以看出，即使单纯地基于对新闻质量及影响力等各方面的要求，也使得传媒对那些较为重要的消息来源的依赖现象会更为严重。当然，对于个别亟需传媒资源的政客或政党而言，大众传媒无疑处于相对强势的地位——前者为了满足传媒的要求，往往设法按照传媒的需求来提供相关新闻，因而同样面临被传媒同化的风险。

这种依赖关系的形成，会加速促进消息来源和新闻记者之间，建立起某种紧密的结盟关系。从理论上来看，传媒所享受到的保护，可以使其在免受政治权力的任意干涉下相对自由地报道新闻，并持续地展开对政府的"掏粪"行为，不免会造成双方关系的紧张。但是，在现实社会之中，独立传媒与政府等政治权力之间不断冲突的现象是较为少见的，毕竟政府几乎都是传媒最重要的新闻来源。即使某一报纸对作为执政党的某党派较为反感，也常会出现批评的言论——此种批评往往不会伤及政府体制或存在的根本，但当其支持的政党执政时，或许立刻转变为对政府的强力支持。因此，从长远来看，政府和传媒之间的关系均保持在一种随双方实力而变，但双方均能接受的状态。

这种结盟关系的形成，会产生一个较为明显的后果，即新闻记者对相关事件所采取的报道视角，常常与执政者的视角相互重合。这是因为，对于台湾记者而言，由于社会文化等原因的影响，使得那些蕴含新闻价值较多的资讯，往往来自行政主管机构——其作为权力的结晶和整个社会之中最为重要和权威的组织机构，其一举一动均会影响其下辖民众的直接利益，并时刻为广大民众所密切关注。作为在行政机构内工作的公职人员来讲，由于具有"内部人"的性质，因此他们的发言也是对当局意见的某种程度的代表，其所提供的关于岛内或岛外等各种事物的讯息总是能吸引台湾人较为敏感的政治神经，且其活动总是富含新闻价值。上述原因，都使得记者在对当局行为进行报道或对某个行政官员的发言予以解释时，常会在官方接受的尺度之内进行。当然，对某个执政党反感的媒体，会将某种不满的声音发出的更加响亮一些。

在台湾地区各个行政机构，均有为媒体的所单独设置的新闻室，也安排有专门人士为记者提供服务。这些专门与记者交往的工作人员，便在很大程度上扮演着对传媒的公关人员。这些公关人员与记者交往的一个重要手段，便是提供给他们相关新闻线索，并提供给该线索的新闻通稿等公关材料。当然，如果行政机构不想让记者或民众得知其正在或将要实施的某项重要决策，就往往提供给记者们其他事件的重要线索，以试图分散他们的注意力。此时，为避免此种现象的发生，个别有"上进心"和相关资源的记者为了获取独家新闻或避免漏报重大新闻，往往会加大与当局相关工作人员的私人交情，强化两者之间的"结盟"关系，以获取内部资料，发布独家新闻，以享誉于同侪。以《联合报》记者彭威晶对陈水扁当局更换"阁揆"一事的报道为例：

政治记者彭威晶发出独家新闻，谓就在朝野政党年底县市长及"立委"选战蓄势待发之际，传媒多时的"更换阁揆"，已悄悄在"总统府"启动。陈水扁"总统"密集约见工商大老，探询更换阁揆的可行性及可能人选。彭威晶一向于民进党政治人物关系良好，常有出色的内幕报道……彭威晶文中还引述不具名人士的话说，陈水扁似乎"很心急"，且心目中似乎已有"目标人选"……

游锡堃向项国宁抱怨，此一新闻完全是空穴来风，内阁绝无改组之考虑……他终于说出重点，意谓这样"捏造事实"的记者应该处分，他还建议项总编辑要把记者"换掉"。

……游锡堃再度来电，询问报社方面是否已作出撤换的决定？……事实上，彭威晶的报道内容相当详尽，还描述了陈水扁在聆听大老建言时作笔记的细节，当然是与会人士所透露。报社如何可能为这样的报道去调动记者工作？此事的原委，在数月后当"总统府"正式发布游锡堃"组阁"的消息后，便告真相大白。事实证明，彭威晶的独家报道并无不当，他并未捏造故事；而当时所谓陈水扁心中已有"目标人士"，其实就是游锡堃。或许是游锡堃担心消息曝光影响其接任大局，或许是陈水扁认为彭威晶的采访造成困扰，会影响"扁政府"的秘密运作，竟因此逼迫报社必须将他撤换。①

上述陈水扁当局对大众传媒的运作进行粗暴干预的方式，无疑是威权政治所遗留的痕迹之一。但是，从此类事件之中，我们也可以看出台湾内部记者与权力精英之间所存在的此种"结盟"关系。

此种关系虽然有助于传媒对相关事件内幕或独家消息的获得，但随着记者相互之间竞争力度的加大，独家新闻亦难以获取——某家媒体或某个记者获得独家新闻，会引起其他记者或其他媒体对此行政机关的攻击，而此行政机关由于工作性质的限定或其他原因，往往会在表面上对记者采取一视同仁的态度，并惩罚私下透露消息给记者的工作人员。目前，台湾的警察局采用的便是这种方法。但是，对工作人员的"惩罚"并不能完全禁止某些消息的泄露，而记者得到某个事件的内幕消息时，往往会对消息做些改动，以避免官方通过消息的报道寻找出其内部泄密人员——这也是记者对其新闻线索的一种保护措施，不过却使得新闻的客观性不再纯粹。因此，从上述意义上来讲，不管传媒的自我认知多么崇高，在现实的逼迫下仍然不得不很大程度被视为一个官僚机构的代言人。

传媒不仅在消息来源方面表现出对台湾当局的依赖感，还会因为希望获得某种回报，在一定程度上对某些事件保持沉默或赞许。例如，为了获取台湾当局某个机构的公益公告，或为了某行政部门制定对其有利的法律政策，或使得传媒目前所受到的限制得以放松或解除等。例如，在"九月政潮"期间，《联合报》曾于10月5日获得了一则来自司法机构的关于"人民观审制度"的政治广告，而此前该报曾根据"关说案"事由对司法产生质疑，并对司法界的部分高官进行了猛烈抨击。我们虽无法验证这两者之间是否有某种实质性的联系，但两者事件发生的先后顺序不免引起人们的联想。当然，在《自由时报》等台湾

---

① 黄年等 . 联合报 60 年：1951—2011[M]. 台北：联合报，2011：126—127.

其他媒体之间，也有类似的现象发生，且表现更为明显。

当然，并不排除某家报纸或某个记者秉持着新闻的高尚理想并为之而奋斗的决心。针对此类记者，台湾当局多采用类似于"嵌入式报道"的形式对其予以影响。换言之，台湾当局会设法将该记者变为"自己人"，或使其失去独立客观报道的立场，或设法对其报道议题进行影响，进而使其为自己服务。更值得人们注意的是，随着公共关系业的飞速发展，舆论塑造的概念和技术将层出不穷，也将会变得更加难以察觉。

此外，金钱与权力对传媒的影响还表现在主流媒体对新闻的选择方面。以由爱德华·S·赫尔曼以及诺姆·乔姆斯基所共同构建的"宣传模型"为例，其产生的背景就是民主的成长、公司权力的成长和公司政治宣传的成长，而此种"宣传模型"则是保护传媒公司权力对抗民主的方式；其实质便是通过揭示大众传媒的系统性偏见，并试图通过结构化的经济原因来解释它们。就具体内容而言，它将私人传媒公司视为那些出售商品的企业，其产品是受众，被用来出售给其他将其视为广告资源的商家。这些产品的销售对象包括企业或公权力机构等各种公关团体，而正是在政经系统中占据支配地位的公关团体决定着何为新闻，何种事实不是新闻，并把公权力机构和主导性的私人利益（如公司等）的讯息传递给大众；而传媒也得以主要依靠公权力机构进行的政治宣传和企业的商品讯息等得以生存和发展。它认为，新闻要通过五种"过滤"方能面世。这五种"过滤网"分别是：

1.传媒所有者，包括传媒所有权的集中和传媒对利润的追逐；

2.传媒的资金来源，包括广告等传媒的主要收入；

3.新闻来源，主要指传媒对政府、企业和由它们资助的作为权力代言人的专家所提供的相关资讯的依赖；

4.传媒的自我约束，主要指处于对外部环境的反作用的忧虑会进行自我约束，对某则新闻的选取会权衡利弊；

5.反共产主义意识形态。①

所谓"反共意识形态"，指共产主义"严重威胁着阶级位置的优化与优越地

---

① Chomsky, N. *A propaganda mod* [A]. Herman, E.S. & Chomsky,N.*Manufacturing consent: The political economy of the mass media*[C].New York:Pantheon Books,1988:35.

位的保证"。① 基于共产主义意识形态的先进性以及其对资本主义社会的深刻批判，故资本主义媒体对其保持了较大程度的警惕。同样，对于台湾饱受大陆持反对态度的威权体制长达数十年负面熏陶的传媒而言，特别是以"独"著称的"绿"派媒体而言，对大陆的新闻报道充斥的浓厚的攻击性，未免不是没有此方面的因素在内。

爱德华·S·赫尔曼以及诺姆·乔姆斯基所共同构建的"宣传模型"，是解释台湾大众传媒新闻筛选机制的较好的理论模型，因为它对研究市场经济条件下大众传媒与台湾政党政治关系有着较为深刻的意义。由于在新闻来源等诸多方面对以当局为代表的政治权力的依赖，使得传媒与政治权力之间形成一种结盟关系，并随着传媒的经济运作而不断深化。由于台湾民主发育早期，政治波动较大，甚至一些所谓的"总统"仍然保留有威权统治时期的特点，致使传媒与当局政治权力之间的关系也经历了一些考验并呈现出多种变化，但不变的因素仍然存在，即大众传媒对当局消息渠道的依赖和当局对大众传媒持久的公关。

二、结盟关系的强化

对于台湾的大众传媒而言，其获得台当局相关消息来源主要有两种方式，一种为诸如台当局新闻发布会和对相关公职人员的采访等正式途径，另外一种是行政机构内部各种泄密或"放风"等行为构成的非正式途径。对于台湾当局而言，它作为传媒最为重要和权威的新闻来源，天然便拥有通过相关行动来影响或预设传媒议题的能力。

在台湾，传媒记者和台当局发言人的关系一般都较为融洽，相处也较为随和。但是，正是通过此种融洽的氛围或善意的玩笑等相处方式，台当局常常可以对传媒的议程予以一定的影响。台湾作家南方朔曾忆及其从事新闻记者时期的情境：

新闻记者都喜欢跑独家新闻，因为我在国民党里面当官的朋友还挺多的，所以他们有时会说：老王啊，弄一点新闻给你。诸如此类的，反正就是一些官

---

① Chomsky, N. *A propaganda model*[A].Herman,E.S. &Chomsky,N.*Manufacturing consent: The political economy of the mass media*[M]., New York: Pantheon Books,1988:29.

方还不想发布的，甚至还是泄露了一点机密的消息。①

除此外，如果对《联合报》《中国时报》或《自由时报》的政治新闻报道进行内容分析，便会发现每日都有很多引用台湾当局发言人或其他官员的话语，这也是台湾当局通过公关途径来设定传媒议程的一种表现。当然，在条件允许的情况下，台湾地区领导人也常会采取一些诙谐的方式以增加自己与传媒之间的亲密感。例如，向传媒提供自己相关充满生活气息的图片，讲一些对自己触动较深的故事，开一些无伤大雅的玩笑，制造一些充满人性化的小事件，或在某种形式上对传媒的独立自主给予一定的尊重等。例如，在台湾2013年"九月政潮"期间，马英九曾经在公开场合讲述了自己在台湾大学读书期间发生的一些富有趣味的事情对自身所形成的一些影响，以从侧面暗示台湾"立法院院长"王金平的"关说"行为超过了政治伦理所画出的"红线"，并试图取得台湾民众对其严打"关说"行为的谅解。从公共关系的角度看，此种做法无疑更能取得新闻记者的认同感，并使得后者新闻报道中的地区领导人形象亲民，也更能博取普通民众的支持。

台湾当局对传媒公关的另外一种形式，则是官方对大众传媒的故意"泄密"行为。这是因为，台湾的许多政客均曾有过参与"街头运动"的经历，而此运动的活动效果与传媒的参与程度息息相关。为了获取更好的效果，他们常会采取一些能够吸引大众传媒深度参与的措施。因此，他们一般都与传媒有相当紧密的关系，且熟悉传媒的运作规律。对于诸多"议员"等政客而言，他们要么是出身于传媒或公共关系行业，要么与其中的成员联系紧密。即使某些"议员"与传媒或公关界起初相对生疏，但经过一段时间的政务实践，或在公共关系专家和新闻记者的"关说"下，也会对这两者重视起来。在这种关系之中，基于增加自身的知名度等目的，"议员"等政客往往会向与其关系较为密切的记者提供独家的"匿名"新闻或爆炸性的内幕信息，尽管此种信息有可能是虚假的。为获得此类新闻线索，记者往往对相关政客趋之若鹜。通过此种"泄密"行为，双方的"结盟关系"得到进一步强化。当然，此种途径仅只是双方关系强化的一个方面而已，且由于行政机构的不同，此种行为发生的频率也不一样。在台湾"议会"之中，由于各"议员"或党派之间竞争较为激烈，使得此种"泄密"

---

① 南方朔，韩福东.南方朔：台湾报禁解除前后[OL]. http://www.21ccom.net/thyj/article_2012 011552024.html，2012-01-15.

行为发生的概率较高。

例如，在台湾 2014 年发生的"太阳花运动"之中，以学生为主体的"运动人士"，"攻占"了"立法院"十余日，其间更是发生警民对峙状况并导致民众流血冲突的恶性局面。这种情况的出现及其恶化或蔓延，不仅在较大程度上使得台湾地区立法机构的运行陷于停滞状态，并直接激化了台湾以"蓝""绿"为主导的各种矛盾，造成了重大的社会动荡，严重地撕裂的台湾族群和社会。为避免此种不良状况继续恶化或蔓延，在美国等政治势力或社会团体的压力之下，现任"立法院长"王金平劝说学生团体退出"立法院"，使得该轰动一时的恶性事件有一个相对平和的结局，而王金平个人也收获了来自台湾社会多数民众的交口称赞。然而，随后台湾媒体援引"相关党政人士"的爆料，说王金平主动致电给"内政部长"陈威仁，要求警方驱离，还宁愿"私会"柯建铭，也不与马英九会面。① 换言之，依据该"党政人士"的爆料，身为国民党党员的王金平，不仅导致了警民对峙局面中流血冲突的发生，而且拒绝了身为国民党主席的时任台湾地区领导人马英九依据台湾宪制性规定请其协商解决"太阳花运动"事宜的相关邀请，转而同民进党"立委"柯建铭私下商议了该问题的解决办法并付诸实施。此种内容被公布后，由于其前后形象反差太大，引起台湾社会民众哗然。

该事例只是台湾政坛众多"泄密"案例之一，且泄密过程和相关人士均被受众知悉。但对于更多由传媒所报道出的事件来讲，由于"泄密"各方均保持默契，且彼此为对方保守秘密，因此很容易造成民众的误会，即认为正是相关记者的"挖粪"行为，才使得这些事件得以大白于天下，但其实质却是相关政客别有心机的"泄密"行为。但不管如何，这种行为已经成为台湾当局对传媒公关的一个重要手段，且内容非常广泛。例如，把地区领导人的讲话或某项即将施行的政策提前一段时间悄悄释放给传媒，以试探民众的反应；或在党派斗争中，把那些不利于对方的消息通过传媒散布出去等。

此外，除了政治权力对传媒的种种有意识的通过信息流动所进行的影响之外，在权力和传媒之间还存在着另外一个深层影响途径，即传媒和政界之间的人员对流。换言之，许多曾在行政部门任职或担任政客幕僚的人可以去传媒寻觅职位，而传媒业界人士也常去行政部门担任职位，或充当政客的幕僚。在台

---

① 唐筱恬、王正宁. 王金平火了 发飙 10 分钟 [OL]，http://www.chinatimes.com/newspapers/20140419000309-260102，2014-04-19.

调研期间，便常会发现传媒业界人员"跳槽"到行政机关担任公职人员的情况。一般而言，由于意识形态的差异，偏"绿"的媒体与民进党当局及相关政客之间、偏"蓝"的传媒与国民党当局及相关政客之间的人员流动较为频繁，但有时也会有例外发生。

政治权力、传媒和公共关系业者三者之间人事的流通过程，使得那些占据社会优势地位的权力精英实现了体制之内人员的交流和沟通，并促进了彼此之间关系的强化和升级。尽管台湾当局也制定有一些关于行政官员在任期结束一段时间内不得在公关公司任职的相关限制，并相对减缓了彼此之间的人事流动，但却不会从实质上对彼此之间的紧密关系造成影响。从此意义上讲，这种内部人员相互流通渠道的形成，将会给大众传媒带来额外的信息渠道，并会对其相关的政治报道产生影响，同时也使得政治权力与大众传媒之间又多了一个可以彼此深度影响的途径。

当然，上述台湾传媒的特点及其存在的种种缺陷，并不能否定大众传媒在监督行政机构滥用公共权力方面的重要作用，也不能否定传媒从古至今所形成的优秀的浪漫主义与进步主义的一些传统。但是，我们需要明白的是，传媒与权力之间并不仅仅是监督与被监督的关系——在监督的外在表现之后，常存在权力对传媒的操纵和引导，以及传媒对权力的依赖与斗争等关系，而更多的是一种微妙而复杂的结盟关系。我们也不必用"阴谋论"的观点来对两者之间的结盟关系予以过度解读，因为它更多的是一个在市场经济条件下自动发生过程所引发的结果。

本章小结

事实证明，大众传媒的经济运作确实会对其与政党政治之间的关系产生影响，并使得二者保持着某种密切的"结盟"关系。此种关系的形成，就传媒方面而言，与其作为主流媒体的传媒和承载主流意识形态的载体有关，也和其追求利润的行业本性相关。

这种密切关系不仅表现在公共关系在较大程度上充当着传媒与政治权力之间的桥梁和纽带作用，使得传媒、公关与政治精英之间获得了一个相对稳固的利益联盟，还表现在传媒经济权力的影响开始增大，并慢慢扩张，进而对意识形态等诸多领域造成影响。在此基础之上，传媒与权力之间形成了某种类似

"结盟"的关系。在一些因素的刺激下，此种关系也慢慢得以强化。

然而，在经济等力量的过度影响下，大众传媒的公共责任开始褪色，并使得真实而重要的民意难以得到表达，严重地影响了台湾民主政治的发展。同时，由于台湾政党政治的特色及其内部存在的诸多弊端，在一定程度上也对大众传媒的这种变化起到了诱因的作用。

在经济运作环境下，台湾大众传媒与政党政治关系中存在的及其所诱发的诸多弊端以及其相互之间的紧密影响，在较大程度上使得台湾真正民主政治的发展陷于困境之中。

第七章　台湾"自由主义民主"的困境

我们已经看到，由于传媒产业的趋利性和传媒是社会上占据主导地位的意识形态的载体等多种因素的存在，在台湾大众传媒与政党政治之间，已经形成一种相互依存的"结盟"体。那么，这种关系从整体上会对台湾政党政治造成什么影响？又会从细微之处带给包括台湾民众、大众传媒及政党等各政党及相关利益团体或个人以何种改变？

只有直面并力争解决这种民主政治发展过程中所遇到的诸多困境，我们才有可能对台湾大众传媒与政党政治之间的关系及其所产生的影响等，有一个更为深刻而客观的认识。

第一节　台湾政治市场的弊端及其效应

如果将包括相关法律政策的制定和实施、教育和卫生等公共资源的分配等在内的政府所掌控的各种权力视为一系列在政治市场中持续流通的重要市场资源，那么包括政党在内的诸多组织和个人无疑是政治市场的重要参与方与竞争者。政府与公民缔结契约，反映并代表民意，并保持政府机构的正常运转，而公民权利也由此得以维护。然而，在对政治资源的争夺之中，那些实力雄厚的利益集团，往往与大众传媒一起，操纵民意并试图代表民意，进而使得政府不可避免地有向具备各种优势地位的经济及政治资源、富有影响力的阶层或部分人士负责的倾向。在这些组织之中，较为显著的代表性组织便是政党——它们以政党政治为主要形式，以在各种选举中获胜为重要目标，并试图最终获得执政权。对于其他利益集团和普通民众而言，可以通过自己手中所持有的各种资源对其施加影响，以获得更为优厚的待遇和更多的利益。在这个市场之中，每个参与主体均想使自己所持有的政治资源的利用率达到最优化。因此，我们可以说，在台湾政党政治运行过程中，是有一个类似于经济市场的政治市场存在的。

如同市场经济中所存在的"理性经济人"一样，在政治市场中也有一个"理性政府"存在。所谓的理性政府包括两个层面，即：它追求的目标是选举中的胜利；政府的理性行动体现为最大化对自己当选的政治支持。①这是因为，对于每一个当选的执政党而言，其主要目标便是获得连任的资格。对于此时处于在野党地位的其他政党来讲，它们的主要目标便是获得当选的资格。在双方动用各种政治资源进行的角力之中，如果某一方政党在大选中获得符合法律规定的最多的票额，它就会获得执掌政府权力的资格，并试图在下一次选举中获得连任。当然，在此期间，它享有宪制性规定范围内的最大权利，并可以利用此种权利为自己所代表的利益集团及选民获取利益。

基于对选举胜利和获得最大化支持的需要，"理性政府"往往需要借助于类似"意见的自由市场"的政治市场来达成目的。在此政治市场之中，公众作为独立而理性的政治人，可以通过学习等途径获得相关方面的知识，以便在意见的自由市场之中进行理性的辩论，并对政治资源的分配做出正确的政治选择。通过此种方式，包括执政党在内的各政党及相关利益团体和个人可以在该政治自由市场中进行良性竞争，并促成真理的凸显和正确决断的达成，并获得舆论的支持。然而，由于此种政治市场的讨论广泛涉及传媒及大众等因素，故其运行尽管会达成一系列富有成效的政治决策，但也会带来一些弊端。

首先，就台湾大众传媒与政党政治之间的"结盟"关系来看，后者无疑可以利用其对前者的影响力，来对能够诱发政治选择的大众舆论进行操纵或引导。即使部分传媒能够秉持专业伦理来运作，并较大程度上消除了来自政党的影响，但对于多数传媒而言，其提供信息服务的基本动力便在于获得足够的经济利益，而并非纯粹出于对自由和民主的向往。这个特点，使得传媒即使能够抵消部分来自政治权力的直接干涉，却不能完全防备政治权力利用公共关系等其他途径对其所施加的间接影响。对于被统治的普通民众而言，虽然政治市场赋予其相对自由地发表政见和行使各种政治权利的自由，但如果最有权威的政党和行政机构等政治势力进入这一"市场"，会不会发生意见的寡头垄断现象和民众权利虚化现象呢？答案是肯定的。除了那些权威之外的声音，均有被边缘化的可能，

① ［美］安东尼·唐斯.民主的经济理论[M].姚洋，邢予青，赖平耀译.上海：上海人民出版社，2010：IV.

而大众舆论的形成及大众政治权利的行使也不可避免地存有被直接、间接塑造或操纵的可能，并会用来强化有利于统治阶级的政治认同和政治资源的分配。这是因为，由于规模的集中化倾向所积累起巨大资源且扮演着公共领域载体角色的大众传媒，本身既能代表舆论，也能够利用某些方式来塑造舆论，更能够被其他别有用心的政客用来影响民意。一旦它正式踏入政治自由市场，其所发出的声音，足以让那些众多实力弱小的个体的意见表达受到压制；而其所发挥的引领作用，也足以引导多数大众对自己所拥有的政治资源的分配。在此种情况下，我们又怎么可能相信政治自由市场能够健康有序地运行呢？现实中的台湾社会，由于不同政治权力与传媒势力之间的结盟，使得政治自由市场之中的声音无外乎或"独"或统、或"蓝"或"绿"在相互争执，且在日常社会生活和民主政治选举中表现而出的政治资源的分配也主要分为两种。此种情况的出现，加剧了台湾社会面临的被"两极化"政治分割的危险。

其次，就公众而言，它也并非完全独立和理性。这是因为，无论是就《乌合之众》以理论层次所显示的境况而言，还是就社会现实情况来看，正常情况下的多数大众并非完全理性，而他们在此种状态下所形成的意见及由此做出的政治资源的分配自不可能是完全理性的。当权力精英通过各种手段来对其思想进行影响并对其政治选择进行操纵时，多数大众及其所做出的政治资源配置更不可能保持理性。即使在某些时候此种选择是理性的，但也可能是隐藏其后的权力精英们所希望达到的正是此种结果。基于此种考虑，在政治市场中，以大众舆论为基础并以一人一票制度为表现形式的公民投票制度，在承担民主政治所追求的真正的民主和自由的目标时，便显得有些脆弱。当然，世间没有完美之物，这种投票制度及其所代表的政治自由市场作为一种次中选优的较好选择，在一定程度上也直接体现了对公民权利的尊重，因此它对于民主政治的实现及大众权利的维护也具有重要的意义。

一、台湾政治市场的缺陷及其隐患

台湾政治市场运行过程中所暴露出来的问题，会直接在台湾民主政治体制和民主选举等方面予以体现。

这种具有权责不明等重大缺陷的根本制度以及其所暴露出来的诸多重大破绽，势必对台湾社会各个方面形成不良影响。"此种破绽使欲遵守体制的'总统'，可能左支右绌，进退失据；但对于欲玩弄'宪法'的'总统'……则可能犹如拎着一只空皮箱四出到'行政院'及各级政府打家劫舍的权力盗匪，为祸难料"。①

当然，台湾地区宪制性规定的此种缺陷，也势必对其他方面产生直接或间接的影响。以台湾所谓的民主选举过程为例，那些竞选的政客不仅通过"泄密"或公开渠道以影响大众传媒新闻和评论的内容，还会出资让传媒刊登政治广告，甚至利用舆论调查来影响传媒和大众舆论。对于刊登政治广告等传统的政客试图操纵大众舆论的手法，大众尚可以保持基本的清醒，但对于后来居上且富有伪装性质的舆论调查而言，尚缺乏足够的警惕，致使自身屡屡落入瓮中而不自知。当然，政客等权力精英及其所代表的利益集团对传媒领域的渗透，也和传媒在台湾政党政治中所扮演的角色越来越重要有关。在诸多权力精英和利益集团试图通过各种途径操纵传媒和大众来达成自身政治目的的过程之中，也时常出现对大众传媒应有的正向社会功能侵蚀的状况。

以民意调查为例，每当台湾各种公职选举到来之前或在选举期间，在台北等大都市地区，几乎每一个成年的台湾人均有过接受电话访问、街头访问、登门调查或邮寄调查的经历。特别是在比较重要的选举时期，那些身居大都市的成年人所接受的调查更是数量颇多，所看到的以各种形式出现的所谓"民调"更是五花八门。就台湾大众传媒而言，不仅部分媒体会时常刊登一些关于某个事件的民意调查结果及分析，并着重注明调查"亮点"所在以吸引受众。许多传媒公司更拥有自己的民意调查机构，以更好地对政治广告的效果和选民针对某个政客的支持态度等方面进行调查。

作为公共关系行业的重要组成部分，这些民意调查机构往往与某些权力精英及其所代表的利益集团有着较为密切的联系，并负责提供民意测验、危机公关和政策咨询等服务。当它们在某个领域树立起一定品牌之后，便开始向其他领域扩张，将其业务予以有机整合，并试图达到资源配置最优化的效果。在台湾，如精英公关等重要的公关公司，其业务领域总是跨越政治、经济和传媒等多个领域，并很大程度上充当着不同领域之间联系的纽带。依托公关公司丰富的资源，并与其保持亲密关系的政客，将会在政党竞选时获得相对优势。这不仅是因为其调查结果会对政治权力的相关决策者有权威性的参考价值，而且在于其调查结果会在关键时候直接裨益于某场选举。例如，根据相关权威民意调

---

① 黄年等.联合报60年：1951—2011[M].台北：联合报，2011：178.

查结构所发布的数据，当某个政党候选人的民意支持率一直遥遥领先于其他政党候选人时——尽管此种民调有可能是捏造的，便会在民众心中形成一种该候选人最为优秀的强大声音，也可能会在包括中间选民和不支持该政党候选人的民众心中形成一种该候选人较为优秀的印象。对于那些立场摇摆不定的中间选民和不支持该政党候选人的其他选民而言，为避免别人直接质疑自己的其他选择，他们有可能屈服于"沉默的螺旋"效应所制造的那种强大声音之中，进而使得该候选人那种可能是虚假的优势地位向真实的优势地位转变。

由此可见，舆论调查及传媒对调查结果的报道，会对民主政治的过程及结果产生较大影响。以台湾社会2013年9月发生的"九月政潮"为例，期间相关舆论调查公司对时任地区领导人马英九的调查结果为9.9%，且被传媒广泛报道，引起民众对马英九的强烈反感，同时也成为在野党民进党攻击国民党的主要借口，甚至一度演变为有组织的上街游行示威和"议会"试图通过对"行政院长"不信任案的行动，以迫使马英九下台和以国民党为主导的"行政院"解散。然而，仅过了一段时间之后，舆论调查公司又发布的民意调查结果显示，马英九的支持率上升到了12%以上，民众的反对情绪才得以稍微缓解，而在野党及其"议会"力量迫使马英九下台和"行政院"解散的行动也以失败而告终。在此期间，舆论调查公司和民意之间是否发生什么事情不得而知，但我们却可以得出这样一个结论，即舆论调查本身已经变成了一个可以影响舆论和民众做出政治选择的工具。

随着时代的发展和民众教育水平的提高，旧有的操纵民意及其政治选择的方式或许会在一定程度上失去吸引力，但对以相关数据分析和所谓科学调研形式出现的所谓"客观"的舆论调查方式盲目相信的人将会越来越多。从这个角度来看，诸如舆论调查这种以统计和事实所进行的宣传，更大程度上是一种针对大众"理性"的宣传。特别是此种"理性"宣传和传媒的强大传播效果互相搭配，更能起到意想不到的良好效果。对于其他权力精英及其所代表的利益集团而言，由于传媒具有相对强大的传播效果，且对引导舆论和民众的政治选择有很大影响，如果不对其进行操纵，将有可能为自身意愿的达成制造障碍；传媒基于自身缺陷的制约，使其也存在被操纵的可能。另外，基于对消息来源和广告收入等资源的依赖，传媒也有自动向这些政商各界实力集团靠拢的趋势。对于这样一个较好的可以利用的宣传工具，代表各界精英人士利益的公关公司是不会放过且也不敢放过的。在这种情况下，传媒业、公共关系业和政客之间形成了一种较为稳固的三角形关系，并在信息和人事方面互相流通，以实现利益的结盟。在这个结盟体中，传媒扮演着信息输出和舆论引导等重要角色，而政治权力和公共关系精英则往往隐藏在幕后进行操纵，以试图获得最大限度的政治资源。

类似的情况还有很多。例如，传媒市场被垄断、内容产品的同质化程度越来越高，娱乐化程度也越来越严重；关于社会严肃议题的讨论变得相对较少，大众得到的用于自身决策的信息有限等。随着台湾资本主义民主的发展和政治市场弊端的凸显，新的问题还将被持续挖掘出来。

二、台湾政党联盟的对立

在一个健康社会之中，如果选民及其代表生活的社会空间足够平等，那么选民及各个利益集团之间通过行政权力分配的途径获得的财富数额的差别便会相对较小，以致试图通过夺取政治权力这个举动便失去了足够的吸引力。即使有少数反对该执政的声音，也仅是少数派的行为。反之，卡莱斯·鲍什认为，倘若社会与经济不平等比比皆是，或者说少数人掌控了大部分的财富，那么多数人将期盼进行选举，继而实现有利于自己的再分配。[①] 卡莱斯·鲍什的看法是有道理的，毕竟对由于不平等的分配而导致自身处于劣势地位的部分利益集团和广大民众而言，试图通过影响选举等途径来获得执政权的方法来获得优势地位，便是一个下意识的选择，尽管此种选择也将会可能导致下一轮的恶性循环。

对于台湾政坛而言，暂且不论政治市场之中各种利益资源的分配是否符合平等原则，仅以各种公职选举进行期间，特别是地区领导人选举期间多数民众"疯狂"的表现、"蓝派"联盟与"绿派"联盟之间的尖锐对立和冲突为例，便不是一个平等社会中政治运转所应该出现的现象。

事实上，在台湾政治市场的运行之中，充斥着各种不公平的资源分配现象。这种不公平，不仅表现在国民党内部的数次分裂之上，还表现在民进党通过民粹主义方式对民众正常权利的侵犯和利用方面，更表现在公共事务的运行方面。以台湾清华大学退休教授对台湾选举骗局的揭露为例：

清大宜兰校区原预计在 2010 年完工进驻，号称能提供 1200 个进修机会，

---

① [美] 卡莱斯·鲍什. 民主与再分配 [M]. 熊洁译. 上海：上海人民出版社，2011：IV.

并加上研发与园区员工，将吸引4000人进驻，未料，如今却是一场空。清大动力机械工程学系退休教授彭明辉，曾在部落格上痛批"这是选举骗局"。

彭明辉于2011年时，在自己的部落格中发表了一篇名为《台、清、交大羞于告人的"卓越"秘密》的文章，揭穿台湾学生们最为向往的大学排名前3的台湾大学、清华大学与交通大学，其"卓越"的背后，竟深藏着羞于见人的秘密。

他说，自己曾在清大的"校务发展委员会"中担任好几届委员，在其中1届任期内，提出反对征收宜兰土地作为清华校地，"因为这是骗局"。

他说，宜兰县送清大1块地，清大口头承诺要设分校却说不出具体规划，然后县长当政绩去宣布，以增加选举连任的筹码。

……

"没有人以参与骗局有违背'学术伦理'之嫌，没有人想过土地被征收的农民如何过活。"他痛批，那些年，国、民两党不断以"设分部"为名给大学送地，当作政绩骗选票。台、清、交都曾乐于配合，在这骗局中占地，以便"说不定以后会用到"。①

上述政治权力对高校的侵蚀以及包括高校在内的诸多组织与权力之间的配合，不会是第一次出现，也肯定不会是最后一次。但是，不管这种资源分配不公平的情况所意味着的不平等以何种方式呈现，其实质却是"蓝派"联盟与"绿派"联盟之间为争夺政治权力及该权力背后所蕴含的其他巨大资源所引发的一系列余波而已。

由于政治理念及现实利益结构较为一致，以"台独"为主要政治理念的民进党和"台联党"等党派构成了"绿派"联盟的轴心，而以发展经济和反"台独"为主要理念的国民党、新党和亲民党则构成了"蓝派"联盟的核心。其中，在这些联盟中，又以国民党和民进党最具有代表性，且表现出了较为强烈的对立态势。首先，就意识形态的对立而言，"绿派"联盟较为注重意识形态层面，且以"台独"为主要价值诉求，并将其纳入对相关理念和政策构成的追求之中。"蓝派"联盟意识形态的色彩较为淡薄，较为重视发展经济。但由于历史等原因的影响，它又对"台独"理念较为排斥。其次，就其主要支持者而言，"绿派"

---

① 鲁钢.清大退休教授：全是选举骗局[N].中国时报，2014-06-07：（A3）.

联盟的支持者多为台湾本土人士和其他社会下层人士。后者学识有限，易被民进党的民粹手法所蛊惑，因而成为民进党等"绿派"的主要支持者。当然，这或许也与他们对社会中上层人士的反感有关。"蓝派"联盟的支持者主要为社会中上层人士，且多数具有"外省人"身份。他们较为关注经济，对"台独"理念的盛行及由此可能导致台湾本土人士对其的排斥持不安的态度。但是，由于李登辉时期对"台独"势力鼓励的社会氛围和陈水扁执政时期对教科书的修改等举措，使得大量青少年受到"台独"理念的影响，并对此理念采取支持态度。因此，在青少年群体之中，支持"绿派"联盟的人数在逐渐增加。为借助此部分新生力量来赢得选举，民进党曾数次提出要修改"宪法"，降低选民参选的年龄限制，但遭到国民党的反对。再次，就两个联盟的势力分布而言，"绿派"联盟的稳定支持者主要位于台湾南部，以农业和工业为主要经济支撑；"蓝派"联盟的稳定支持者则主要位于台湾北部，以工商业为主要发展支柱。位于中间位置的台中地带，则成为两者努力争取和渗透的关键位置。当然，这两个政治联盟的对立，还表现在其他诸多方面，在此不一一赘述。

在这种彼此对峙态势之下，有一个较为突出的现象值得注意，即在新的社会情况下，由于受到位于台湾北部的台北市等大都市的吸引，越来越多的南部青年人奔赴台北，并将其作为求学或就职的第一选择之地。此种趋势的形成，也进一步拉高了台北市区及其周边地区居高不下的房价，而其他生活成本也随之快速增加。此种情况，引发或强化了北部部分人士对包括台南青年在内的南部人士的诸多反感。此种现象所代表的意味及其所引发的后续影响，值得关注。

在2000年台湾地区领导人选举之时，"绿派"联盟代表民进党得以成功夺取执政党地位，而在2008年台湾再次举行地区领导人选举之时，"蓝派"联盟国民党则将民进党赶下执政党地位，重新夺取"执政党"宝座。然而，由于"绿派"联盟新生力量的成长及其他不可测因素的出现，在2016年台湾地区领导人选举之时，民进党胜出。由于在上述执政党地位轮替之中，彼此对立的两大联盟均采取的是和平的方式，所以我们可以认为，此种对立在目前两者意识形态和其他势力相对平衡的情况下，暂时会保持一定的稳定程度。但此种平衡并非不可打破。如果某一方意识形态建构和政治认同在民众心目中取得支配地位，那么另外一方通过和平的方式实现执政党轮替无疑会困难重重。在此情况下，不排除他们会采取威权统治时期在野党民进党的那种极端行为来获取执政地位。另外，由于民粹主义自身具有反体制性且被"绿派"联盟广为使用，也可能造成现存政治体制的变革。

　　传媒理应发挥社会向心功能，促进社会皮肤的完好，但在目前"深蓝""深绿"众多而中间派摇摆不定的局面，传媒的此种功能受到局限。这是因为，对于这些政治立场尤为坚定的人士而言，即使日常会接收到与他们信念不符的资讯，但经过他们自身的选择性感知、选择性接收和选择性记忆功能的筛选，能够内化到他们深层理念及日常行为之中的，往往是那些与他们价值观较为相近的内容。即使偶有突破，但由于其自身所处的文化氛围、群体规范和意见领袖的影响，也往往会重新激发其固有的意识形态。至于那些中间派人士，其所接受的传媒内容，往往是基于"使用与满足理论"所揭示的那种能够令他们感到满足的类型。但是，由于其需求的不稳定及态度的变化较为频繁，能够令其感到满足的内容类型也时常会有变化。正如先前所讲，台湾媒体通常的做法是先抓住"深蓝"和"深绿"受众的基本需求，然后再试图吸引中间人士的靠拢。同时，由于中间派市场范围较小，使得台湾代表中间人士利益立场的媒体及其相关内容也相对稀少，且知名度和影响力也不是很高。这种局面的出现，增加了此部分中间民众的不稳定性，也使得两大对立联盟之间能够缓和的余地及其拓展空间受到制约。

　　在目前两党呈现对立的情况下，尽管由对立所产生的各种冲突还没有达到失控的程度，但冲突已经超过合作因素成为两党关系的主流。这是因为，由于意识形态及其所支持的利益集团的对立，使得无论是哪个政党取得执政地位，总是不能令身为在野党的一方达到满意的程度，并会遭到其发动的抗议行动。特别是民进党，其在陈水扁时期作为执政党的时候便不尊重在野党国民党的建议，即使短时期几次"组阁"也在所不惜。当其失去执政党地位之后，又广泛使用民粹主义等动员民众的方法，不惜以加重族群分裂程度为目的，反对国民党的执政地位，甚至利用为了反对而反对等极端的方式来试图重新取得执政党地位。这种行为，只能导致彼此之间积怨横生。当此种积怨在民间也有深厚的基础时，整个社会便会距离极端化分裂更进一步。目前，由于政治理念和所支持政党的不同，台湾很多青年轻者会删除自己在社交网络上的好友，重者则会走向街头彼此对立，甚至亲人之间也会产生严重的矛盾，导致家庭破裂。这种状况及其所代表的意味，很难说的上是良性政党政治的产物。

　　在台湾社会之中，不仅那些具有相近的意识形态的政党结为了不同的联盟，而且基于政党与传媒之间"结盟"关系的存在，那些立场不同的传媒之间也被纳入了不同政党势力的范畴。较具代表性的有"蓝派"报纸《联合报》和《中国时报》，以及"绿派"报纸《自由时报》和《苹果日报》。当然，关于这些不同报纸与其所亲密的党派之间的关系，我们已经进行了阐释，但值得注意的是，此种政党联盟的出现及彼此对峙态势的形成，将会进一步加强某个联盟内部政党与大众传媒之间的"结盟"关系。这是因为，心理学家海德认为：

如果两人之间及其对某个外部目标的态度一致（如两人互相喜爱并且都喜爱该第三者）时，那么两人之间的关系形态将是平衡的；而如果两人互相喜爱，但其中甲喜爱该第三者而乙不喜爱，那么他们之间的关系形态将会不平衡。进一步说，如果两人之间的关系是平衡的，那么双方都会抗拒变动；反之，如果关系不平衡，双方就会作出努力以恢复其"认知"上的平衡。[①]

由海德的论述可知，他所关注的对象是单个的个人。但是，作为由个人所组成的组织而言，且该组织往往由于"寡头统治铁律"的影响，在事实上往往按照某个精英领袖的意志来运转，因此，海德的论述在很大程度上对于作为组织的大众传媒组织和政党组织而言也是成立的。基于海德的观点，在某个大众传媒与某政党之间对外部的某个事件的重要性持有某种默契的话，那么它们之间的关系将是平衡的。在"结盟"关系的影响下，它们之间保持着较为亲密的关系，并会抗拒任何关于会导致该平衡关系发生失衡的情况。即使其中的一方对待某事件的看法和另外一方有所不同，它们双方也会积极调整，从而试图在新的情况和水平下重新恢复到那种相对平衡（"结盟"）的关系。

此种"蓝""绿"彼此对峙局面的形成，也与传媒的社会离心效果有关。一般认为，当满足下列条件时，由社会离心效果所导致的那种"一盘散沙"倾向就较为容易形成。这些条件包括："该形态的媒体和社会条件通常包括软弱的'国家'政权、国际媒体系统的渗透、高度的媒体商业化和社会私有化。"[②]在这四个条件之中，就台湾当局而言，无论哪个执政党上台，都要面临在野党一方所组成的反对联盟的制约。甚至在某些情况下当局本身便会发生极度不稳定的

[①] ［英］丹尼斯·麦奎尔，［瑞典］斯文·温德尔.大众传播模式论[M].上海：上海译文出版社，2008：26.

[②] ［英］丹尼斯·麦奎尔，［瑞典］斯文·温德尔.大众传播模式论[M].上海：上海译文出版社，2008：114.

状况，如陈水扁时期"行政院"的频繁变动以及马英九时期其政策时常被"绿派"联盟所"杯葛"而显得自己无所作为局面的产生，都不能显示出其政权的强有力程度。此外，由于美国和日本政治势力对台湾社会的渗透，特别是台湾对美国在某种程度上的"唯命是从"，使得其本身包括传媒在内的诸多领域不可避免地被深层渗透。例如，在被怀疑拥有美国政府背景且与五角大楼等军事机构关系密切的美国谷歌公司所提供给台湾民众的地图业务之中，不仅可以直接查询到台湾当局主要办公场所前面具体车辆的摆放情况，甚至连一些军事设施也不能幸免。此种事关地区安全的重大信息被美国公司所掌控及由此而折射的安全隐患，非但不能引起多数台湾人的警惕，反而被包括敏感性较强的台湾记者在内的台湾人所津津乐道，并向外地人所炫耀。此种现象虽然为生活细节的表现，但却可以看出美国对台湾的渗透程度及其在民间的影响力度。

作为一个资本主义社会，台湾社会的私有化程度是比较高的。至于台湾大众传媒的高度商业化程度，我们已经屡次进行了分析，并指出了其在某些方面呈现出的过度商业化的倾向。因此，台湾现况与传媒社会离心效果的条件是较为契合的。当然，台湾目前两极分裂的社会现状距离"一盘散沙"局面的形成尚有很大差距，但并不能排除当此种对峙情况继续恶化所引发此种状况的可能。

此种政党与大众传媒之间"结盟"关系不断在新的条件下达成新的平衡，也将会在新的水平基础上得以发展和强化。随着时间的推移，不同联盟之内文化传承也将会对此种对立平衡关系予以更为有力的强化。当然，如果此种对峙性联盟继续存在且彼此敌视的状况更为恶化的话，那么不同政党与大众传媒之间的此种"结盟体"也将更难以解开，且由此引发的问题也将会更加严重。

当然，台湾社会权谋倾轧盛行的社会氛围，也势必会加重台湾政治市场运行过程中固有的那诸多政治弊端。这首先是因为，以台湾政党的风格而言，是较为扭曲的。以陈水扁当局为例，在其第一个任期，由于民众的支持力度有待稳固，其执政的正当性也有待巩固和提高等原因，试图利用其执掌"台湾旗手"的优势来增加其支持度。然而，在前期与其关系颇为亲密的李登辉，却"自组台湾团结联盟党，抢夺了台湾旗手的地位，遂形成挟持陈水扁终其八年任期的局面"。[①] 在其第二个任期，以"两颗子弹"事件为开端，其执政的正当性和合法性更为低迷。为稳固执政基础，陈水扁以"共同执政"为条件来争取宋楚瑜

---

① 黄年等.联合报60年：1951—2011[M].台北：联合报，2011：177.

的支持，而宋楚瑜亦需以扭转陈水扁的态度主张为代价来获取陈水扁的许诺。此种权谋的结合，被其所在的"绿派"和"蓝派"所不容，而陈水扁和宋楚瑜亦以反目成仇来收场。当陈水扁涉入贪腐案时，尽管民进党在对是否对其采取支持态度之间左右摇摆，但最后亦被陈水扁所挟持，以"执政党"地位的丢失为结局。陈水扁拖垮民进党的行为固然为人所不齿，但他并不是此种事件的始作俑者——其前任和其提携者李登辉，也曾一人拖垮国民党，并为台湾政党政治的退潮和伪化种下祸因。

其次，台湾社会崇尚权谋倾轧的不良政治文化，也势必会使得台湾政治市场中所固有的弊端更加恶化。这是因为，与李登辉相似，陈水扁执政时期，无论是"三一九"枪击案，还是"扁宋会"，亦或"入联公投"和"迷航美国"，都渗透着权谋倾轧的阴森气息。甚至当大陆和美国亦对其表示强烈不满时，依然沉浸在为自己积累政治资本的权谋之中。此种自私自利的表现，对台湾既有的政党政治体制造成了严重的摧残。

由上述论述可知，不论是台湾所引进的西式民主政治制度内在矛盾的某种表现，还是台湾本土实际情况对该制度显现出来的不适症状，亦或台湾政党风格和政治文化对此种政治弊端的放大及恶化，都已经使得台湾真正民主的发展布满了阴霾，更有使其民主进程发生倒退或异化的可能。

第二节　台湾"自由主义民主"的困境

亨廷顿认为，自19世纪以来，世界已经经历了三次大规模的民主化浪潮。针对这三次民主浪潮，他指出，"尽管显然其中会遭遇抵制和挫折，但追求民主的运动看来已几乎成为一股不可抗拒的世界潮流，并将勇往直前地从一个胜利走向另一个胜利"，[①] 然而，"在某种意义上，民主化浪潮及其回潮呈现出一种'进两步，退一步'的模式。迄今为止，每一次回潮都给在前一波民主化浪潮中实现了民主转型的部分国家带来灭顶之灾，但并没有波及全部"[②]。换言之，就同样处于"第三波"的台湾而言，其由威权统治向现代西式民主政治的转型，是

---

① [美] 萨缪尔·P·亨廷顿. 第三波：20世纪后期的民主化浪潮 [M]. 欧阳景根译. 北京：中国人民大学出版社，2012：17.

② [美] 萨缪尔·P·亨廷顿. 第三波：20世纪后期的民主化浪潮 [M]. 欧阳景根译. 北京：中国人民大学出版社，2012：20.

通过和平方式进行的。与同时期其他历经大规模的流血冲突才取得该项成绩的国家和地区相比，台湾应属于上述亨廷顿所叙述的"第三波"民主化浪潮中相对成功的案例。此种成绩的获得固然不易，但在富有东方特色的台湾社会，此种"自由主义民主"为代表的西式民主制度是否会发生"水土不服"的情况？换言之，台湾如今施行的此种来自西方的民主制度，能否在契合自身实际情况的基础上，保持其原有的珍贵价值，并继续获得良性发展？从此种西式民主政治制度渗入台湾过程的实质以及其在台湾运行的现状进行挖掘和分析，有助于此问题的回答。

一、资本主义文化的负效应

如果从历史角度来看，台湾加入世界第三波民主化的浪潮，除了自身因素使然，还与另外一个关键的外界因素——美国的推动及其为代表的资本主义文化的在台湾的扩张紧密相关。

1949 年，以蒋介石为首的国民党残余势力败退至台湾地区，并陷入内外交困、危机四伏的境地，呈现出经济衰退、政治动荡、军事力量薄弱和"外交"失败的困窘局面。就连一向支持国民党的美国杜鲁门政府，也对蒋介石采取抛弃政策。为维护自身统治，以蒋介石在政治方面采取了修补反动思想体系、对国民党实施改造运动、重建特务机构并颁布戒严令、党外禁止组党等措施，对岛内人民进行严密控制；在经济方面实行土地改革等一系列稳定财政和发展经济的措施；在"外交"方面力图继续赢得美国等西方反华势力的支持，并力图积蓄力量，"反攻大陆"。

1950 年，朝鲜半岛战火点燃，美国政府为确保自己在亚太地区的优势地位，同时为了利用台湾的地理优势压制大陆的发展等，恢复了对台湾的经济和军事援助。仅从 1951 年 5 月美国驻台军事顾问团成立伊始到该年中期，5000 万美元的军事装备、供应物资和 4200 万美元的经援给了台湾。[①] 此后，尽管台湾与美国之间的关系屡经波折，但美国对台湾实质上的支持并没有发生多大的变化。

然而，美国对台湾的各种物质援助，并非全无条件。除对台湾重要战略位置的觊觎外，推广以其为首的资本主义世界的意识形态也是重中之重。对于台湾来讲，为了实现自己的目标，争取美国的援助更是重中之重。即使在蒋介石

---

① 茅家琦. 台湾 30 年 [M]. 郑州：河南人民出版社，1988：50.

统治下的威权体制时期，为了得到强有力的支援，在不影响自己根本利益的情况下，不仅对亲美的民主人士雷震等人利用报纸、杂志等传媒传播西方民主思想予以宽容，还将其作为台湾"民主"政治的装饰，以争取美国对其的持续支持。到了蒋经国主政时期，"反攻大陆"已然无望，台湾民主化运动此起彼伏，执政党国民党又面临合法化的危机。针对此种局面，蒋经国对政治进行改革，实行了一系列本土化的战略，以试图继续维持国民党的统治地位。然而，2000年台湾地区领导人选举，国民党长达半世纪的统治被终结，民进党完成了台湾历史之上的首次"政党轮替"，标志台湾民主化进程的一个"进步"。尽管在此后民进党领袖陈水扁执政 8 年来发生了种种不堪的事件，但美国所推崇的民主体制及意识形态在台湾得到很大程度上的实现，而台湾也变成众多的亲美地区之一。

以美国为代表的西方意识形态以经济援助、军事援助等方式为载体进入台湾，到台湾对此种意识形态的接纳过程，实质上也是此种意识形态的侵入过程。换言之，此过程也是文化帝国主义的实现过程。Herbert I. Schiller 认为，所谓文化帝国主义，是指：

一个社会被纳入现代世界体系的过程的总和，以及这个社会中占据支配地位的统治阶层如何被吸引、强迫、贿赂或以其他方式，使其社会的制度体系适应甚至主动融进世界体系的主导中心价值或结构。[1]

按照 Herbert I. Schiller 的说法，处于世界体系边缘的国家和地区，其被纳入由核心国家主导下的世界体系的社会，一般来讲并不是主动的，但支配其社会的主导阶层有时常会对这种来自外部的社会压力予以迎合，因为这有利于其自身的利益。如将 Herbert I. Schiller 的说法与台湾对以美国为代表的西方意识形态的接纳过程相结合，便会发现其合理之处。首先，美国等帝国主义强国在很大程度上主导着那个时候的意识形态，并在世界权力体系中占据核心地位，而台湾作为其亚太地区的一个小岛，当时毫无疑问地充当着世界边缘地区的微末角色；其次，美国和台湾之间的信息流动过程，基本上是属于一种单向的信息流动，即美国所主导的意识形态向台湾的传播和固化，而台湾对美国的影响，

---

① Herbert I. Schiller.*Communication and cultural domination* [M].New York: Pantheon Books, 1976:9.

充其量仅限于游说的层次；再次，从早期以蒋介石为首的国民党政权对美援的依赖，到后期台湾"强人"蒋经国对美国政体的主动借鉴，再到实行政党轮替之后"宪法"的数次修改和政体由"五权宪法"到形似"双首长制"的数次变动，都隐隐透露出台湾向美国"总统制"政治体制看齐的趋势，同时也显露出占据台湾支配地位的统治阶层对占据世界体系主导地位的价值及政治结构的被动或主动的施行，以维护其统治地位和相关利益。由此可以推论，台湾的政治体制，是在特殊的历史背景中，经由美国的强迫、利诱等手段，被台湾所采纳，其实质不过是文化帝国主义的产物。

尽管美式民主制度在实际运行中问题重重，但美国式的自由民主观念却获得了在边缘世界传播的新渠道，且其自身在台湾的政治和意识形态影响也得到确立，为其利益的实现营造了信息、文化和意识形态的氛围。

尽管文化帝国主义的入侵有其诸多危害，但对于台湾社会来讲，也有其可取之处。这是因为，台湾的社会结构及社会文化构成较为复杂。就其历史而言，它曾经历过荷兰、西班牙和日本较长时期的殖民统治，尽管民族认同感较为复杂而多元，但却使其对新鲜事物不至于固执或保守到排斥的程度。如果将此种特点加以合理的利用，则会让台湾社会更富有学习的精神，也更能够达到吸收其他事物长处为己用的效果。就文化而言，台湾集大陆文化、海洋文化于一体，本来就呈现多元的发展趋势。在西方文化的侵蚀下，尽管部分文化因素得到某种程度的压制或削弱，但也不排除在此种文化的刺激之下，又衍生其他类型文化的趋势。随着上述趋势的发展，台湾文化也将会吸纳越来越多不同类型的文化。

另外，尽管西方文化的入侵使得台湾社会不断衍变，但衍变并非一次性的。换言之，由于传媒的分化、经济的转型、市民社会的崛起和政治制度的衍变等因素，台湾社会将会继续嬗变。这种嬗变给台湾社会的发展带来了一些不确定性，但同时也从侧面说明了台湾社会的发展并不受一定之规的制约，具有较强的可塑性。对这种可塑性的理解和把握，将会有助于我们理解和掌握台湾大众传媒、市场经济及政党政治互动的社会基础，并为解决衍变过程中衍生的诸多问题提供契机。

二、民粹主义思潮对大众传媒正向功能的削弱[①]

近年来，在多种因素的影响下，台湾民粹主义思潮颇为壮观，并形成了网络民粹主义和现实社会的民粹主义相互映射并彼此促进之势。同时，由于受众群体的迅猛增长和市场规模的快速增大，以报业为代表的大众传媒的社会影响力也日渐递增，有必要且也可以在民粹主义的社会语境发挥更大的作用。但是，存在于报业传媒内部的伦理虚无主义和美学的粗鄙化等不良因素，正在侵蚀着报业的根基，诱发了一系列不良反应。在此情况下，无论是为了规避由民粹主义所引发的相关风险，还是更好地促进自身发展，并推动我国台湾地区新闻工作的进步进程，报业都应该担负起更多的文化等相关责任，而对相对问题的思考也应该进入讨论的范畴。

（一）民粹主义的社会语境

英国学者保罗·塔格特曾指出："民粹主义的每一个案例都倾向于强调民粹主义所表现出来的一个因素上，并把这个因素作为民粹主义的特点……如果我们尝试着采用一种更加全面的方式和使用一系列的事例来阐明民粹主义，就面临着另一个令人烦恼的事实。没有一个例子能够面面俱到地阐明民粹主义……民粹主义作为一种经验性的现象，是一个令人不舒服的历史和当代事例的综合体。"[②]事实正如他所述，作为一个复杂的综合体，民粹主义尚未取得世界范围内多数学者的共同认知，而对其一致的界定也悬而未决。例如，在拉美和俄罗斯等国家和地区，民粹主义的外在表现便各有特色，而各地学者对其认知也不尽相同。但是，这个难点的存在，并不排除一些学者从自身所处的实际社会类型出发对其做出阐释。后者的这种努力具有重要的意义，因为对该事物不同现象的探索必将有助于拓宽和加深人们对该事物整体本质的认知。

与拉美和俄罗斯一样，中国大陆学者对民粹主义也有自身的认知。其中，俞可平对民粹主义的界定较有代表性。他认为："作为一种社会思潮，民粹主义的基本含义是它的极端平民化倾向，即极端强调平民群众的价值和理想，把平民化和大众化作为所有政治运动和政治制度合法性的最终来源，以此来评判社会历史的发展。"[③]诚如其所言，台湾地区的民粹主义蕴含着浓厚的平民化和大

---

① 该部分内容已经在《民粹主义思潮与报业传媒的文化担当》[《学习与实践》（2015 年第 1 期）] 发表；部分内容有增加或删减。

② [英] 保罗·塔格特. 民粹主义 [M]. 袁明旭译. 长春：吉林人民出版社，2005：9.

③ 李良荣，徐晓东. 互联网与民粹主义流行 [J]. 现代传播，2012：（05）.

众化色彩，并借助民众与大众传媒之间的互动等途径，形成了一种相对流行的社会思潮，并表现出反智主义和"二仇"倾向等较为鲜明的民粹主义特征。

1.反智主义倾向

从表面现象来看，反智主义倾向是大众对知识精英的鄙视和嘲讽，并赋予其某种负面的标签。例如，某知识精英的言论若不令民众感到满意，轻者会被贴上"砖家""叫兽"和"公知"的标签，重者还会被"人肉"搜索，并给予精神或肉体上的折磨。然而，这种反专家和反权威的表面现象，其实质代表的却是一种对于知识精英的怀疑与蔑视，更有可能引发人们得出知识或智性对于人生有害而无益的不当结论。

当然，反智主义倾向以及其所体现出的平民化、非理性和简单化的特征，既是当前台湾风险社会语境下的产物，同时也是大众传媒推波助澜的结果。就前者而言，由于普通民众对社会不良事实的诸多不满和现实社会中反馈渠道的匮乏等原因，对掌控社会的政治精英有一种隐隐的反感或敌视——这种反感或敌视可能会波及同属于精英阵营中的知识精英身上，并试图寻求摆脱自身劣势地位的方法。就后者而言，大众传媒在一定程度上虽然也能够为诸多民众提供一个表达自我和互相交流的平台，但在某些情况下，特别是在群体性事件之中，也会因群体无意识或私利的驱使，而发布一些极端言论并诱发一些极端性行动。

社会学家、心理学家古斯塔夫·勒庞认为："人们在智力上差异最大，但他们却有着非常相似的本能和情感。在属于情感领域的每一种事情上——宗教、政治、道德、爱憎等等，最杰出的人士很少能比凡夫俗子高明多少……在集体心理中，个人的才智被削弱了，从而他们的个性也被削弱了。异质性被同质性所吞没，无意识的品质占了上风……他不再是他自己，他变成了一个不再受自己意志支配的玩偶。"[1]在此种被勒庞称之为集体无意识的状态中，由于感受到群体力量的庞大且身处其中的个人具有匿名性，很多民众会被诱使并抛却自己平时谨守的戒律或责任，而产生去追求其平日里所极力压抑的那种冲动。在群体成员之间情绪的彼此暗示、互相感染和催眠之下，多数民众会进入一种失去人格意识的状态，做出一些看似与其平常表现及外在性格特征相互矛盾的行为——如挑战知识精英的权威等。在此种状态中，大众作为单个的人所表现出来的现实意义上的地域、性别、年龄和职业特征往往会消泯，并常常会被那些极具诱

---

[1]　[法]古斯塔夫·勒庞.乌合之众[M].冯克利译.北京：中央编译出版社，2005：15—18.

惑性或刺激性的言论所蛊惑。同时，又由于具有强大自制力和人格魅力的人士较为稀少，因此即便有少数的清醒者成功抵御了来自不良集体情绪的负面影响，也往往会因个体力量的渺小而被多数声音所掩盖。对于这种行为的后果，荣格认为："通常，当集体无意识在更大的社会团体内积聚起来时，结果便是大众的疯狂，这是一种可能导向革命、战争或类似事物的精神瘟疫。"① 如果将民粹主义盛行的法国大革命等历史时期发生的诸多惨剧与上述论述相互印证，则会发现荣格的观点并非是杞人忧天。

由此可知，反智主义及其所代表的平民化、非理性和简单化倾向，不仅仅是普通民众情感宣泄的方式，更是作为群体思潮的民粹主义所诱发的集体无意识倾向的表现之一。尽管它目前多表现为对知识分子的反讽，但如果对其置之不理，却可能诱发更为严重的后果。例如，以网络为媒介的新型民粹主义，其主要特征便表现为敌我思维化、泛道德化、简单化和常识化。② 而当今台湾社会不时出现的极端化舆论或极端性恐怖事件，同样是这种后果的初步延续。

2. "二仇"倾向

所谓"二仇"倾向，即所谓的"仇官"和"仇富"倾向。就前者而言，由于台湾社会泛政治化现象的存在，同时也由于诸多腐败事件的发生，普通民众普遍对台湾当局及政治精英抱有怀疑与不满态度，并进而形成一种"无官不贪"的简单化和非理性的心态。较为常见的情况是，凡是牵涉到官员的群体性事件，在该事件的真相被揭露之前，诸多民众的憎恶之情——对官员的"憎"和对该事件之中民众的同情——便基本定调。倘若该事件的发展进程符合其预期，他们还要看到涉事官员"倒台"的结果；倘若该事件的发展与其预期不符，便会有诸多不利于公权力机构及其工作人员的流言或谣言出现，而对其支持者也尽显嘲讽态度。尽管台湾当局及其工作人员也会出面辟谣，但该辟谣行为往往并不能说服他们，反而会坚定那些认为当局从事了不轨行为的猜测者的信心。这种"反权力"的非理性化和简单化的群体心理状态，正是民粹主义所倡导的极端平民化和大众化的表现。

"为富不仁"同样是一个贴在富裕阶层身上的负面标签。特别是在台湾社会贫富差距日益扩大而多数平民的相对剥夺感较为强烈的情况下，这种标签及其

---

① [瑞士] 荣格. 分析心理学的理论与实践 [M]. 成穷，王作虹译. 北京：生活. 读书. 新知三联书店，1991：46.

② 梁刚. 微博公共领域的民粹主义倾向论析 [J]. 当代世界与社会主义，2014，（03）.

所引发的社会效应更为严重。表现在日常行为之中，便是对犯错的富有人士一拥而上的口诛笔伐，甚至延伸为对整个富有阶层不择手段的抨击与丑化。

在此类事件中，无论是"官"，还是"富"，多半被抽象为一个虚拟的体制化符号。民众对此体制化符号的某些抨击以及对缩小阶层分化与贫富差距的要求自有其合理性，但不加区别、不经验证便将整个体制置于道德的审判台上便显得有些极端。当然，这种极端现象背后所隐藏的平均财富、声誉和权力的极端心理，是民粹主义极端平民化倾向的部分表现，也是我国泛政治化的文化传统的所导致的一种结果。

这是因为，两千余年威权政治的历史传统，令以仍流传在台湾的儒家文化为代表的各流派文化备受熏染。对于普通民众而言，至今仍然残留有对政治权力的高度尊崇和自觉服从痕迹。在此种政治意识下，多数民众的价值取向和心理认同仍然以政治权力为核心，并有将整体社会生活向其靠拢并用其来阐释本来与其不相关的诸多事物内涵的趋势。表现在日常生活之中，就是人们往往将与政治权力联系不大或不存在联系的诸多问题与其相联系。当偶有不满之际，便求助于公权力机构或对其进行责怪。面对民众提出的诸多要求，且自身执政的合法性与正当性正是建立在民众赞同基础上的公权力机构，即便能够克服自身对政绩的诱惑，又如何能够拒绝其执政基石——诸多民众的相关要求？于是，对于民众而言，执政者应该是一个无所不能的；对于执政者而言，也有把自己塑造成一个全能形象的冲动。但是，拥有这个完美形象，却又势必对一切问题负起责任，而无论该责任是否恰当。面对多元化利益主体的要求，且自身处于多元利益主体之中并具有多元利益需求的公权力机构及其工作人员，在面对前者所提出的要求处理由多元利益冲突而导致的诸多矛盾之时，势必不可能完美地平衡各方面关系，也不能彻底解决由此产生的多元问题。

针对此种情况，台湾当局有时也试图推动改革。但是，尽管社会改革的成果使得民众个人权利大为增加，可他们的个人自主意识也随之增长，对社会弊病的感知更为敏锐，因此就容易变得更为焦虑、激愤或偏激，攻击性也变得更加强烈。托克维尔就曾论及此种情况。他说："对于一个政府来说，最危险的时刻通常就是它开始改革的时候……当时清除的所有流弊似乎使人觉察到尚有其他流弊存在，于是人们的情绪更为激烈；痛苦的确已经减轻，但是感觉却更加敏锐。"①换言之，愿意为所有民众负责并承担起所有责任的执政者，势必会成为不被所有民众所赞同对象，而相关矛盾和冲突仍然会继续衍生或恶化。在一定历史条件下，如果发生了足以令其震撼的社会危机时，多数民众的利益诉求肯定会增加，而平民化倾向也会加剧，甚至也不排除部分利益群体在备受刺激的情况下受到极端平民化倾向口号的暗示或催眠，思维简单化和非理性化，并在流言或谎言的促使下，于集体无意识之中参与发布极端性言论，并狂暴地干涉或反抗几乎涉及存在不平等关系的所有社会领域的既有社会秩序的极端性行动。

二、大众传媒文化担当的失范

无论是民粹主义思潮中表现出来的反智化倾向或"二仇"倾向，还是诱发其出现的集体无意识和泛政治化现象，均是一种群体心理的表现。然而，尽管在群体心理之中以报业为代表的大众传媒与民粹主义思潮存有紧密联系且前者也有行使文化担当的必要性与可能性，但其却呈现出诸多文化担当等诸多失范的现象，令人忧思。

事实上，就报业为代表的在传媒文化领域担当失范的表现而言，大众传媒界确实存在着缺乏文化担当，甚至是失职的状况。

首先，从报人的角度来看，很多记者受诸多因素所迷惑或故意发布虚假新闻、故意抹黑或颠倒黑白，而其职业伦理甚至到了连普通人都不如的地步。这种极其不正常的社会生态，导致民众的认知、态度、情感和行为出现严重偏差并据此做出种种不合理的兴起，因而辜负了大众对大众传媒所赋予其的神圣光环，辱没了其身为知名人士所具有的意见领袖的重要身份，不能不说是一种社会的悲哀。部分报业人士意见领袖功能的错位，势必将从整体影响民众对大众传媒产业的观感，而其所引发的其他深层社会效应，还有待进一步考察。

其次，从大众传媒产业的发展现状来看，对利益获取更加迫切，而对其业绩的需求也呈现明显上升趋势。但是，部分报纸业绩的取得往往是以对其兴趣的"迎合"和牺牲自己的品格为代价获得的。换言之，市场业绩的取得固然重要，但也不能依靠对受众卑躬屈膝的方式来获取——此种近乎"趴"着经营的方式，尽管部分体现了其对民众意愿的尊重，在一定程度上肯定了平民群众所蕴含的巨大力量和价值，但其所表现出的对大众意愿的盲目顺从，意味着即使

---

① ［法］亚力克西·托克维尔.旧制度与大革命[M].冯棠译.北京：商务印书馆，1992：210.

当平民大众的群体心理变得非理性、简单化，甚至是狂暴之时，仍然将其视为文化活动正当性的重要依据，则不免有些极端。目前部分台湾大众传媒，甚至是知名报纸所表现出来的诸多少儿不宜的情色诱惑场景、语言恶搞、暗黑阴谋和血腥暴力以及对其他种种恶俗社会伦理的宣扬等，都体现出了部分从业者以大众具有享受的权利且审美情趣天然具有正当性等为借口，进而携大众之名而行利用人性的缺陷来蛊惑人心之实的失当品格。

上述为了所谓的市场占有率遮盖下的经济利益，推崇人的生物本能性质的欲望满足和对文化品质相对漠视的状况，反映了以报业所代表的大众传媒领域，甚至是公共空间之中，存在着一种对民众欲望不加甄别并唯其是从的民粹主义心态——即使后者可以从此种社会精神状态中获利，但它却失去了本应为人所珍视的人文价值。在这种心态的纵容之下，民众的其他正当兴趣被生物欲望所替代，而对有品质的文化艺术的追求被庸俗和非理性的情绪宣泄所置换，这无疑不利于独立、理性、公开和批判性的市民精神的培育和塑造，并进而将危害传媒产业自身的发育和整个社会发展的良性进程。换言之，在诸多负面原因的共同作用下，台湾的民主已经有了迹象较为明显的退潮现象。在此过程中，在早期已经潜伏在所谓的民主体制之内的民粹主义成分大增，并有愈演愈烈的可能。由于诸多环境的变迁，用以支撑台湾公共领域良性发展的一些因素也开始变异，并加快了台湾公共领域的萎缩程度。种种迹象表明，披着民主外衣的台湾政治，正面临民主伪化的危险。

三、"自由主义民主"的伪化

诚然，将台湾纳入以美国为首的资本主义意识形态的范围之内，对于从精神层面维护美国等西方国家资本主义核心价值观和从物质方面确保其在亚太地区的核心利益，具有重要的作用。然而，对于台湾民众而言，在美国通过威逼利诱等手段于台湾确立起资本主义政治、经济体制之后，台湾民主的发展又遭遇到了何种情景呢？

民主的意涵很多，但自由、公开和公平的选举无疑是民主政治的核心理念。通过此种选举，那些在野党和执政党及其所代表的利益集团纷纷参与政治进程，并促使了权力竞争的制度化和公平化发展。一般认为，民主化可以分为三个阶段，自由化时期、民主化时期和民主巩固时期。如果以此台湾的民主化进程进行划分的话，那么从蒋经国开启自由化转型时期到李登辉执政之前，可以看作

191

台湾政治的自由化时期；在李登辉执政时期到 2000 年台湾执政党首次和平轮替之前，可以看作民主政治转型期，即民主化时期；从 2000 年之后到现今阶段，则是民主巩固时期。

从 1987 年伊始，台湾开始摆脱威权统治的阴影，正式迈入民主转型时期。这个转型历经了自由化和民主化两个阶段的改革，使得台湾当局的选举被赋予"正当性"基础。2000 年台湾执政党的首次和平轮替，显示了政治转型的成功。但是，这种成功是部分的——台湾的民主改革伴随着巨大的弊端。例如，李登辉和陈水扁执政时期，均习惯于利用民粹式的手法将族群意识与政治诉求结合起来，以谋取个人或其所属政党的权力。即使在 2008 年民进党在地区领导人选举中失利之后，仍然不能摆脱此种习惯，通过操弄意识形态在较大程度上将民主化视为"本土化"，加剧了族群分裂的程度，并由此引发严重的族群矛盾、省籍矛盾、蓝绿矛盾和统"独"矛盾等，使得街头运动此起彼伏且对峙严重。台湾社会严重分裂，并呈现出明显的两极化趋势，至今仍未停歇。为掩饰台湾社会皮肤皲裂的局面，很多学者以"多元社会"来对此现象予以描述，但并不能由此掩饰台湾社会内部存在着的较为严重的分裂状况。此种局面的出现及其恶化趋势，也使得台湾民主的巩固困难重重。

当然，相对于遍布各种恐怖措施的威权统治时期，西方民主体制在台湾的确立，确实使得台湾的民主程度得到了较大程度的提升。在此社会氛围下，经济快速发展，高等院校增加，科学研究等方面也有较大发展，台湾人民得以享受了民主社会的部分福利。

然而，通往民主之路并非均是坦途。在台湾属于的"第三波"的民主化浪潮之中，也存在"退潮"的可能。换言之，民主暂时的进步并不意味着其能够一直保持进步的状态，在某些情况下，它还会倒退，甚至会发生严重的倒退现象。因此，民主的进步需要巩固。

何谓民主巩固？借用 J.J.Linz 的看法，即民主巩固是指一种状态，在该状态下，不存在任何政党、政客、有组织的利益团体等，用非民主的程序来获取权力……没有任何人主张推翻经过民主程序选出的决策者；民主巩固就是民主程序必须被视为唯一的游戏规则的一种状态。[①] 换言之，在此民主巩固状态之下，任何人或组织对政治权力及相关政治资源的获取，均要通过民主的程序，且某

---

① Linz.*Transitions to Democracy*[J].The Washington Quarterly,1990,(03):143—164.

一方通过此程序获得了其所需要的政治资源之后，会得到其他组织或资源的认可，而不会通过违反民主程序的方式来剥夺其资源。另外，就政治状态而言，也要在一段相当长的时期之内保持一种持续稳定的状态，而非动荡不安。

就台湾的实际情况而言，尽管与以往威权统治时期相比，其政治民主化迈出了一大步，但就民主巩固而言，尚需要时间的检验。首先，台湾 2013 年发生的波及整个台湾社会的"九月政潮"，其导火索便是"立法院长"王金平所引发的"关说"事件。当然，此次事件仅是台湾"密室政治"的冰山一角。在台湾这个人际关系和"人情味"特别浓烈的社会背景下，更多绕过民主程序而私下做出的各种决定实在是难以厘清，更谈不上视民主程序为唯一的游戏规则了。其次，无论是民进党曾经领袖陈水扁，还是国民党现任党主席马英九，其执政期间均不乏出现民众或各种利益团体呼吁其下台的声音，更经常表现在台湾盛行的大大小小的街头运动中。再次，就台湾地区宪制性规定而言，在短短十余年的时间里竟然出现了七次对其修改的政治行动。甚至在 2014 年蔡英文"回锅""当选主席当天，在媒体上发表文章大论'修宪'，最近苏贞昌也大谈'修宪'，昨日吕秀莲上台讲话也讲'修宪'，而且更激进，声称不要修修补补，而是彻底大修，让台湾成为'正常国家'。虽然具体主张各有不同，但'修宪'却是已有共识"。① 此种行为发生的背后，固然有"宪法"是否能适用于民主时代的问题，但如此高频率的"修宪"行为，仍然在很大程度上显示着执政者依然存在着威权心理，私下不愿意自己的权力行使过程受到地区宪制性规定的规范与制约。第四，以政治稳定为例，台湾政治也很难说是持续稳定。这是因为，在 2000 年 5 月由民进党的陈水扁取得了地区领导人职位，虽实现了执政党的第一次轮替，但其所代表的民进党仅占据"立法院"的三分之一席位，处于弱势地位。依据当时所施行的"双首长制"，陈水扁应对拥有过半席位的国民党表示尊重。但陈水扁不愿意以将权力与其分享，不尊重民主原则，自行先后提名唐飞、张俊雄和游锡堃"组阁"，其中唐飞和张俊雄均以失败而告终。两年之内，变动三次，政局的不稳定达实属罕见。不仅如此，"在陈水扁八年任期中，六易'行政院长'"②，在这种状态下，很难称之为持续稳定。

以 2014 年上半年的台湾社会状况为例：

① 富权.蔡英文对"缩短最后一哩路"不屑一顾[N].新华澳报，2014-05-29:（P04）.
② 黄年等.联合报 60 年：1951—2011[M].台北：联合报，2011：176.

半年多来，从政治、经济、环保、社会到人心，台湾呈现过去少有的动荡不安。去年九月源于服贸协议在"立法院"迟迟无法过关、非法监听及司法关说的马王政争，让国民党陷于分裂边缘，导致王金平切割执政者，更让马英九成为史无前例的九趴"总统"，造成台湾民主政治体制的质变与崩坏。民意的低荡，让国民党"立委"在本会期异想天开地发起"三十秒事件"，引爆"太阳花学运"，学生攻占"立法院""行政院"，经过二十四天的抗争，最后在王金平出面发表"先立法，后审查"声明后和平落幕，但台湾社会运动受到"太阳花学运"的冲击，已经确确实实地遍地开花：不满中正一分局分局长方仰宁在学运期间处置手法的学生、社会人士，"路过"中正一分局。反核四团体在上下班时间瘫痪忠孝西路、劳工团体包围劳工部，在造成人民的不便与不安，也让本应维持社会治安的警察疲于奔命。而连续发生的食安问题，让油、米、面包、火锅这些民生必需品成为社会挥之不去的梦魇。加上低薪、高房价造成年轻人对未来没有希望，台湾正像一只濒临爆炸的压力锅，隐隐可以嗅出山雨欲来风满楼的味道。①

由此材料可以看出，台湾社会包括政治等各个领域所呈现出来的濒临爆炸的"压力锅"状态，很难说的上是一个社会持续稳定的表现。

再以台湾政党政治中的议事程序为例：

在野党霸占主席台杯葛议事，本届已经累计四十一次。林鸿池痛批，"显见民进党就是要挡挡挡，这是民主常态吗？三十多案无须协商的民生法案将因此停摆。"

林鸿池表示，这次"院会"已经是这一届在野党"立委"第四十一次霸占主席台，马上就要创下新纪录，这是民主政治最坏的示范，是一种病态、变态，再怎么野蛮也不能一再地霸占主席台阻挠议事进行。②

显而易见，民进党此种试图通过野蛮行径霸占"立法院"主席台以达成私利的方式，不仅违背了基本的程序正义，阻碍了政策公共事务的推进，更是对"少数服从多数的"的民主原则的践踏。这种通过野蛮方式来达到政治目的的手

---

① 林世英.政府应该尽快稳定社会安定人心 [N].台湾时报，2014-05-03：（2）.

② 张振峰.蓝：本届"绿委"占台 41 次 [N].台湾时报，2014-05-14：（2）.

段，很难说是真正体现了民主政治的内涵。

再以台湾 2014 年 3 月 18 日爆发的"太阳花运动"为例：

> 警方在一系列的抗争活动中，常成为众矢之的，警察大学教授叶毓兰说，对警眷而言，"318 开始，就没有看到天光。"面对各种不同的抗争，群众拦路为王，骚扰记者、"立委"，没有法治，只是乱"邦"，民主只是建筑在沙滩上的海市蜃楼。①

在这场由不明势力暗中推动和民进党予以明确支持并由部分"绿派"学生所发起的"太阳花运动"之中，更是直接"占领""立法院"。尽管其后期意图进一步"占领""行政院"的行动并未得逞，仍给"行政院"造成很大破坏，并直接导致台湾"议会"等行政结构在相当长的时间内陷入停滞状态。在此过程中，不仅发生了"警民"冲突，更爆发了"反服贸"和"挺服贸"人士直接的肢体冲突，甚至发生了流血事件，并有进一步恶化和蔓延的趋势。而在 2013 年 9 月份，台湾更是爆发了同属于国民党系统的马英九与立法机构负责人王金平之间的长期对峙，导致立法机构长期空转，并造成长期的社会动荡，至今仍留有余波。此种情况的出现，也实在难以反映出台湾政局的持续稳定性。

当然，造成此种状况的原因是多方面的。然而，就其根本原因而言，固然与由台湾自欧美移植而来的民主政治体制本身存在的深层矛盾相关，但更与台湾所实行的选举战略等因素有关。在台湾，除了幕后政治的影响外，仅就竞选战略或技术而言，台湾选举的主要特点类似于公司化的运作，即以政治捐款等经济来源和大众传媒的运作为基本支柱，对候选人的形象予以包装，争取获得更多的政治资源；同时，也通过投放攻击竞选对手的政治广告等途径来抹黑竞争对手。就其他手段而言，也包括：通过影响新闻报道，来达到自己的目的；对选民的人口构成进行分析，对其心理态度和习惯爱好等因素进行剖析，并集中地以市场营销的方式来对他们施加影响等。在这过程中，无论是投放政治广告、影响传媒，还是进行民意调查等公关行为，均需要投入极多的金钱支撑其运作的持续进行，以如愿地对选民意愿进行操纵引导。由此可见，台湾的选举方式是一种传媒密集型和资本密集型的选举，而那些实力相对弱小的团体或个

---

① 顾佳欣，季志翔. 新党号召 五四走上街头爱国 [N]. 中国时报，2014-05-02：（A8）.

人的利益也将在相当程度上存在被故意忽视的可能。

美国有一句俗语："选举制胜的法宝有两个，一个是金钱，另一个我忘了。"①这句话同样适用于台湾。自李登辉20世纪90年代在岛内推行"民选"，官商勾结也从选举费用开始，一步步坐大：内幕交易、黑道从政、钱权交换等花样百出，政客通过贷款、投资给企业输送利益，企业、黑道在选举时为其买票、护票，于是"黑金"一词在台湾流行，国民党在独裁专制之外又被贴上了"黑金"标签，这也是导致其在2000年失去政权的一个重要原因。②然而，在2004年地区领导人选举之时，台湾工商界知名人士陈由豪曾送300万新台币的政治献金给陈水扁夫人吴淑珍，然而吴淑珍和陈水扁拒绝承认该献金的存在且其说辞也接连变换，（证实后）一度引发台湾沸沸扬扬的"陈由豪事件"，并导致陈水扁的诚信在民众心目中的完全破产。③为避免此事件重演，台湾制定"政治献金法"，以期其能规范及管理政治献金，并达到健全民主发展的目的。在2008年台湾地区领导人选举期间，根据公开的资料显示，马英九、萧万长共获得政治献金新台币6亿7740万0379元，支出6亿3993万4713元，剩余3746万5666元；民进党的谢长廷、苏贞昌获得4亿403万8372元政治献金，但支出却有4亿2769万1609元，超过所收取政治献金数目2000多万元新台币；对这一次2008年马、萧选举来讲，总共经费支出大概就6亿多新台币，可是他在整个文宣广告部分就花了4亿多新台币。④此种对政治人物将政治献金情况予以公开发布情形的出现，当然是政治的一个进步。然而，台湾《联合报》撰文指出：众所周知，政治人物惯用两本账，定期向监察部门申报的，充其量只是美化过的账目，政治献金法的阳光强度，至今仍无法照亮政坛阴暗面。⑤《联合报》的撰文，正是对此问题的公开映射。

尽管台湾的选举源自以美国为代表的西方国家，其选举特色与欧美也有许多共同之处，但由于台湾自身的特点，又使其"民主选举"拥有与众不同之处。这是因为，台湾历史上屡经荷兰、日本等国家殖民，悲情心理较强，缺乏安全感，族群认同混乱，"崇美哈日"现象严重，政治意识也较为敏感。表现在政治选举活动中，便是与欧美不同的情景：

---

① 普京选总统带旺俄楼市 [N]. 信息时报，2012-03-04：(A13).
② 陈晓星. 台湾选举：一场烧钱的游戏 [N]. 人民日报（海外版），2011-09-19：(A03)．
③ 陈由豪事件扁一再改口诚信破产 [N]. 联合报，2006-06-21.
④ 台湾选举经费透视 [OL]. http://www.huaxia.com/sp/rbtj/2009/02/1324378.html，2009-02-19.
⑤ 台湾选举经费透视 [OL]. http://www.huaxia.com/sp/rbtj/2009/02/1324378.html，2009-02-19.

我们在欧、美看到，人家说选情白热化，通常那个选举场子，最多就是千把人，在媒体的眼中就已经觉得是一个非常激烈的选战。但是在台湾，动辄一个选举动员，一场晚会或者是一场群众聚会，往往都是几万人，甚至于可以高达数十万人之多……过去这些年来，台湾的选举，在电视广告及报纸广告上所投注的金额，让人为之咋舌……可能有些人会用比较不健康的选举方式，会用比如说贿选、买票、送礼、请客等等一些方式去进行，希望可以行贿投票人，让投票权人可以来投你一票，这样一个不法的方法。①

尽管竞选费用不断攀升，政治献金和各种绕过行政监管以用于影响竞选的"软钱"也已经成为台湾政治中的一大问题；而由于台湾社会政治化程度较高，更使得政治中存在的诸多问题有向整个社会蔓延的趋势，不利于台湾民主政治文化的充分建立。

对于大众传媒而言，尽管在各类竞选中通过广告等途径获得了大量的收入，但因其他因素制约，经济表现并不理想。这是因为，由于多年来台湾经济的发展已经失去了其作为"亚洲四小龙"时期的那种速度和影响力，使得传媒赖以为生的主要收入途径——广告收入锐减，并直接导致各个媒体生存压力大增，甚至裁员或倒闭。抗风险能力的削弱，使得传媒业的整体力量受到削弱，因而对广告来源等政经势力更为依赖。

以《联合报》为例：由于随着电子媒体开放、网路兴起，传统报业大受打击，发行量锐减，再加上整体经济环境不景气，广告量萎缩，报业二大营收命脉均受重创，联合报系也不得不在2005年宣布关闭声誉良好、但不赚钱的《民生报》；位在忠孝路四段的报社大楼，因近信义计划区，有其商业价值，先是将一楼所谓的"黄金店面"出租知名连锁咖啡店；而后，整个报系于2009年12月搬迁至汐止事业总部，原大楼则对外出租，又成立金传媒公司，举办各项文艺展演活动，皆为另开财源。②

---

① 台湾选举经费透视 [OL]. http://www.huaxia.com/sp/rbtj/2009/02/1324378.html，2009-02-19.
② 夏士芬．台湾七次"修宪"过程中的媒体角色（1991—2005）[D]. 台北：中国文化大学，2011：6.

其次，由于台湾民粹主义的盛行，使得传媒内容也受到影响，并表现出较为浓烈的民粹主义和过度舆论化倾向。这种倾向的产生及发展，使得重要议题要么不被提起，要么被传媒及其所属利益集团的选择性新闻报道所扭曲，这无疑使得传媒作为公共领域的职能大为削弱。再次，政客及台湾当局可以涉及岛内安全、诽谤或妨碍名誉等借口对传媒提出的层出不穷的司法诉讼，而台湾缓慢的司法程序使得当事人必须付出相当多的时间、精力与金钱等代价。纵使台湾部分传媒有能力应对这些旷日持久的法律诉讼，但面对较多的"无妄之灾"，也给传媒公司及新闻人带来了沉重的心理和财务压力。第四，台湾传媒生态错乱，相对具有新闻职业操守和专业素养的报纸《联合报》等报纸落于下风，而将报纸当作纯粹商品、部分忽略新闻客观性的《苹果日报》与为追求"台湾优先"原则而罔顾客观事实的民粹主义报纸《自由时报》反而后来居上——据台湾报业业内估计，目前台湾发行量最大报纸为《苹果日报》，每日实际发行约为50万份；其次是立场倾向"独派"的《自由时报》，发行量约为43万至48万份；《联合报》约为28万份；《中国时报》则约为22.5万份。[①] 尽管金融危机过后，台湾大众传媒的生存环境相对好转，但"劣币驱逐良币效应"在传媒市场至今仍未改观，也将继续对传媒"看门狗"角色造成挑战，并会在一定程度摧毁传媒一向所引以为豪的客观、公正的新闻报道原则。因此，可以在某种程度上说，尽管自威权统治以来，台湾的政党政治取得了很大进步，但从1996年台湾地区领导人选举迄今，"台湾媒介环境并未因民主化而发展，反因内外环境的变化而面临艰困的挑战"。[②] 当然，此种现象，也只是民主化退潮的部分表现而已。

造成台湾民主化退潮的原因，除了因台湾地方当局无法解决政经问题外，还应归结于民主政治文化尚未充分建立的原因。作为在威权时代成长起来的台湾的主要政治精英，虽然如今身在"民主"时代，却时常难以避免威权化的思维方式，也不排除其威权式的行事方式。较为令人感到讽刺的是，以推翻国民党威权统治自诩的民进党上台"执政"后，仍然无法避免威权式的执政方式。这种境况的出现，也或许与该党内部权力精英多为威权政治时期成长起来的中老年人，而新生代缺乏有关。

① 徐和谦.旺旺董事长收购中国时报集团 [OL]. http://www.caijing.com.cn/2008-11-05/110026332.html，2008-11-05.

② 彭怀恩.政治传播与沟通 [M].台北：风云论坛出版社有限公司，2002：354.

从台湾当局与大众传媒之间的关系来看,尽管"中华民国宪法"对传媒与政治权力的宏观框架有所约定,并使得台湾传媒得以享有较大的新闻自由,然而它只是在较大程度上保证了传媒有免于政治权力直接干涉的自由,却没有直接明确规定传媒与政治权力之间究竟应该是什么样的关系,也没有直接规定政治权力不可以通过其他方式来影响传媒,更没有详细规定传媒必须站在政治权力的对立面上,并对它一直保持较强力度的监督。对于台湾地方官员而言,虽然"中华民国宪法"保障了大众传媒免于政治权力的直接干预,但却没有规定传媒可以刊载某个新闻而不受官员或政客对自身的反击,尤其是面临诽谤等罪名时更是如此。此外,当大众传媒涉及岛内安全时,亦要受到公权力的制约。基于此,在台湾社会也时有发生官员利用诽谤罪和"国家安全罪"来对相关不予配合的传媒进行打击的状况。例如,陈水扁执政时期,便曾经以"国家安全"为借口,在2000年不仅设法逮捕了《劲晚报》的记者洪哲政,还设法查封了《中时晚报》的办公大楼。无独有偶,地区副领导人吕秀莲也曾以妨碍名义罪起诉《新新闻》周刊,而谢长廷也曾于2002年的贿选案中"自诉联合报两篇相关社论对其诽谤,并附带请求十亿元的民事赔偿"①,意图通过对其新闻自由的干涉,来达到自己的某种目的。

以民主化方式实现政党轮替且以民主、进步自许的民进党当局,在凭借大众传媒的力量登上执政党的地位之后,反而不习惯传媒的监督和制约,在涉及一系列具有重大意义的事件之上,居然延续昔日威权统治的方法来对待传媒,这是否在一定程度上说明了传媒监督机制的不健全?或台湾民主巩固的艰难?或许二者都有?但不管怎样,都至少表明了台湾距离真正的民主化仍有不短的一段距离,而传媒真正社会职能的履行还有很长的路要走。

本章小结

在报业市场的过度逐利诉求及报业产品的过度商品化等诸多因素的影响下,台湾报业与部分政党之间不良互动产生了一系列恶果,不仅表现为对其政治体制的侵蚀、对各类政治选举乱象的诱发、公共领域萎缩等严重问题的频发,而且还意味着台湾部分政客平时所吹嘘的所谓"民主"有在实质上加快了向民粹

---

① 茅家琦.台湾30年[M].郑州:河南人民出版社,1988:50.

异化的程度。此种倾向，势必将对台湾社会的健康发展造成更为严重且更为深远的危害。

但是，台湾社会所具有的特殊的历史文化及其在长期的历史发展中所表现出的可塑性特征，也意味着其在某种条件下将有继续嬗变的可能。对台湾社会此种嬗变性及可塑性的把握，将不仅有助于我们把握台湾社会发展的实质内涵，而且也为我们深刻理解和把握以报业为代表的台湾大众传媒与政党之间关系嬗变的内在机制，并为我们解决诸多相关问题提供了有益的理论工具和现实契机。

第八章　台湾大众传媒治理的优化

　　基于对台湾大众传媒与政党政治关系及其影响等多方面因素的分析可知，这两者之间确实存有实质性的联系，并对它们自身产生一系列的影响。例如，大众传媒的经济化运作对其内容的生产与流通产生诸多负面影响，间接导致了台湾民主政治的萎缩，并通过政党政治对大众传媒的影响回归到传媒自身，进而在相当大程度上形成一个恶性的循环。如果从此观点来看，对大众传媒的改革就很有必要。然而，由于传媒所承载的表达自由在"各种自由中是一种独特的自由：它促进和保护所有其他的自由"①，且承载着民众对于自由和民主的重要期望，使得任何政府对传媒的任何干预措施，都可能被视为某种程度的威权。在拥有数十年威权统治"白色恐怖"历史的台湾，此种情况更是如此。

　　然而，对威权统治的忌讳阻止了台湾当局伸向大众传媒的一只粗暴干预之手，后者却旋而通过另外一只手从暗地里对传媒施加影响。尽管台湾当局对传媒的干预方式有所区别，但性质和由该方式所产生的结果却有异曲同工之妙。在这种情况下，备受经济因素侵蚀且被政治权力从侧面深度影响的台湾传媒，尽管仍然悬挂有"民主"与"自由"基石的旗帜，但却已经部分变质。针对此种情况，哈钦斯委员会指出：

　　如果私人力量是强大的而同时又是不负责任的，那么最终可以用政府权力粉碎这种力量或者用政府权力管制这种力量。我们的社会需要大众传播机构。它们是私人力量的强大集中。但如果它们是不负责任的，即使第一修正案也不

---

　　① 传媒自由委员会．自由而负责的传媒 [A]．弥尔顿，等．西方新闻传播学名著选译．顾孝华译．[C]．上海：上海社会科学院出版社，2008：251．

能保护它们免受政府的控制。否则，这个修正案本身将被修正。[①]

换言之，哈钦斯委员会认为，尽管新闻自由弥足珍贵，但如果行使该自由的载体——大众传媒不能对自身行为保持克制，且其权力的行使不当或造成严重的社会危害，那么政府就有义务对其行为进行矫正。毕竟民众对新闻自由的珍视和国家对其的保护，并不是为了要制造出一个享有特权却滥用权力的特殊行业。

在运用政治权力对大众传媒实施干预之前，有一个问题我们需要仔细的辨识：既然台湾大众传媒的表现确实存在表现不足的情况，并对民主政治领域造成了实质性的侵害，那么我们需要明确提出的是，究竟是何种内容对民主政治领域造成伤害？此种问题的厘清，不但有助于我们"对症下药"，更好地解决传媒领域切实存在的诸多问题，而且可以防止心怀不轨的权力精英以此为借口对大众传媒正常的经营活动进行不当的干涉。

第一节　报业履行社会担当的必要性与可行性 [②]

在台湾当今社会变化剧烈且各种思潮汹涌澎湃的情况下，广大青年成为其消费主力且越来越多的大众被大众传媒所传播的文化所熏陶的情况下，报界所呈现出的粗鄙的美学表现、枯燥的内容说教和伦理的虚无化以及由于媚俗等原因而涌起的急功近利、拜金主义倾向，无疑会诱发或固化青年人原本就容易激发的叛逆化倾向，进而激化原本已经紧张的人际关系或社会矛盾，加深人与人之间彼此的隔阂。对于这些报业产品来讲，它们对市场利益的执着追求固然有其合理之处，但作为一种具有公共财产性质的文化食粮，它又必须承担起应有的社会责任，体现出一种深切的人文关怀和深沉的社会思考，增强或巩固社会的向心力。在当前社会矛盾潜藏且暗涌不断的情况下，报界有必要体现出应有的人文担当。

以报业为代表的大众传媒社会担当的必要性，首先体现在其对民粹主义思

---

① 传媒自由委员会.自由而负责的传媒 [A].弥尔顿，等.西方新闻传播学名著选译.顾孝华译 .[C].上海：上海社会科学院出版社，2008：281.

② 该部分内容已经在《民粹主义思潮与报业传媒的文化担当》[《学习与实践》（2015 年第 1期）] 发表；部分内容有增加或删减。

潮中极端化倾向的预防和避免方面。这是因为，并非所有的不满或抗议行为均会向极端方向发展——这些不满情绪或抗议行为也可能被化解，那些反体制或反主流的意识形态也有被"收编"，或至少有使其处于一种合适的边缘位置的可能。优秀报纸作品及其所传播的优秀报业文化，一般带有较为强烈的价值判断——它不仅可以促使社会公众对隐藏在某种现象背后的社会原因或制度弊端做出反省，而且会促使他们倾听"他者"的声音，促使彼此之间的相互理解，加速"他者"向"我者"的转化，避免群体极化和族群分裂现象的出现。

其次，大众传媒社会担当的必要性，同样体现在其对民粹主义思潮中制度化陷阱的预防和避免方面。这是因为，作为一种民意的体现，民粹主义思潮中所蕴含的对平民的重视和对公平正义要求的尊重，均是处于制度化时期的中国大陆各种规则制度制定过程中所考虑的重要内容之一；但若隐藏在民粹主义内部的负面因素被混进制度化进程之中并内化为制度的一部分，不但使问题的解决难度增加，而且会为社会的制度化进程埋下隐患。大众传媒社会担当责任的正确履行，有助于平民大众正确认识民粹主义，并形成正当的舆论氛围，同时也使得民意的正当性更为纯粹，而相关规章制度的制定更为科学、合理。

报业传媒的社会担当不仅具有现实意义上的必要性，而且大众群体的心理特征也为报业传媒行使文化担当职责提供了较强的可能性。这是因为，大众群体固然有时会犯下错误，但经过精英人士的引导，在某种合适的氛围之中，却可以发挥出更大的正面能量。古斯塔夫·勒庞指出："群体在智力上总是低于孤立的个人，但是从感情及其激起的行动这个角度看，群体可以比个人表现得更好或更差，这全看环境如何。一切取决于群体所接受的暗示具有什么性质……群体固然经常是犯罪群体，然而它也常常是英雄主义的群体。"[1] 对于大众传媒而言，舆论领导和氛围塑造正是它们所擅长之处，完全可以给大众群体以正向的恰当暗示，并为其巨大力量的正向发挥提供合适的文化场景。即便在最坏的情况下，它也可以通过自身所传递的深切的人文关怀和深沉的社会思考，来唤醒沉迷的人士；而也许正是那一个无意中被唤醒的人士或人物形象，便可以及时阻止由狂暴的集体情绪所引发的种种极端行为。

---

[1]　台湾选举经费透视 [OL]. http://www.huaxia.com/sp/rbtj/2009/02/1324378.html，2009-02-19.

第二节　优化治理传媒的依据

大众传媒在台湾社会的作用日益重要，但同时也成为引发一系列问题的源头。基于公共利益的要求，以报纸为代表的大众传播系统理应受到制约，以确保其资源的优化配置，并服务于社会发展的普遍或长远目标。然而，为防止不适当的治理措施对传媒造成伤害并导致更坏的恶果出现，我们需要在对传媒优化治理之前，提出赖以治理的原则或依据。

一、大众传媒的经济属性

在一般市场条件下，只要能够拥有足够的盈利诱因，传媒等企业便会有持续生产的动力。由于市场所拥有的优化资源配置的作用，即使没有政府权力的介入，它们的生产也会卓有成效。然而，与其他一般企业不同，传媒企业具有独特的个性，即作为公共财产的个性，使得该领域容易发生市场失灵的状况。因此，我们可以说，市场经济运行的一般模式并不适用于社会的所有领域，特别是传媒领域。

这首先是因为，传媒产品具有明显的公共财产的性质。所谓公共财产，多指国家或集体的共同财产。消费者对包括传媒等在内的公共财产进行使用的时候，往往彼此之间互不排斥，也不构成敌对关系。换言之，受众对报纸等传媒产品进行消费并从中获益的时候，不影响也无法排除另外一个人对此产品的使用或从中受益的可能。

其次，传媒产品制造了大量的外部性，但这些外部性或正或负。所谓外部性，是"指那些生产或消费对其他团体强征了不可补偿的成本或给予了无须补偿的收益的情形"。①换言之，交易之外的第三者，因为交易双方所牵涉到的某些因素，对自身产生了影响。当此种影响对该第三者有益的时候便是正外部性，反之则是负外部性。对于报纸而言，由于其所拥有的吓阻功能，可以使部分不法个人或组织停止某项非法行为。此种效应，便是正外部性的一种表现。

再次，传媒不仅将其内容产品卖给了受众，同时也将受众卖给广告商。换言之，由于传媒的市场交易过程涉及多方主体参与。它也对这些参与主体保持了某种程度的忠诚。但是，由于它们对传媒重要程度的不同，也间接促使了传

①　[美]保罗·萨缪尔森，威廉·诺德豪斯.经济学[M].萧琛，等译，北京：华夏出版社，1999：263.

媒对其忠诚程度的差异和对其采取方式的不同。对于受众而言，其所支付的报纸价格，并非代表着报纸的全部价值——部分费用由广告商投入进传媒的广告费用所垫付；对于广告商而言，看似其向传媒投入了不菲的广告费用，但只要达到了令部分消费者购买其商品并获得利润的目标，那该部分广告费用在实质上是由部分受众所支付的。同时，由于广告商对于报纸创收的重要性要大于普通受众，且前者的力量也要大于后者，故传媒对广告商的忠诚度便远远大于普通受众个人。当然，这种忠诚度差异的直接表现，便是传媒将那些受众不需要但广告商需要受众知晓的内容通过貌似客观报道的方式来呈现给后者。

第四，对于多数受众而言，他们会根据自己的偏好来选择相关传媒。但是，在市场经济条件下，由于市场失灵情况的出现，多数传媒企业并不乐意生产那些部分受众喜爱但却会令自己经济利益受损的小众化的传媒产品。由于人们的爱好数量众多且总是存在差异，使得部分传媒产品的缺失，势必会让部分群体的偏好无从选择。

二、大众传媒各经济属性的影响

传媒的经济属性还包括其他方面，在此不一一赘述。但是，仅就这几个特点而言，就对包括大众传媒在内的社会各个方面产生诸多重要的影响。首先，由对传媒公共财产属性的分析可以看出，若单纯通过市场机制对其进行调节，则其生产与分配水平将会有不足的危险。

就传媒的第二个经济属性——外部性而言，在一般市场机制运行时，确实没有将传媒企业运行时所产生一些交易成本与其自身收益有机结合起来，并形成各种或正或负的外部性。当然，对于某些交易成本，在实际的交易过程中确实很难或无法将其列入计算范围。基于此种原因，报业集团若以较高的价格来要求受众对自身的正面付出做出补偿，则市场对其产品的需求将会下降，无疑会影响传媒公司的后续运作。若此种趋势得以延续，表现在传媒市场之中，就是此类产品的供应将会不足。反之，如果传媒公司无须承担其所造成的负外部性的代价，该项产品就会发生供给较多或供过于求的状况。

由于市场提供给富含正外部性的产品的生产诱因不足，使得即使部分受众为了满足自己的需求而愿意支付一定的成本，但仍不足以弥补相关企业生产该产品所造成的自身利益的损失，该企业便会转而生产利润更多的其他产品。从此角度来看，尽管受众对某类产品没有表现出购买行为，并不代表其没有消费该产品的需求。对于生产负外部性的传媒而言，其产品价格的低廉，较大程度上是由于受众所支付的价格仅仅只是其真实成本的一部分的原因。从纯粹尊重市场和消费者的选择情况及其所导致的结果来看，我们并不能保持乐观。

仅以民意及政治参与的品质为例，其外部性的形成来源于对传媒内容的消费。经此内容消费之后，民众或表现为公开、理性、批判性的表达民意及自愿参与到民主政治过程之中，并进而推动民主政治的良性发展；或表现为愚昧、冲动、消极而狭隘的民意的形成，并进而妨碍民主的巩固。由于报纸担负着台湾多数民众直接或间接获取消息来源渠道的重要角色，因此它对其受众参与政治活动的广度、深度及品质均有重要影响。从这个角度来讲，人们对大众传媒内容的消费，会制造巨大的外部性，并会导致其他人因此而受益或受损。

就传媒的第三个属性来讲，传媒多方消费群体的存在，促使传媒产生了多方忠诚，且该忠诚程度会向那些对其贡献程度更大的客户靠拢。此种状况的出现，也为我们解开了多数传媒企业重视大广告商的利益而部分忽视弱小受众权益的谜团。这是因为，对于大广告商而言，其对大众传媒所支付的庞大广告费用，是单个受众难以望其项背的。同时，由于受众的力量比较分散，且因教育水平和爱好等因素的不一致，使得受众之间对如何判定传媒内容的品位及质量也会产生很大的不同。受众自身的状况，也给广告商、公关公司或大众传媒假借受众需求的旗号，来明目张胆地加塞某些内容，或让某些富有操弄性质或充满扭曲的意识形态在充满漏洞的市场中得以继续存在提供了机会。在台湾过度政治行销的社会氛围中，受众已经得到或想要得到的内容与其真正应该需要的内容的距离越来越远。

然而，报纸多方买家的存在，其影响并不仅于此。以广告商为例，它所投入的广告费用虽然确实令受众可以用较低的价格来购买到某种传媒产品，但其所支付的广告费用，其实就是一种另类的内容审查——它们不仅通过传媒向大众传递各种富有诱惑力的商品讯息，而且更通过确保该传媒不至于出现不利于其企业或产品形象的内容，以创造受众对某种商品的购买氛围。然而，广告商和传媒均不希望受众获知此种影响力的存在，多数传媒高层也均宣称其新闻的采编等过程均基于独立而专业的立场，但不可否认的是那些对其支付费用的个人或组织会在某种程度上影响它的实质内容。受众对此并不知情，也缺乏获得该方面内部讯息的渠道。由于无法得到自己真正想要得到的内容，便也只好将就了事。受众与大众传媒、广告主之间信息的不对称，足以造成传媒市场发生失灵现象。虽然说广告主的利益也应该得到人们的重视，但从上述意义上讲，广告商的影响使得传媒内部所蕴含的独立和民主正当性受到损害。

基于销售某类商品的需要，广告商会对特定内容和人群有所偏好。反映在传媒产品之中，便是传媒内容有其特定的倾向，而那些缺乏购买力的贫困人士就要面临被淡化的命运，尽管后者认为某类内容富有极大价值。换言之，如果报纸诉求于最大数量的优质受众，便会有更多机会得到广告商的青睐。传媒为得到最大数量优质受众的重视，必然会尽力去寻找他们之间的共同爱好，而部分忽略他们之间所存在的部分差异。传媒的这种努力，表现在其内容方面，便是内容的同质化倾向较为明显。尽管一些报纸会采取另类角度对某新闻事件进行报道，但由于台湾传媒市场产品种类较多、竞争激烈，且由于地方狭小、媒体多热衷于本土新闻的报道而少关注其他地方的新闻，因此新闻内容存在有严重的同质化倾向。另外，通过此举得到更多大广告商青睐的传媒的实力会越来越强，并最终导致垄断现象的出现。台湾报业历史上出现的那种"强者恒强"现象，便是此种推理的部分印证。

对于台湾来讲，由于面积狭小且人数有限，而优质受众多集中在台北等大都市，除了政治立场差异巨大之外，在生活等方面并无太大的区别。因此，后起的《自由时报》主要诉求于意识形态，并试图在"台独"的分众市场内达到垄断的效果；对于再后来的《苹果日报》而言，由于在"偏蓝"和"偏绿"的政治领域的龙头地位已经被《联合报》和《自由时报》所占领，便力图另辟领域，将政治和娱乐结合起来，并迎合台湾最近兴起的"本土化"运动，也获得了巨大的成功。当然，这几大报的存在，在一定程度上割裂了台湾社会。但暂且不论各报对民众和民主政治影响的功过是非，只论市场经营而言，他们在各自的领域无疑是具有类似垄断的地位，并对其他类型的传媒保持了很大程度的压制。

台湾式报业垄断，是在同一社会内部不同内容领域之内的垄断。这种垄断，在理论上讲可以允许持有不同意见的人得以享有发表个人见解的机会，容易给人们一种多元文化意见表达的印象。另外，各个报业集团为了弥补主营报纸照顾不周的地方，往往新设报纸以吸引小众化的受众，这也容易给人们留下一种传媒产品非常丰富的印象。然而，这种台湾式报业垄断容易导致报纸之间展开激烈的竞争，进而形成虚假的多元文化现象，并容易造成资源的浪费。这是因为，对于单个报业集团来讲，在台湾经济发展不太景气的情况下，为了节省人力、时间和物力等成本，其不同报纸所报道的新闻多半来源于对同一篇新闻事件的报道，而分支报纸也常被要求刊载一些主要报纸的相关新闻。只不过在很大程度上，各个报纸针对自己的特色做了一些必要的修订和延伸而已。基于此，可以得出如下结论，在台湾报业市场，尽管存在着观念的差别，各个报业集团内部却可能存在着几近相同的新闻产品。由于新闻事件的真相只有一个，不同报纸对其立场和色彩迥异的报道，不仅无助于呈现事件的真相，更会浪费有限的社会资源，尽管报社及其背后的政经集团可能会从中受益。

再以虚假的多元为例，尽管我们已经从台湾公共领域所面临的困境之处对此方面进行了侧面的剖析，但亦可从经济层面做出此结论。由于台湾经济的不景气，使得传媒对广告较为依赖，其彼此之间竞争较为激烈；地方狭小，发生的重大事件也较少，而大众传媒热衷于报道台湾岛内新闻的偏好，又使得传媒可以刊载的新闻类型受到限制。在此情况下，排除被传媒所忽略的那部分无购买力的受众，如果有69%的受众对某类事件A感兴趣，21%的受众对B类事件感兴趣，剩下10%的受众则对C类事件感兴趣。那么，基于对最大化受众和广告商的需求，上述三家报纸均有提供A类事件的冲动和倾向。这是因为，如果从事A类事件相关新闻的生产，那么三家报纸均可以获得大约23%的受众——这个份额要比分别关注其他两类事件所产生的21%和10%的份额更加符合自己的经济利益。但是，尽管报纸的各个分支报纸对其偶尔介绍，也掩盖不了后两种受众的意见和需求被较大程度忽略的事实。因此，台湾所谓的多元，多是颜色上的区分。就民众的实质需求而言，若非无从存在就是分配不足；对于传媒而言，不仅其多样性因此受抑制而减少，对少数品位的回应也变少了。因此，从该角度来看，该多元无疑是虚伪的存在。

就传媒的第四个属性来讲，假若市场完美运作，人们便可以根据自己所拥有的资源，通过市场交换过程来使得自己的偏好得到相对完美的满足。然而，在常规状态下，由于人们喜好的多变特征，使得仅通过市场行为并不能完全将人们的偏好特征予以全部考察，更何况部分内容并不适合用商品化途径来考察。当市场失灵现象出现时，利用市场途径来对人们喜好进行考察的方式更是漏洞百出。因此，在利用市场途径对人们的偏好进行考察的同时，也不能忽略那些非市场的考察途径。面对在现实世界之中处于并存状态的两者，为何人们的不同选择就无法创造出一个二者混合的最优状态呢？由于非商品化的内容产品的分配并不借助于市场机制来运行，或其并非主要借助市场机制来运行，仅此情况的存在便将市场在其中的作用大大削减。单纯的市场之路貌似不利于此问题的解决，那么采取政府介入与市场调节相结合的方式又会如何？

以公共媒体等非商业机构的运行为例，它们并不借助或并不明显地借助市场力量，而其内容的呈现也更多考虑民众的真实需要。由于公共媒体的公共财产的特性及其衍生的"搭便车"等诸多问题，使得仅依靠赠送或志愿者的活动，难以支撑其日常活动开销，并对其节目内容的制作质量产生不良影响，并有令部分民众陷入对其失望境地的风险。因此，公共媒体运行所需要的设备等主要资源，便需要通过市场途径才能满足。由上述情况可以看出，由于对经济资源有所依赖，就使得以公共媒体为代表的非商业化机构的活动，就需要主要负责公共利益的政府提供支持了。因此我们可以说，市场本身并不能极大化地满足受众的偏好，而政府的恰当介入也未必会对传媒内部所蕴含而又被人们所珍视的价值造成扭曲或削减。

第三节　传媒资源的优化原则

若政府力量可以有选择的介入传媒市场并对相关传媒资源进行分配，那么传媒产品应该以哪些原则作为分配的依据？针对此问题，考虑到市场所存在的固有缺陷，如果一个社会若真的是自由和民主，那么资源的分配便应该保持对个人权利的尊重和满足。当然，由于市场经济也有其长处所在，且其在分配一些资源时有先天优势，那么政府力量对传媒市场进行介入时，也应该在尊重合理的市场分配基础上，另行对一些关系重大的资源的分配采取更为平等的方式。在现实社会之中，我们可以看到，各个民主国家和地区对关系重大的教育、卫生和消防等资源的分配，总是倾向于用平等原则向其所辖民众提供最低限度的保障。由此观之，上述对分配原则的看法至少在现实中是较为正确的。

对于大众传媒来讲，由于其在不同领域所发挥的具体职能的不同，政府对其的介入也应选择合适的范围与方式。众所周知，传媒不仅具有教育功能、娱乐功能，更具有政治功能。由于传媒的娱乐功能而言，由于其影响相对轻微，故将市场工具作为对其受众偏好的测量工具未尝不可，但对于社会意义重大的选票等政治资源的分配而言，却需要有个更为平等的方案。

如果我们要依据平等原则对传媒相关资源予以分配，那么平等的标准就需要有较为清晰的确认。平等大致可以分为两种，即机会平等和结果平等，且蕴含各不相同。

平等不但可以分为机会平等和结果平等，而且这两种平等又各自包含两层相互排斥的含义：机会平等可能指：A. 前景平等——"每个人都有达成一个既定目标的相同的可能性，如工作或被一所医学院录用"；B. 手段平等——"每个人都有达成一个既定目标的相同的手段"。结果平等可能指：A. 份额平等——"人们被授予完全相同的东西"；B. 人头平等——"不同的人被授予对每个人而言价值相等的东西，即便它们在数量上可能并不完全相同"。[①]

对平等概念有较为透彻的了解，有助于在相关资源的分配之中更为接近平等的实质，也可以有效规避部分个人或组织以平等之名所从事的不平等的活动。由上述关于平等的论述可知，由于人们自出生伊始所处的社会地位便有所不同，故所谓的机会平等，往往会异化为部分权力精英为其关系紧密的个人或群体谋取利益的借口。甚至就结果平等中"人头平等"的标准而言，由于对每个人而言的那种价值判断标准的不同，也容易给部分人士或组织从中操弄该标准以可乘之机。因此，由于机会平等和所谓"人头平等"背后所蕴含的实质的不平等，使得我们有理由接受更为接近平等实质的结果平等原则——份额平等的原则，即每个人所偏好的产品应得到等量资源的投入。当然，这也是一种比机会平等和"人头平等"更为激进的平等形式，在现实生活中也更难以落到实处。

但是，此种结果平等标准的采用，却具有重大的社会意义。这是因为，加拿大学者 Kymlicka 认为：

这些少数权利却可以帮助保证少数群体文化的成员得以进入一种可靠的文化结构，正是从这种可靠的文化结构中，他们为自己作出了具体的选择，并从而推进了自由主义的平等。[②]

换言之，Kymlicka 认为，个人只有在相对稳定的文化情境之中，才能形成

---

① 吴江，顾智锦. 中国公众的平等与特权观念调查报告 (2012)[J]. 人民论坛·学术前沿，2012，(11)：78.

② [加]Kymlicka,w ．. 自由主义、社群与文化 [M]. 应奇，葛水林译. 上海：上海译文出版社，2005：183.

认同、维持自尊与自信以及进行有意义的生活的选择；人们进行有效选择的能力通常依赖并来自其所在的文化社群。如果某个群体借以形成有意义生活的选择所必需的相对稳定的文化情境欠缺，那么人们便无法理性地进行正确的决策。

有此论述可以看出，Kymlicka对文化情境及其所处社会的公平性的重视程度。换言之，基于文化情境的重要性，可持续地拥有自己的文化传承的社群身份，是人们基本的生存需要——其价值在于能够让我们拥有对自己富有意义的方案进行明智选择的素养，也增加了我们可以自行理性论证并确定自己生活规划的价值所在的能力；就此意义而讲，不平等就是不正义。

Kymlicka那种将文化情境视为文化传承并要求对少数派权利的平等的观点，与罗尔斯的关于正义的观点在较大程度上是较为契合的。这是因为，罗尔斯同样将那种可以持续的文化传承视为人类基本的需要，并将其延伸为"基本人权"的思想，更提出关于正义的两个原则：

第一个原则：每个人对于其他人所拥有的最广泛的平等基本自由体系相容的类似自由体系都应有一种平等的权利——第一个原则；第二个原则：社会和经济的不平等应这样安排，使它们（1）被合理地期望适合于每一个人的利益；并且（2）依系于地位和职务向所有人开放。这两个原则是按照先后次序安排的，其中第一个原则优先于第二个原则。①

他所指的基本自由，包括：

政治上的自由（选举和担任公职的权利）与言论和集会自由；良心自由和思想自由；个人的自由——包括免除心理的压制、身体的攻击和肢解（个人完整性）的自由；拥有个人财产的权利；以及依照法治的概念不受任意逮捕和没收财产的自由。按照第一个原则，这些自由都应是平等的。②

从罗尔斯对正义原则的论述可知，如果一个社会称得上是正义的社会，那

---

① ［美］罗尔斯 . 正义论 [M]. 何远宏，合包钢，廖申白译 . 北京：中国社会科学出版社，2009：47—48.

② ［美］罗尔斯 . 正义论 [M]. 何远宏，合包钢，廖申白译 . 北京：中国社会科学出版社，2009：47—48.

么就必须无条件地确保每一位社会成员的平等和自由；对每个社会成员而言，他也必须对其他人同样的平等和自由的权利保持尊重。如果根据罗尔斯的基本人权理念，来对社会文化结构予以审视，就会发现如果欲推动正义的实现，就至少需要要求人们基本的生活要求所需要的资源的分配符合平等原则。如果从这个角度出发来进行考虑，那么与罗尔斯的正义观念较为契合的是结果平等的理念。

因此，为了更好地满足人们的偏好，并从整体上促进社会群体的进步，传媒资源的分配也需要向结果平等的原则靠拢。但是，此种靠拢的程度，需要视人们偏好内容的不同而有所侧重。对于那些关系国计民生的根本内容，或促进真正民主政治的发展的相关内容，我们有必要给予其一定程度额外的支持和鼓励。由于民众基数的庞大和各自所处情况的不同，彻底实现结果平等或许只存在于理想之中的物质极大富裕的社会才可实现，对于仍然需要依靠各种途径对有限资源进行调节的现代社会而言，有点不太现实。基于此种考虑，我们不妨对罗尔斯所述的基本人权观的要求予以缩小，选择那些规模适中的群体成员，给予其结果平等的待遇。尽管此举会对那些群体规模极小的边缘人士或群体规模极大的主流人士存有不公，但由于缺乏该部分传媒资源的支持，那些群体便无法得到或满足其基本人权所需要的文化传承，进而不能做出正确的选择，更或许对整体社会产生不良的影响，且在目前资源有限的情况下，我们还是有必要对其予以一定资源上的倾斜，以便促使社会整体状况的好转。但是，此种倾斜的程度，应该维持在满足该群体成员基本人权需要的标准上。如果该群体成员还有其他超过基本人权需要的要求，他们便应该通过自己的努力去获得。当然，此种选择还有其他一些不足，但却可以为如何回应受众对有利于民主政治内容等诸多良性偏好等问题提供初步的政策指引，且具有实践的可行性，因而又具有重要的参考价值。

第四节　优化治理传媒的措施

由于受自身诸多特点的制约，报纸等大众传媒产品市场中的生产与分配行为有发生市场失灵的可能。基于大众传媒诸多市场外部性的表现，我们可以在较大程度上认为，尽管依托市场的途径，我们可以在一定程度上对大众传媒内容的偏好予以衡量，但其并不能真正对人们全部的真实偏好予以精准的确认和测量。在此情况下，我们不妨认为，市场化的大众传媒提供了大量的负外部性内容，并造成了传媒有限资源的浪费。但是，对于部分群体或个人而言，他们的存在及偏好虽然遭到市场有意或无意的忽视，但却与那些规模相对较大群体的偏好具有同样重要的价值。因此，针对传媒此种特点及其缺陷，对其进行优化治理，是非常有必要的。

一、基于经济外部性的宏观思考

虽然台湾大众传媒市场存在一定程度的失灵现象，但台湾社会基于对威权统治时期台湾当局对大众传媒施加的白色恐怖的畏惧以及多数民众对能够反对或抗拒台湾当局的意愿而激发的骄傲和积极心态，使得台湾当局担忧自己若对传媒采取某种措施便有可能被冠以"威权统治"或"白色恐怖"的称号，进而影响执政党地位的稳固。然而，台湾当局对传媒市场的介入，并非仅包含对内容的审查和压制——我们是反对此种行为的，还包括其他富含积极和健康意义的措施。例如，台湾当局虽然不能直接介入传媒的生产运营过程，但却可改善传媒生产运营活动的环境条件，以更好地为公共利益服务；可以制定相关法律政策，避免传媒对新闻自由的滥用，或规避部分利益集团在传媒自由的外衣下所从事的不轨行为，以为传媒指明真正的新闻自由应该努力的方向。当然，台湾当局还可以从结构层面对传媒市场进行规范和调整，或加大对某类意义重大的内容的补助力度，以切实提高传媒内容的质量，促使更多正外部性内容的出现。

由本章第一节相关论述可知，正是传媒产品外部性的特殊性，导致了诸多问题的产生。因此，这些基于传媒外部性所引发诸多问题，理应通过对外部性的分析来获得解决。如若通过此种分析，发现政府的介入可以使那些生产正外部性内容的传媒的成本减少了，或生产负外部性的企业原来转嫁给外部的成本由其承担了，以及传媒其他新的良性运作出现，那么我们就可以认为政府有通过政策等途径介入传媒市场的必要，而政府此种介入行为对于那些理性的公民而言，便可以相当大程度上摆脱"威权"的标签，而换以平等或正义的外衣。换言之，对人们的偏好予以确认并给予不同的权重，可能的方法有很多；而仅仅为满足人们的偏好这个理由，并不足以构成人们应该依赖市场而非其他方案的依据——尽管依赖市场有其部分道理。

部分传媒的内容及实务运作，确实在现实生活中产生了意义重大的正外部性，却也承担着数量巨大的成本压力。然而，基于各方面的原因，在具体的市场运作中，却没有能够将其所产生的成本与其所创造的正外部性有机结合起来。经过前面的论述，我们不仅看到了客观存在着的市场失灵现象，而且知晓了市场也并非唯一的或逻辑上的优先表达和确认人们政治的手段。就传媒内容的政治外部性而言，如果采取法律政策等政府结构化介入的形式，或许更为合适。

从此种角度来看，如果欲使包括台湾经济市场和政治市场在内的诸多市场顺利运行，那么在现实社会之中成功引进一种在法律制度保护范围的诸多契约便尤为必要。通过此种对传媒的市场行为进行结构化介入的方式，我们便可以更大程度上实现结果平等的要求——此种结构化介入的形式，并不直接对传媒的日常运行形成压制效应，它只是对内容的生产和流通进行了必要的规范；它也不直接对某类内容产品形成可观的经济效益，但却为其获得正当的经济效益提供了条件，并促使相关主体通过自身行动来获取相关资源，并在最大程度上满足自己的偏好。通过使得那些具有正外部性的特定内容和特定行为获益的方式，政府科学的结构化介入方式能够促使传媒内容产生某些利于民主政治的正外部性，因而富有正当性。

二、基于经济外部性的结构化介入

政府对传媒领域的结构化介入方式，并非仅有压制，而对某种内容产品进行压制，也并非政府恰当的反应方式——特定的传媒产品效果的优劣，实在是因人而异。依据民主政治所提倡的程序正义原则，我们或需要提倡多数原则，或让民主提供其他机会，以便我们更好地践行民主、自由和平等理念。假若我们对那些少数意见加以压制，那么本身便不仅是对民主理念构成破坏，更使得人们失去了从中学习的机会。此外，霍尔的编码—译码模式认为：

第一，传播者为了意识形态的目的而对讯息进行选择性编译，并以同样目的而操纵语言和媒体（给予媒体讯息以"偏向性解读"，也就是现代术语中的"编故事"）；第二，接受者并无义务需要原封不动地接收或解释讯息，他们实际上根据自己的经验和视野，通过变通或对立的解读来抵御意识形态的影响。[①]

---

① [英]丹尼斯·麦奎尔，[瑞典]斯文·温德尔.大众传播模式论[M].上海：上海译文出版社，2008：130.

根据霍尔的描述，受众对相关讯息的接收和理解，常在结合自身既有观念和实践经验的基础上进行。在此情况下，受众从构成那些讯息具体内容的字里行间得出的实际解释，可能与"编码者"所要传达的意思相互一致，但多半会有偏差，甚至也会出现完全相反的情形。因此，即使我们对某种自己认为"坏"的内容进行压制，由于个人对构成内容产品的语句理解的不同，某些人从"好"的内容之中也可以得到"坏"的引导，所以我们更没有理由对内容保持压制了。对于一些政客而言，为了达到自己的目的，也往往以"民意"代表自居，而大肆行使对某类内容的压制，进而推动了民粹主义的泛滥。压制还可能产生更坏的情况，即它促使受众注意力的游移，使我们不能寻找问题的根源，也不能及时提出更为有效的应对措施。

对于那些传媒公司的多数人员来讲，其传媒内容呈现为负外部性，较大原因在于市场经济的影响。如果他们同时受到另外一种富有吸引力的机制的影响，得到了生产数量更为丰富、内容更为优质的传媒产品且盈利水平较高的机会，那么他们会不会改变先前的那种做法？如果此种因素才是问题的关键，那么保持对内容的压制便没有必要，也混淆了问题的性质。由此我们看出，政府最好通过架构某种谁拥有决定生产何种内容以及决定内容质量如何等方面的规则，来对内容的生产施加影响，才能起到一劳永逸的效果。

当然，人们也完全可以通过民主手段得出那些可以诱发优质内容偏好的相关社会结构。这是因为，在日常生活之中，每个人都要依据其个人身份对某些内容做出取舍，并要以集体身份对某些规则予以选择，以便一些内容或偏好的胜出，并通过此种途径展现他们对于某类内容对个人及社会的纯粹效应的看法。借助公共领域的途径，如果这类选择足够自愿、公开、理性和批判，那么人们对传媒内容品质的判断就有足够的说服力，而政府也应以法律政策等方式对民众的选择予以尊重和回应。相对于直接祭出压制这种简单而粗暴的手段，其他富有正当性的方法显得烦琐而复杂。然而，民主的存在目的，也不是主要服务于效率目的。在通往民主政治的路途之中，我们需要更多一点耐心和理性。

在介入大众传媒内容生产与流通的诸多方法之中，通过相关政策的制定或施行，促进那些被人们认定的具有正外部性效果的传媒内容的生产与流通，是国际上惯行的一种做法。对于台湾而言，因为报纸与政党在某种程度上的结合，使得直接发放的资金补贴等方法并不一定具有多大的正面效应。但如果经由第三方公正机构，对各个传媒刊出内容予以客观评估并予以发放正外部性补贴，或者加大对符合民主政治取向的公共媒体的补贴力度，或许有利于台湾民主政治文化的培养和诸多不良现象的好转。当然，诸如此类的方法还有很多。此类以政策等方式对传媒市场的正面介入方式，可以促使那些正外部性的内容产品的种类变得更为丰富，其价格也变得相对适宜，也更为容易地被受众所获得。

上述做法也给予我们一个启发，即不同的法律结构会产生不同的诱因系统，进而对那些直接对大众传媒行使权力的个人或组织产生影响，并在较大程度上决定那些传媒的优先性是定位于公共性的价值，还是放置于服务或某个狭隘而自私的目标。这种关系表现在传媒内容的生产方面，便是在正外部性与负外部性的争执。基于此，如果公共政策的关怀要旨，在于诱发受众或公民真正需要的内容或偏好，就应该尽力营造某种法律结构，让那些合适的人得到决定内容类型和质量的相关权威。

此时，那些独立而自由的传媒的意义便凸显而出。研究显示，"那些产权独立的报纸比报团所持有的报纸更为不会完全臣服于利润导向"。[①] 究其原因，或许是那些持有较强新闻职业操守的报纸发行人，出于对新闻理念及专业素养的尊敬，对于新闻的标准怀有更大的执着与并给予更多热情的践行。如果情况确实属实的话，在基本因素相同的情况下，那么可以得出如下推测：如果传媒集团的控制者并非新闻专业人士，那么报纸的所有权从前者手中向后者手中以某种合理的方式转移时，应该能够产生较大的正外部性。

新闻专业人士富集的传媒企业，承载着民众对自由和民主的希望，因而更应该严格践行新闻伦理。同时，它还应该采取提高薪资等方法来提升内部员工工作的积极性，并赋予他们一定的工作自主权。毕竟台湾经济的不景气会对那些底层新闻记者的生活造成影响，且此种情况会增加他们被外界因素诱惑的可能；新闻工作的成果毕竟也是文化成果，其取得过程和展现方式都需要记者的智慧，而给予他们一定的自主权，不仅可以充分发挥他们的新闻挖掘才能，得到更多的新闻线索——也摆脱部分团体利用新闻线索对其的隐形控制，而且会使内容质量大为提升。

新闻工作者在进行自律的同时，还应坚持与他律相结合。例如，传媒学术界的专家可以就其缺陷提出建议，而业界的各个单位可以通过相互批评和建议的方式，来促进整体业务的提升。当然，一个独立而自由的传媒监督结构也是

[①]

必要的，因为它可以在每年度对各个传媒的表现进行评价。尽管在目前台湾的
政治生态中，此种机构的运行是否客观还需要再思考，但毕竟也是一个值得努
力的方向。

　　另外，如果将此思考与台湾特殊的重视族群的社会文化相结合的话，那么
我们也可以做出如下推测，即那些居住在当地的传媒公司产权所有人，尤其是
新闻专业人士，除了对利润的需要外，同样也会有服务其所在族群或地区的愿
望，而更多的正外部性则会由此产生。相反，那些与本地毫无渊源的人，尤其
是那些缺乏足够新闻专业素养的人，其对传媒内容产品经营的要求，可能主要
侧重于利润方面的考量。表现在其传媒产品方面，就会产生出更多的负外部性
内容。例如由香港赴台的《苹果日报》，尽管其在经营方面获得了较大成功，但
其新闻不但缺乏客观性，而且还造成诸多其他的负外部性内容，不断招致众多
台湾人士抗议，并给予其"毒苹果"的称号。对于《自由时报》而言，它虽然
由台湾本土人士林荣三创办，但其本人并非新闻专业人士，而是依靠房地产起
家的商人。以他为代表的台湾三重帮邦联财团，经营领域广泛涉及建筑、电子、
造纸和娱乐业，而《自由时报》所代表的传媒业，也仅是该财团之中需要额外
经费支持的一个较小的分支机构而已。他最初创办该报的主要目的，也主要是
为了宣传个人理念，支持自己所青睐的政客，并对抗政治选举中的竞争对手。
所以，他对该报的影响，较多的是"生意人"的角色在发挥作用，而非新闻人
的职业素养。因此，报业产权多赋予本土新闻专业人士，较为有利于诸多正外
部性的产生。换言之，传媒政策应该对各种结构法规予以特别的偏好，从而更
好地将对内容生产的决策控制权分配给那些拥有社会责任并用心制作优质内容
的个人或组织，或让决策控制权更容易被拥有上述特质的个人或组织所掌控，
而非那些仅仅想追逐社会底线的个人或组织。

　　通过以上论述可知，以政府结构化介入的方式参与其他类型的外部性的培
养，具有较大的可行性。但是，由于不同性质的外部性又各自具有不同的特征，
因此在具体施行的过程中又会表现出各自的特点。由于本章主要讨论的重点在
于台湾大众传媒及政党政治之间的关系，因而对外部性所探讨的重点也主要集
中于传媒产品的政治外部性。对于其他类型的外部性，姑不做专门而详细的探
讨。

本章小结

以报纸为代表的大众传媒在台湾政治系统运行中，扮演着越来越重要的角色。然而，由于诸多原因的制约，它也导致了一系列问题的出现。为规避其负面效应，更好地发挥其正向功能，本章从大众传媒的经济属性及该属性的影响入手，提出了若干传媒资源优化配置的原则，即平等的原则。

对于平等原则而言，由于其又包含机会平等和结果平等形式的存在，且机会平等原则和部分结果平等原则的实施，容易留给部分心怀不轨的个人或组织以操弄平等标准的空间，故在对此问题进行分析的基础上，选取了更为贴近平等实质的份额平等的原则作为对传媒资源进行优化的根本原则。

基于此分配原则，经过基于经济外部性的宏观思考，我们认为，采用基于经济外部性的结构化介入策略能够达到优化治理传媒的目的。

然而，由于台湾大众传媒与政党政治之间"结盟"关系的存在，如果仅对传媒进行优化治理而忽略对台湾政党政治方面的优化，那么后者将势必通过某种途径继续对传媒施加某种不好的影响，使得我们对大众传媒的此种治理效果被削弱，甚至会归于失败。

因此，为了巩固既有的改革成果，并促使台湾社会整体的好转，我们也有必要针对台湾政党政治的特点予以优化治理。当然，对于台湾大众传媒和政党政治的治理，如果能同时进行，则效果会更好。那么，我们又该如何对台湾政党政治进行优化呢？

第九章　台湾政党政治的改良

美国大法官 Justtice Murphy 认为，自由传媒居住于民主的核心之中，其得以维系是自由得以存在的重要条件。[①] 他的论述，在一定程度上表明了自由而独立的传媒对于民主政治具有重要的意义，且在较大程度上成了人们的共识。然而，该共识虽然令人珍视，但却有虚浮的嫌疑。因为，他们没有指出所谓的民主究竟是指哪一种民主类型，也没有指明何种形态的传媒才是该种类型的民主所珍视的。

针对台湾大众传媒与政党政治，我们不妨提出如下问题，台湾现行民主模式是何种类型？其特点是什么？而有利于台湾社会健康发展的民主又应该是什么模样？在对此问题予以解决之后，我们才能继续其他方面的探索。例如，大众传媒应该以何种途径促进民主政治的真正实现，并在双方良性互动中扮演积极的角色？因此，对目前台湾政党政治所处的西式民主体制的具体类型予以清晰的了解，是其他问题得以解决的重要基础。

第一节　台湾现行民主模式的弊端

从目标取向和现实政治运作来看，台湾政治民主化选择的是西方"自由式选举民主"模式。[②] 此种民主模式在西方独特的文化、政治等社会土壤中经过漫长历史时期内的演化，已经成为西方社会较有影响力的一种民主模式。就其特点而言，此种民主模式将民众视为理性和自利的公民组合，将政治领域视为市场领域，而公民在其中追求自己利益的最大化。同时，政党政治的运行，也需要将不同选民之间的偏好予以聚合，甚至不排除为了获取执政权不惜采取激

---

① Pnian Lahav,ed.*Law in modern democracies*[M].New York:Longman,1985:339.
② 许开轶 . 解析 "台湾民主" 的困境 [J]. 当代世界与社会主义，2009，(04)：133.

化不同选民之间矛盾的可能。该种民主模式，对于部分民众部分偏好的表达有其积极的作用，因而不可否认其有存在的价值。同时，由于西方社会文化和经济等社会制度的健全，以及已经建立起了支撑其有序运行的民主政治文化体系，尽管其存在诸多缺点，也得到了较大程度的克服与修正，并未造成较为严重的社会问题。

在台湾，民主的历程较为短暂，使得其民主的根基与及其发展所需要的相关积淀较为薄弱；对于处于东方文化核心圈的台湾民众和多数政治精英而言，其民主意识及行使民主的能力也均需要提高。表现在现实社会之中，不仅呈现为该民主模式虽历经修改却仍然不够完善和成熟，更表现为由此引发的诸多问题的严重性。就其对台湾政党政治的影响而言，较为普遍存在的问题便是台湾多数民众常常将选举过程视为民主本身，而那些夺取选举胜利的人士或组织则成了"民意"的代言人与执行者，并极大地诱发了民粹主义的盛行等。但在实质意义上讲，选举过程仅仅只是民主程序性正义的一种体现，它还存在有许多其他的维度有待审视。在民粹主义的推动下，甚至此种代表民主程序性正义的选举过程本身，便充满了各种盲目或武断的选择，并不能代表公共利益，或不能对公共利益做出足够科学合理的说明。

台湾社会对选举过程的过度强化等诸多弊端，常会诱使政客做出一些短视且极端的行为。诚如相关学者所言：

今日之台湾，唯选举为大，权力与利益都需要通过选票获得，选举成了压倒一切的大事；为了获选，政客们什么事都敢做，什么话都敢讲，任何一桩事都成了他们炒作选票的伎俩，他们是以选举为己任，想尽办法骗选票——在这诸多办法之中，不乏一些"轻忽法治，甚至铤而走险，践踏法律"的做法存在。[1]

另外，由于当前台湾社会尚存的部分威权统治时期所遗留下来的负面因素仍然在发挥作用，因而台湾现行民主的诸多弊端所起到的负面作用，更是使得台湾社会"旧病"未得以根除，而"新病"已然滋生。作为造成台湾诸多病因之中较为重要的一种，台湾现行的民主模式有待予以完善或优化。

---

① 许开轶．解析"台湾民主"的困境 [J]．当代世界与社会主义，2009，(04)：133.

第二节　台湾地区政党政治的优化

相关职能的发挥及法律政策的施行，有助于社会正常秩序的缔造和各种争端的弹性解决，更能够使人们的行事富有效率，并且鼓励那些富有正外部性行为的产生等效应的存在，构成政府存在的诸多正当性理由。然而，并非所有类型的政府均能很好地履行上述职能——曾经存在的那些因为失职而令社会陷于崩溃处境的一些不良政府便是明证。然而，在现今仍然有效运行的诸多政府体制中，如果说何种类型的政府能够更好地履行上述职能，那蕴含民主特性的政府毫无疑问地应该占据众多答案的领先位置。

如果对那些运作良好的民主政府予以分析的话，可以发现其机制包括一个非常重要的部分，即需要在人们尚未面临困境之时，便通过某种或简单或复杂的手段，对此问题予以解决。当然，当问题出现之后再予以解决的话，所形成的社会效益便不会那么明显。由此观之，那些运转富有效率的民主政府，对待事情的处理方式是较为可取的。但是，对某个问题的预见或事后及时而科学的反馈，通常需要依赖于各种少数精英专业的分析。对于社会上多数人士而言，对多数难题缺乏解决的能力，更遑论提出解决的科学方案。此种情况也诚如李普曼所言：

> 若要使整个环境清楚地被所有人所认知，并据此自发产生健全的民意，从而对整个政府的运作予以掌控，基本是不可能的；退一步而言，即使存在此种可能，大众之中究竟有多少人自愿专门为此投入充足的时间进行研究，或愿意提供相关的咨询工作，也是很令人怀疑的。[①]

李普曼的看法具有一定的现实意义，即由于现代社会愈加纷繁复杂、变幻不定且影响巨大而深远，强烈需要在政府政策制定等重大事宜上需要专业人士的全方位投入。从这个角度来讲，政府的重要组成机构，毫无疑问需要精英多方而深度的参与；对于某些重要的议题，也需要精英予以积极引导或解决。

此外，如果从结构层面将权威赋予精英所组成的不同层级和不同部门的政

---

① Walter Lippman.*Public opinion*[M].New York:Free Press,1965:197.

府机构，然后对政府的运作过程予以某种民主化且能够良好运行的程序规定，那么就可以制造出足够多的诱因，以使各精英尽职尽责，并能够更为明智地为公共利益而服务。

然而，对精英参与民主政治的肯定，并非代表着对民众力量的全然否定。这首先是因为，总是由部分精英拥有比其他精英更好的政见或其他更为富含价值的观点，可以更好地解决社会上将要出现或已经出现的各种问题。然而，基于对权力的恋栈等原因，那些精英并非均愿意退出合适的位置。虽然从理论上来讲，那些运作缺乏效率且执政地位缺乏正当性的政府早晚会崩溃，但对于生活于其间的人们，却是不可承受之损失。民众的存在及其所赋予的包括正当性等力量的存在，可以对其进行有效的监督和制约，让一些更为适合某个位置的精英得到适合其才能的位置，并保持精英系统有机的新陈代谢，进而推动社会的进步。

此外，部分精英尽管在某个时期表现得如何具有执政的素质，但时过境迁，其本身所具有的美德往往发生变质。如台湾的陈水扁之流，在野时曾得到"台湾之子"的高度赞扬，但执政时却沦为仅为自身利益"奋斗"的贪污犯，为人所不齿。由此观之，那些原来较为清廉且坚守主权在民理念的权力机构，也有沉沦于不受监督的权力之中的可能。因此，无论权力机构是何种类型，如果其想要基层民众对其更为认可，便需要通过包括结构化介入等一系列手段，将其内部腐败的水平控制在民众可以接受的程度之内。

真正有效的民主选举是可以依赖的重要的结构化手段。这是因为，通过真正有效的民主选举方法，民众可以对政治精英予以定期选择，并赋予其行使权力的正当性。这种做法，便创造了某种诱因，在较大程度上促使那些意图胜选或继续维持其现有地位的政客们努力在胜任职位的同时，尽量避免腐化等沉沦于权力之中的可能性。当然，此种选举方式也会创造其他一部分诱因，使得部分政客为了在某个公共职位的选举中获得胜利，甚至不惜以牺牲社会长远利益的行为来取悦于选民，进而为社会的长足发展埋下隐患——此部分在台湾政党政治中的表现尤甚。出现这种情况，固然于部分政客的素养不足有关，但也与结构设计的缺陷有直接的关系。

结构设计的缺陷，不仅仅体现在政治方面，还体现在教育方面，并直接影响大众素质的提高。这是因为，尽管从表面上来看，台湾高等教育的普及使得民众的素养有所提高，但仍然存在着较为严重的分化现象。以台湾学生数学成绩为例，"'中研院'欧美研究所副所长黄敏雄分析台湾学生数学成绩并进行跨国比较，发现台湾学生上了初中后，数学程度落差越来越大，班级内差异现象远比其他国家严重，更居全球最高；以 2011 年台湾 8 年级生为例，是英国、新加坡的 5 倍"。[①] 无独有偶，台湾学者姜添辉对台湾高等教育的境况详加考察之后指出：大体而言，中上阶级学生大多就读于学术取向的高中，继续升学的劳工阶级学生则大多选择职业学校，因而高等教育沦为中产阶级垄断的市场。[②] 随着高等教育普及程度的增加，尽管部分下层阶级的民众获得了部分通向中上层阶级的机会，综合素质较以往有较大提高，但对多数民众而言，其理性思维不仅有待提高，而且仍然沉沦于社会的底层——台湾的社会阶层，出现了某种程度的固化，这对于民主政治的良性发展及其对于较高且较为全面的大众素养的需求无疑是一个打击。

就结构的其他设计缺陷而言，处于社会下层的大众很难获得真正参与民主政治的机会，也较难获得用于参与民主政治所必需的相关真实资讯。就前者而言，尽管通过其他方式可以对政治精英所掌握的权力及其在社会上的主导地位赋予某种虚伪的正当性，但真正具有规范意义的正当性，必须以大众对民主政治的真正参与为其关键。这是因为，可以在较大程度上讲，只有当民众真正经历了参与式民主的运作过程，人们的自主权利和人们的平等、正义的要求等相关权利的主张才算得上被尊重和认可——人们在彼此互动过程中，必定牵涉到对资源分配的问题。相对于那些已经确定的互动规则和资源分配方式而言，那些其他人更为偏好的互动方式或构想往往会陷入相对不利的局面。在各个规则或架构之间，对何种规则或架构得以脱颖而出的相关决定，将引发参与各方彼此之间的冲突和博弈。只有当人们切实参与到此种决策之中时，才会真正相信包括政府结构化介入方式等诸多决策的过程，是依照平等和正义原则进行的。当然，若个别群体之间的冲突或意见存在确实无法解决的情况，那么我们就需要构建相关政治结构，协助彼此之间进行公平的协商或彼此之间予以妥协。

此外，就大众及其所属团体而言，因性质等因素的不同，又各自有自己的利益。换言之，大众及其所属的团体对于好与坏的标准，以及富有意义的生活等又均有各自的看法。由于利益团体的多样性与复杂性，各个团体之间势必会产生冲突。为了使自身利益及其诉求得到更大的重视，利益集团及其代理人纷

---

① 汤雅雯. 台湾学生数学程度差距冠全球 [N]. 中国时报，2014-04-24：（A8）.

② 姜添辉. 台湾高等教育的发展与不均等问题 [J]. 清华大学教育研究，2009，(03)：53.

纷创造并积累政治资本，并对政府施加影响。这种不同利益团体对其诉求表达的方式，本身便是多元社会的一个直接体现。就台湾社会而言，利益团体更是呈现多元化发展趋势。但是，不管利益团体的类型如何多元，其利益来源不难追踪，而其利益的诉求也不难把握。针对此种情况，如果对社会结构予以科学而合理的设计，就能够通过民主机制将所有利益纳入考量范围之内，并赋予不同因素以恰当的权重。通过此种制度化的方式，将多元群体的利益纳入考量范畴，较大程度上呈现了民主的规范意义，也为民主的正当性做出了巨大贡献。

就后者而言，处于社会底层的台湾大众，是较难获得用于参与民主政治所必需的相关真实资讯的，特别是对于重大事件而言。这是因为，各个报纸基于不同的立场，往往根据自己及其背后所属势力的利益，对真实事件予以各种不同版本的诠释，或是摘取事件的部分内容予以报道——这同样是对事件整体真实的一种扭曲。在有些时候，部分媒体更是甚至不惜编造新闻，严重地侵蚀了新闻的客观性。那些处于社会底层的大众，除了参与各种基层的政治选举活动，并不具备参与政治的实质经验，也缺乏对各种版本的政治信息予以鉴别的能力。由于相关素质的缺乏，其在日常生活中对相关政治信息的获取，往往会如"选择性理论"所显示的那样，偏好选择某种类型内容的报纸——此种偏好的形成要么是受到身边意见领袖的影响，要么是基于个人感性的品味而得；其对内容的获取，也更为倾向于原有观念的固化，而非对其现有观念进行理性而批判的修正。大众的这种特点，如果反映在政治选举之上，便是其往往受非理性因素的影响做出选择，并常常被政客所利用。针对此种情况，应在结构方面加大对大众传媒的治理力度，努力达到不仅使其内含的教育功能予以发挥，使大众获得参政和议政的能力，更应该通过其他途径来创设公平的机会，让各个利益团体得以妥协或商议，并力图达到平等的效果。

由上述论述可知，对于精英的看重，是因为其优秀的处理相关事务的能力；对大众的强调，是因为在其监督或影响下，精英们不仅能够获得行使相关权力的授权和正当性的获得，并确保其权力行使的方向符合大众的共同利益。从这个角度来看，在此种民主的机构设计之下，为大众的公共利益而奋斗，精英其实也与自己的利益相一致。因此，对精英和大众的强调，如果在结构上给予正确的设计，不但在本质上不矛盾，更能够在现实中实现良性互动的效果。当然，在促进此种效果达成的诸多因素之中，大众传媒扮演着至关重要的角色。

第三节　传媒力量的社会担当及其对民主政治的良性促动

民粹主义思潮对于台湾包括政治在内的诸多层面弊病的产生有不可推卸的责任，而以报业为代表的大众传媒在对台湾政党政治的优化治理中也发挥着不可替代的重要作用。若台湾传媒能够担当其应有的社会责任，则可以在较大程度上促进其民主政治实质内涵的增长。

一、民粹主义思潮与传媒力量的社会担当 [①]

作为一种重要的社会思潮和精神源泉，民粹主义本身含有某些积极的正面因素，但同时又有其不可回避的负面缺陷。在社会急剧变革和制度化并行的今天，如何规避其负面影响，发挥其正向的社会功能，是一个值得思考的问题。同时，报业作为与民粹主义思潮联系紧密的大众传媒，既有促使其发挥正向功能的必要性，又有达成此种目的的可能性。因此，报业传媒应该发挥自身特长，在民粹主义的社会语境之中，从理念的感性包装、策略性选择场域中的理性说服以及对美、善、真的人文浪漫主义精神的追求等方面切入，担当起相关社会重担，并推动自身的发展与社会健康生态的良性衍变进程。

（一）理念的感性包装

勒庞认为，理性思维的产物如果要在人们心中唤起宏伟壮丽的幻想，必须在人们面前具有某种含糊性，使它们具有神秘的力量，它们是藏在圣坛背后的神灵，信众只能诚惶诚恐地来到它们面前。[②] 换言之，他认为不必将那些理想观念详细地向大众予以解释清楚，而应该将那些相对抽象的理念简化为响亮而又有吸引力的政治口号或美好承诺，并在最大程度上与大众潜意识中的想法保持一致，才能获得大众的认同和自身对大众的强大的影响力。

勒庞的思想虽然有些偏颇，却对于民粹主义语境中报业传媒人文功能的发挥具有启迪意义。这是因为，民粹主义具有的简单化和非理性化思维特征，使得它往往下意识里排斥较为复杂的程序运作，而希望与目标之间进行直接而具体的接触。换言之，任何复杂化的设计在本质上都有可能违反民众的意愿。由

---

① 该部分内容已经在《民粹主义思潮与报业传媒的文化担当》[《学习与实践》(2015 年第 1 期] 发表；部分内容有增加或删减。

② [法] 古斯塔夫. 勒庞. 乌合之众 [M]. 冯克利译. 北京：中央编译出版社，2005：83.

此可知，报业传媒所宣传的那种自由、平等、公正等理性观念或其他人文价值必须根据大众的需要和特点进行包装或再加工，使之变得可视化强并富有强大的感染力。通过此种策略的运用，才会更有可能让大众肃然起敬，并更好地内化个人行为之中。根据这个特点，报业传媒不妨在内容或传播方式等方面，主动在现实中或在心理层面上与作为主要受众的平民大众之间建立起无中介的直接关系，并以自身的独特魅力赢得他们的推崇，并进而潜移默化地影响他们。事实正是如此，那些被大众接纳并被赞誉的影视作品，例如《渴望》和《蜗居》的成功，正是通晓了大众群体心理，并利用高品质的内容表现来呼应起受众的心声的结果。

（二）策略性选择场域中的理性说服

处于民粹主义运动之中的部分大众，尽管在开始之时可能处于某种激愤或沉沦的状态之中，但其最终的行动取决于某种利益的刺激——作为一个具有基本意识的个体，他们仍然能够对其自身所面临的境况有所了解，而其自我保护的本能也会让其考虑参与运动的收益是否与其需要承担的风险相匹配；在合适的情况下，他们才会接受此种利益的交换并投入到民粹主义的狂潮之中。在现今情况下，民粹主义能够快速蔓延，说明了民粹主义内部所蕴含而民众又较为渴望的平等、公正的政治秩序和正直、诚实等美德的追求，能够令民众感到动心并有诉诸行动来达到此种目的的可能。民粹主义思潮中存在的此种状况，也说明大众并非全然缺乏理性，而是一个充满希望的群体。

在此种策略性双向选择场域中，意图取得某种传播效果的报业传媒，如果希望大众对其所传播内容进行接纳，并付出经济上（购买报纸等）或政治上（认同某种政治理念等）的行动，那么就需要拿出一套具有足够诱惑力和说服力的作品或设想，以便能够打消后者对于需要付出的诸多成本的顾虑。由于部分民众在某种诱惑之下参与社会运动实际上是一种策略性选择，而当那种令其感到危机的状况有所减弱时，便很有可能重新渴望某种稳定而富有有秩序的生活，不再愿意重蹈危机之中，因此报业传媒便可以在某个恰当的时候介入到此种群体心理的营造之中，进而预防、减弱或消泯因民粹主义而掀起的各种社会运动狂潮。

（三）美、善、真的人文浪漫主义精神的追求

歌德曾言："那最神圣恒久而又日新月异的，那最使我们感到惊奇和震撼的

两件东西，是天上的星空和我们心中的道德律。"① 在以经济价值为核心的残酷现实生存压力越来越凸显之际，文化价值越来越多地被市场价值所覆盖，那种体现真、善、美的人文浪漫主义精神和理想主义色彩显得愈加珍贵，也应该引起报业传媒界人士的重视。同样，对民粹主义文化良性资源的借鉴和合理利用以及对正当平民意识的尊重，并非一种低俗，而是一种对大众追求美、善、真行为的鼓励，也是为那些躁动不安的人们提供精神支撑或心灵归宿的积极举措。

人们对美的追求可谓源远流长，仅以系统性的理论阐释来看，便可以上溯到柏拉图时期的古典主义美学。作为此种思想的继承者，中国的报业传媒可以也应该在民粹主义语境下对其有一个新的发展——此种对美的发展，应该包括数个方面，如美学中的表现之美和由此衍生的理性之美。

就表现之美而言，以报业为代表的大众传媒从业者应该注重内容表现中的叙事之美、构图之美、声音之美，并以此来凸显生活之美。当然，在对生活之美的凸显中，应该以平民大众的现实生活及其思想状态作为创作的源泉，但是却要萃取其精华，以便达到高于生活的超然之美。同时，这种美不能浮夸，而又应该是理性的，即理性之美——通过对事物对称之美等秩序井然的美学状态，赋予其一种富有美感的秩序。部分作品通常为人诟病之处，便在于它的内容往往倾向于呈现出较为浓烈的政治导向气息，给人一种侵略感、压迫感或沉重感；它所塑造出的人物形象也呈现扁平化，缺少现实生活中人物的鲜活气息，从而给人一种僵硬的缺乏美的心理体验，并会在长期生活中形成一种对该类型作品下意识的排斥心理。然而，上述作品同样可以呈现出高品质的美学特征，而富有美学表现的作品，也并不排斥主旋律的存在。纵观那些在国际上富有影响力的作品，无不是美学特征闪耀的作品。

如果说对美的追求，仅仅只是对报业内容表达形式层面的要求，那么对善和真的追求便意味着对内容本身质量的保证及其传播目的的确定方面。在曾经的一段过往岁月之中，报业传媒承负着繁重的政治宣传使命，并试图通过此举来激发大众对优秀事迹或典型模范的模仿之情，试图以此来改造世界。这种富含教化意义的报业传媒作品对高尚道德者的推崇，固然符合引人向"善"的意味，但宣传行为本身所刻意追求的主题鲜明和意义明确，却可能会违反普通民众对真实世界的认知，并由此构成他们潜意识里对此类"善"和"美"的追求

---

① 黎贤钛.企业管理者的跨越[M].杭州：浙江大学出版社，2007：331.

的排斥——毕竟在真实世界之中，事物的意义具有模糊性，而现实社会生活本身有时也是不存在所谓的主题或核心的。

尽管在某些情况下报业传媒对美、善的追求会诱发平民大众对"真"的质疑，但前者却可以通过对真的努力追求来弥补这个缺陷。例如，在求真的过程中，报业传媒可以在尊重平民大众主体性并以其为本位的基础上，采取呈现更多事物细节、事件发展过程及人性的丰富刻画等方面的勾勒与描写，最大程度地凸显事物的真实性，扩大民众直接参与或心理参与的层次和幅度，对其报以强烈的人文关怀，同时也保持求真与求美、求善之间的平衡，进而促进"善"的教化目标的达成；避免极端化倾向的发生，同时也增强民族凝聚力，并直接或间接地促进社会的公平和正义程度。

总之，民意可以承载起希望之舟，亦可以变成覆舟的民粹。如果以报业为代表的大众传媒能够担当起更多的社会责任，就有助于在克服民粹主义思潮带来的诸多弊端的同时，令更多平民大众得到更多的人文关怀，并推动文化的繁荣和社会的进步。然而，在民粹主义语境中，如果报业传媒希望有一番更大的作为，报人永远都是最重要的因素。面对目前传媒业界部分意见领袖行为失范和其他诸多不正当现象的发生，整体学界和业界都应该予以反思，并提出反制措施。因为在新媒体时代，这些所谓"明星"负面形象的广泛传播，不仅会影响新闻传播领域自身形象的塑造，更可能会在广大受众心中形成整体新闻传播人士不可信赖的形象，而由其所出品的新闻传播作品的说服力自然备受质疑，或直接不被接受。这种灾难性后果，无疑将摧毁其他诸多新闻传播人的辛勤努力成果。

二、大众传媒对民主政治的良性促动

民主政治的真正实现，必须要有自由而独立的大众传媒的配合。这是因为，由于传媒的性质及其较强的传播效果，不仅使得意识形态建构等一些特殊性质的工作，需要传媒的参与；甚至其与台湾当局内部一些行政机构等政治结构相比，大众传媒对相关任务的完成也毫无逊色。因此，若加以合适的使用，自由而独立的传媒能够达成重要的结构贡献。例如，传媒对负面现象予以曝光的可能，使得精英集团内部的腐化或无能现象至少在某种程度上得到遏制。当然，若是真正的曝光，也将会更大程度上促进精英集团内部人员不当措施的更改及其人力资源新陈代谢的速度，并使其轮替得以可能，甚至会发挥更为重大的作用。

例如，针对陈水扁执政时期以"本土化"建设台湾为借口，大肆推动一些未经或缺乏客观评估且大而无当的项目建设，从而造成资源浪费和社会其他危害的情况，《联合报》曾于2005年8月8日起，从别从"闲置的美丽城堡""废弃的蓝色公路""错置的工态生法""失当的停车场""经贸中心的空想""促销预算急就章""观光设施快开光"和"无料可烧的焚化炉"等多个角度，连续8天运用整个版面对此事件进行了系列报道，并发表社论《每项荒唐建设都源自一个伟大的口号》，试图对陈水扁当局好大喜功且浪费人民血汗钱的不当行为进行批评和监督。《联合报》的此种行动，引起了社会较大的反响，也促使陈水扁当局对此问题的反省。由此可见，大众传媒的此种监督功能，创造了正向的诱因，对垄断暴力的当局及其滥用权力造成的潜在危险予以制衡，并且襄助于行政机构的健康进行。

对于大众群体及其他利益集团而言，传媒也可以发挥相关作用，以利于各利益团体在追求自身利益的同时，激发或维持某种相对平等、正义的商议机制。但是，此种动员应该以市民社会的成员为对象，代表了某种合理而民主的程序，并对大众需求予以回应；保持大众及各种利益团体与政府之间联系通道的畅通，为大众及其利益团体诉求的表达创造条件，也为政府相关政策的制定及施行提供相关方面的服务。当然，各个传媒最好各自具有较为独特的内容及受众定位，以服务于不同的受众及其利益团体，且不被服务对象所控制。那么，传媒就能够更好地为其受众及其所属利益团体提供包括相关资讯的获得、诉求的表达、行动的动员等服务，而其与政府或其他利益团体之间的协商也会更为有效，彼此认同也会更为一致。但是，不管以何种形式，那些互有竞争关系的传媒，不应该不分是非、混淆黑白，更不应该为一己私利而撕裂社会肌体，而应该依据民主程序促使各个群体参与政治的协商过程，并获得相应的、公平的社会资源。

确实，虽然基于不同市场及受众定位的传媒各有其选择或追逐的目标，但也不能否认各传媒也均蕴含向往善良的一面。只不过迫于激烈的竞争压力或生存的需要，才将此向上的一面隐藏。所谓仓廪实而知礼节，衣食足而知荣辱。对于各个利益群体而言，他们也往往倾向于先考虑自己团体内部成员生存和生活所需要的相关资源，进而才会有更为积极而主动的行为来营造那种充满正外部性的社会氛围。然而，可以在很大程度上说，自由、民主等诸多正外部性能量在这个前提之下才能真正存在。这是因为，在一般情况下，社会上存在的各个利益团体对某种利益进行追求的策略，通常产生于该团体内部的讨论过程，并且是集体偏好确认的结果。如果群体内部成员的诉求不能得到有效满足的话，那么价值的确认及追求利益的策略往往是优势群体对弱势群体凌驾之上的结果。对于那些少数或弱势群体而言，他们的声音要么被视为某种"异端"，要么变为会在某个时机爆发的沉默态度。这些情况的出现，不利于形成更为宽泛意义上的团结和民主观念，也很难达到真正意义上的大家共同尊重并认可的正外部性的出现。针对此种情况，大众传媒应该通过各种方式来强化相关群体组织内部的理性思考过程，并通过适当的资源倾斜，来促使其形成理性反思的文化传统。同样，以整体社会为诉求的大众传媒，同样承担着为社会整体成员的价值选择与族群认同的重任，并需提供更多优质的服务。

公共领域对于市民美德的形成以及用于人们追求自由民主等理念的实现具有重要的作用。作为承载公共领域职能的大众传媒，其不能仅仅只是提供一些对基本事实的新闻报道，还需要通过公开途径提供一些富有创意或理性、批判的论述，并通过此举促使群体内部和群体之间的理性讨论与反思，为其价值或政策选择提供支持。大众传媒还应该通过公开途径，兼容并蓄地提供上述性质的各种内容，并促进民主的广泛参与，以促使民主政治的完善。这不仅是因为大众传媒作为民主政治之中的核心因素，其功能发挥的效果如何，对民主进程中相关审议及选择过程的质量影响重大，而且就民主审议或选择过程而言，它更应该提供客观的新闻报道和公正的评论，使得不同理念及价值观之中所蕴含的正外部性得以被整体公民之中的多数公民实质性的认可并接纳。当然，基于公共领域的要求，大众传媒还应强化与提升新闻专业伦理，并将其新闻报道及相关论述的观点赋予公开、理性和批判的品质。

本章小结

针对台湾大众传媒与政党政治中那些导致民主政治陷于困境与民主伪化现象出现的诸多诱因，结合台湾社会的可塑性特征，在对传媒产品的特性予以翔实考察的基础上，提出了针对如何治理台湾大众传媒及优化台湾政党政治的建议，并试图通过相关建议的实施，来寻找到真正有利于台湾社会的台湾式民主及其理想的传媒。

其中，在大众传媒治理方面，根据传媒的经济属性及其影响等因素提出了治理大众传媒的若干依据，并指出了治理传媒的关键之处——传媒资源的分配原则和受众偏好的确认及衡量。在此基础上，认为经过基于政治外部性的结构化介入可以取得较好的效果。

在优化政党政治方面，在对台湾现行民主模式的弊端进行剖析之后，建议从精英和大众两个层面入手，并采取相关应对措施。

此外，还对大众传媒对于民主政治的良性促动予以了审视，以期望大众传媒与政党政治良性互动的达成和真正民主政治能够通过具体行动而到来。

当然，由于本研究问题的特点，使得其在研究过程中，遇到一些特有的限制。这些限制首先表现在，由于研究对象涉及台湾大众传媒与政党政治，选题较为宽泛，且涉及的资料较为庞杂，需要更多该方面的第一手资料来做支撑，因而给研究者的资料搜索及调研带来了一定压力。但是，坦白来讲，由于联系不便等诸多原因的存在，研究者相对较难以获取相关方面的文献，尤其是针对特殊问题的文献或案例。尽管作者曾前往台湾进行了为期两个月的调研，但仍然不能够有效地满足本研究相关内容对于宽泛性和深度等方面的需求。

其次，本研究对象主要针对的是报纸媒介。但是，随着网络等新媒体的发展以及其在受众中影响力的增大，在未来某个时间内，不排除其与政党政治的关系有超过报纸等传统媒体的可能。但是，在本研究中，由于受到研究范围及可行性的限制，不能将其一并纳入考察，不能不说是一种遗憾。

再次，本研究涉及新闻传播学、政治学、经济学、社会学等多个社会人文学科，理论体系较为庞大而复杂，这要求研究者拥有扎实的理论功底和较为敏锐的眼光。研究者的学识及视野毕竟有限，难免发生考察不周或意见存有偏颇之处。当然，此种情况也是本研究所力图避免的。

第四，该研究涉及多种因素的对比分析等——如果选取的研究方法不够科学或选取的分析文本不具有典型性和代表性，则势必影响研究结果的客观性和科学性，这对研究者材料的驾驭能力和研究方法的运用也是一个考验。

针对本研究中所遇到的问题及其反思，如果欲针对此研究进行进一步的拓展，个人认为应该在侧重在以下几个方面展开：

在研究对象方面，如果有可能的话，将新媒体纳入考察范围。由于不同类型的传媒又各自具有不同的特点，而大陆方面对台湾新媒体研究相对较少，因此通过新媒体与政党政治关系的研究，可以丰富并拓展对台湾大众传媒及政党政治关系的研究领域，并有可能取得最新的研究成果。

在研究方法方面，如果条件合适的话，可以尝试采用深度访谈的方法。这是因为，在社会的每个领域，均有一些潜在的规则，不能直接公开宣示于众，而更多的是依靠个人的感悟和别人的解悟。当然，这些感悟或解悟的过程也可以通过文献的分析来达到，但总是显得不那么直接而明确。

在研究视角方面，可以采取其他学科的视角对台湾大众传媒与政党政治之间的关系进行剖析。这是因为，如果将各学科的理论视为完成研究所必备的工具的话，那么运用不同的工具对某个问题进行的剖析，将会得到不同的结果。这些结果虽然不同，但却是对该事物的另外一个方面的真实呈现。通过多种视角对该问题进行剖析，并将这些孤立而分散的视角综合起来予以审视，将有助于我们最大程度地提升对其真实而全面的认识。

当然，由于台湾社会具有不断嬗变的特性，我们更应该对包括台湾大众传媒及政党政治在内的台湾社会的诸多重要因素保持密切关注，及时更新我们对其的认识，并予以具体的验证。

参考文献

一、中文部分

中文译著：

[1] 巴格迪基安. 新媒体垄断 [M]. 邓建国译，北京：清华大学出版社，2013.

[2] Alan Isaak. 政治学概论 [M]. 王逸舟译. 台北：五南图书出版公司，1993.

[3] John Fiske. 传播符号学理论 [M]. 张锦华，等译. 台北市：远流，1995.

[4] 戴维·米勒，韦农·波格丹诺. 布莱克维尔政治学百科全书 [M]. 邓正来等译. 北京：中国政法大学出版社，1992.

[5] 保罗·塔格特. 民粹主义 [M]. 袁明旭译，吉林：吉林人民出版社，2005.

[6] 戴维·赫尔德. 民主的模式 [M]. 燕继荣，等译. 北京：中央编译出版社，2008.

[7] 塞缪尔·亨廷顿. 第三波——20 世纪后期民主化浪潮 [M]. 刘军宁译. 上海：上海三联书店，1998.

[8] 古斯塔夫·勒庞. 革命心理学 [M]. 佟德志译. 长春：吉林人民出版社，2004.

[9] 塞缪尔·P·亨廷顿. 变化社会中的政治秩序 [M]. 王冠华，刘为等译. 上海：上海人民出版社，2008.

[10] Vincent Mosc. 传播政治经济学——再思考与再更新 [M]. 冯建三，程宗明译. 台北：五南图书出版公司，1998.

[11] 弥尔顿，等. 西方新闻传播学名著选译. 顾孝华，译 .[M]. 上海：上海社会科学院出版社，2008.

[12] Paul Hodkinson. 媒介、文化与社会 [M]. 黄元鹏，吴佳绮译. 台北：韦

伯文化国际出版有限公司，2013.

[13] 道格·安德梧.MBA 当家——企业化经营下报业的改变 [M]. 林添贵译 . 台北 : 正中书局，2000.

[14] 弗雷德里克·S·西伯特，西奥多·彼得森，威尔伯·施拉姆 . 传媒的四种理论 [M]. 戴鑫译 . 北京：中国人民大学出版社，2007.

[15] 丹尼斯·麦奎尔，[瑞典] 斯文·温德尔 . 大众传播模式论 [M]. 上海：上海译文出版社，2008.

[16] 克里斯·贝迪斯，玲丽·贝迪斯 . 中国台湾 [M]. 蒋志森，闫雅萍，译 . 北京：旅游教育出版社，2009.

[17] 沃尔特·李普曼 . 公共舆论 [M]. 阎克文，江红译 . 上海：上海人民出版社，2002.

[18] A.C.庇古 . 福利经济学［M］. 朱泱，张胜纪，吴良健译 . 北京：商务印书馆，2006.

[19] 斯特林 . 媒介即生活 [M]. 王家全，崔元磊，张祎译 . 北京：中国人民大学出版社，2014.

[2] 伯特兰·罗素 . 权威与个人 [M]. 储智勇译 . 北京：商务印书馆，2012.

[21] 贝克 . 世界风险社会 [M]. 吴英姿，孙淑敏译 . 南京：南京大学出版社，2004.

[22] 波兹曼 . 娱乐至死 [M]. 章艳译 . 桂林：广西师范大学出版社，2011.

[23] 本尼迪克特·安德森 . 想象的共同体——民族主义的起源于分布 [M]. 吴叡人译 . 上海：上海人民出版社，2011.

[24] 巴里·克拉克 . 政治经济学：比较的视点 [M]. 王询译 . 北京：经济科学出版社,2001.

[25] 波普尔 . 历史主义的贫困 [M]. 何林，赵平译 . 北京：社会科学文献出版社，1987.

[26] C.E.Lindblom. 政治与市场：世界的政治经济制度 [M]. 王逸舟译 . 台北：桂冠图书股份有限公司，1994.

[27] 查尔斯·蒂利 . 集体暴力的政治 [M]. 谢岳译 . 上海：上海人民出版社，2011.

[28] 查尔斯·蒂利 . 信任与统治 [M]. 胡位钧译 . 上海：上海人民出版社，2010.

[29] 查尔斯·林德布洛姆.政治与市场：世界的政治 - 经济体制 [M] 王逸舟译.上海：上海三联书店，1994.

[30] D.K.Berman. 笔杆里出民主——论新闻媒介对台湾民主化的贡献 [M].李连江译.台北：时报文化出版企业有限公司，1995.

[31] 丹尼斯·麦奎尔，[瑞典] 斯文·温德尔.大众传播模式论 [M].上海：上海译文出版社，2008.

[32] 戴维·伊斯顿.政治生活的系统分析 [M].王浦劬译.北京：人民出版社，2012.

[33] 戴维·斯沃茨.文化与权力：布尔迪厄的社会学 [M].陶东风译.上海：上海译文出版社，2012.

[34] 戴维·莫利，[英] 凯文·罗宾斯.认同的空间：全球媒介、电子世界景观与文化边界 [M].南京：南京大学出版社,2001.

[35] 戴维·思罗斯比.经济学与文化 [M].王志标，张峥嵘译.北京：中国人民大学出版社，2011.

[36] 弗雷德里克·S·西伯特，西奥多·彼得森，威尔伯·施拉姆.传媒的四种理论 [M].戴鑫,译.北京：中国人民大学出版社，2007.

[37] 赫尔德.民主的模式 [M].燕继荣等译.北京市：中央编译出版社，2004.

[38] 亨廷顿.文明的冲突与世界秩序的重建 [M].周琪等译.北京：新华出版社，2010.

[39] 福柯.知识考古学 [M].谢强，马月译.北京：生活.读书.新知三联书店，1998.

[40] 哈罗德·伊尼斯.传播的偏向 [M].何道宽译.北京：中国传媒大学出版社，2013.

[41] 哈罗德·D.拉斯韦尔.世界大战中的宣传技巧 [M].张洁，田青译北京：中国人民大学出版社，2003.

[42] 加布里埃尔·塔尔德.传播与社会影响 [M].何道宽译.北京：中国人民大学出版社，2005.

[43] 加塔诺·莫斯卡.统治阶级 [M].贾鹤鹏译.南京：译林出版社，2012.

[44] 杰弗里·M.贝瑞，克莱德·威尔科克斯.利益集团社会 [M].王明进译.北京：中国人民大学出版社，2012：8-9.

[45] J.M.布洛克曼.结构主义：莫斯科 - 布拉格 - 巴黎 [M].李幼蒸译.北京：

中国人民大学出版社，2003.

[46] 加汉姆.解放·传媒·现代性：关于传媒和社会理论的讨论 [M].北京：新华出版社，2005.

[47] Kymlicka,w ．.少数的权利：民族主义、多元文化主义和公民 [M].邓红风译.上海：上海译文出版社，2005.

[48] 罗伯特·米歇尔斯.寡头统治铁律：现代民主制度中的政党社会学 [M].任军锋，等，译.天津：天津人民出版社,2002.

[49] 塔尔蒙.极权主义民主的起源 [M].孙传钊译.长春：吉林人民出版社，2004.

[50] 兰斯·班尼特.新闻：政治的幻象 [M].杨晓红，王家全译.北京：当代中国出版社，2004.

[51] 李普塞特.政治人——政治的社会基础 [M].张绍宗译.上海：上海人民出版社，2011.

[52] 罗伯特·J.巴罗.自由市场中的市场和选择 [M].沈志彦译.上海：上海人民出版社，2010.

[53] 利昂·纳尔逊·弗林特.报纸的良知：新闻事业的原则和问题案例讲义 [M].北京：中国人民大学出版社,2005.

[54] 利昂·P.巴拉达特.意识形态：起源和影响 [M].张慧芝，张露璐译.北京：世界图书出版公司北京公司，2010.

[55] 马克思·韦伯.经济与社会（上）[M].阎克文译.北京：商务印书馆，1997.

[56] 迈克尔·曼.社会权力的来源 [M].陈海宏等译.上海：上海世纪出版集团，2007.

[57] 迈克尔·J.桑德尔.自由主义与正义的局限 [M].万俊人等译.南京：译林出版社，2011.

[58] 马歇尔·麦克卢汉.理解媒介：论人的延伸 [M].何道宽译.北京：商务印书馆，2000.

[59] 让 - 马克·夸克.合法性与政治 [M].佟心平，王远飞译.北京：中央编译出版社，2998.

[60] 苏珊·斯特兰奇.权力流散：世界经济中的国家与非国家权威 [M].肖宏宇，耿协峰译.[1]北京：北京大学出版社，2005.

[61] 赛佛尔，[美] 坦卡德 . 传播理论：起源、方法与应用 [M]. 北京：中国传媒大学出版社，2006.

[62] 斯坦因·U. 拉尔森 . 政治学理论与方法 [M]. 任晓等译 . 上海：上海人民出版社，2006.

[63] 塞缪尔·鲍尔斯，赫伯特·金蒂斯 . 民主和资本主义 [M]. 韩水法译 . 北京：商务印书馆 ,2003.3.

[64] 塞缪尔·亨廷顿，劳伦斯·哈里森 . 文化的重要作用：价值观如何影响人类进步 [M]. 程克雄译 . 北京：新华出版社 ,2002.

[65] 韦尔 . 政党与政党制度 [M]. 谢峰译 . 北京：北京大学出版社，2011.

[66] 西德尼·塔罗 . 运动中的力量：社会运动与斗争政治 [M]. 吴庆宏译 . 南京：译林出版社，2005.

[67] 西摩·马丁·李普塞特 . 共识与冲突 [M]. 张华青等译 . 上海：上海人民出版社，2011.

[68] 约瑟夫·熊彼特 . 资本主义、社会主义与民主 . 吴良健译 . 北京：商务印书馆，2011.

[69] 尤尔根·哈贝马斯 . 合法化危机 [M]. 刘北成，曹卫东译 . 上海：上海人民出版社，2009.

[70] 亚历山大·温特 . 国际政治的社会理论 [M]. 秦亚青译 . 上海：上海人民出版社，2000.

[71] 詹姆斯·布坎南 . 成本与选择 [M]. 刘志铭，李芳译 . 杭州：浙江大学出版社，2009.

[72] 卡莱斯·鲍什 . 民主与再分配 [M]. 熊洁译 . 上海：上海人民出版社，2011.

[73] 古斯塔夫·勒庞 . 乌合之众 [M]. 冯克利，译 . 北京：中央编译出版社，2005.

[74] 荣格 . 分析心理学的理论与实践 [M]. 成穷，王作虹，译 . 北京：生活. 读书. 新知三联书店，1991.

[75] 亚力克西：托克维尔 . 旧制度与大革命 [M]. 冯棠，译 . 北京：商务印书馆，1992.

[76] 保罗·萨缪尔森，威廉·诺德豪斯 . 经济学 [M]. 萧琛，等译，北京：华夏出版社，1999.

[77] Kymlicka,w . .自由主义、社群与文化 [M].应奇，葛水林译.上海：上海译文出版社，2005.

[78] 罗尔斯.正义论 [M].何远宏，合包钢，廖申白译.北京：中国社会科学出版社，2009.

[79] C.Edwin Baker.传媒、市场与民主 [M].冯建三译：台北：巨流图书公司，2008.

[80] Jay Taylor.蒋介石与现代中国 [M].林添贵，译.北京：中信出版社，2012.

[81] 陶涵.蒋经国传 [M].林添贵译.北京：华文出版社，2016.

[82] 密尔顿.论出版自由 [M].吴之椿译.北京：商务印书馆,1958.

中文专著：

[1] 王惕吾.我与新闻事业 [M].台北：联经出版事业公司，1991.

[2] 蔡同荣.民视与我 [M].台北：民视文化，2004.

[3] 张煦本.记者生涯四十年 [M].台北：自立晚报，1982.

[4] 胡宗驹.新闻守望人 记者生涯四十年 [M].台北：巨流图书股份有限公司，2010.

[5] 黄肇珩.黄肇珩：记者生涯与真实人生 [M].台北：立绪文化公司，2000.

[6] 叶建丽.新闻岁月四十年 [M].台北：台湾新生报，1994.

[7] 曾虚白.曾虚白自传，台北：联经出版事业公司，1988.

[8] 曾虚白.中国新闻史，台北：三民书局股份有限公司 1989.09

[9] 中国时报社.中国时报五十年 [M].台北：中国时报社，2000.

[10] 中华日报社.中华日报创刊四十周年史页 [M].台南：中华日报，1986.

[11] 民众日报社，民众日报四十年史 [M].高雄：1990.

[12] 自立晚报.自立晚报四十年 [M].台北：自立晚报，1989.

[13] 黄年等.联合报 60 年：1951—2011[M].台北：联合报，2011.

[14] 蔡格森.民生报二十年 [M].台北：民生报，1998.

[15] 赖光临.七十年中国报业史 [M].台北："中央日报"：1981.

[16] 赖光临.中国新闻传播史 [M].台北：三民书局股份有限公司，1992.

[17] 陈国祥，祝萍.台湾报业演进 40 年 [M].台北：自立晚报，1987.

[18] 王天滨.台湾报业史 [M].台北：亚太图书出版社，2003.

[19] 王天滨. 台湾新闻传播史 [M]. 台北：亚太图书出版社，2002.

[20] 周晋生. 台湾电子报 [M]. 台北：风云论坛出版社，1998.

[21] 方积根，唐润华，李秀萍. 台湾新闻事业概观 [M]. 北京：新华出版社,1990

[22] 辛广伟. 台湾出版史 [M]. 河北：河北教育出版社，2000

[23] 陈扬明，陈飞宝，吴永长. 台湾新闻事业史 [M]. 北京：中国财政经济出版社，2002.

[24] 陈飞宝. 当代台湾传媒 [M]. 北京：九州出版社，2007.

[25] 陈飞宝. 当代台湾媒体产业 [M]. 北京：九州出版社，2014.

[26] 曹立新. 台湾报业史话 [M]. 北京：九州出版社，2015.

[27] 幼夫. 台湾风云人物 [M]. 香港：新闻天地出版社，1962.

[28] 杨锦麟. 李万居评传 [M]. 台北：人间出版社，1993.

[29] 王文裕. 李万居传 [M]. 台中：台湾文献会，1997.

[30] 王丽美. 报人王惕吾——联合报的故事 [M]. 台北：天下文化出版公司，1994.

[31] 张慧英. 提笔为时代 [M]. 台北：时报文化出版公司，2002.

[32] 周安仪. 中国新闻从业人员群像 [M]. 台北：黎明文化事业公司，1981.

[33] 马之骕. 新闻界三老兵 [M]. 台北：经世书局，1986.

[34] 胡元辉. 媒体与改造 [M]. 台北：商周出版，2007.

[35] 王天滨. 台湾地方新闻理论与实务 [M]. 台北：三民书局，2000.

[36] 郑贞铭. 新闻学与大众传播学 [M]. 台北：三民书局,2010.

[37] 郑贞铭. 新闻采访与编辑 [M]. 台北：三民书局，1993.

[38] 郑贞铭. 公共关系总论 [M]. 台北：五南图书出版有限公司，2000.

[39] 郑贞铭，廖俊杰，周庆祥. 新闻采访与写作 [M]. 台北：威仕曼文化事业股份有限公司，2010.

[40] 郑贞铭. 民意与民意测验 [M]. 台北：三民书局股份有限公司,2001.

[41] 郑贞铭. 新闻采访的理论与实务 [M]. 台北：台湾商务印书馆股份有限公司，1989.

[42] 薛心镕. 选举新闻陷阱多 [M]. 台北：华瀚文化公司，1995.

[43] 苏蘅. 竞争时代的报纸 [M]. 台北：时英出版社，2002.

[44] 王新命. 新闻圈里四十年 [M]. 台北：龙文出版社，1993.

[45] 陈世敏.媒介批评 [M].台北：政治大学新闻系，1988.

[46] 罗文辉.无冕王的神话世界 [M].台北：天下文化出版公司，1994.

[47] 蔡念，张宏源.汇流中的传播媒介 [M].台北：亚太图书，2005.

[48] 马群杰.台湾地区文化产业与文化营销 [M].北京：科学出版社，2011.

[49] 江南.蒋经国传 [M].北京：中国友谊出版公司，1993.

[50] 汪朝光，王奇生，金以林.天下得失 蒋介石的人生 [M].太原：山西人民出版社，2012.

[51] 冯玉祥.我所认识的蒋介石 [M].北京：国际文化出版公司，2011.

[52] 漆高儒.蒋经国传 [M].北京：国际文化出版公司,2012.

[53] 肖如平.蒋经国传 [M].杭州：浙江大学出版社，2012.

[54] 李立.台湾政党政治发展史 [M].北京：九州出版社，2014.

[55] 许倬云.许倬云说历史：台湾四百年 [M].杭州：浙江人民出版社，2013.

[56] 连横.台湾通史 [M].北京：商务印书馆，2010.

[57] 戚嘉林.台湾史 [M].北京：华艺出版社，2014.

[58] 董世明.台湾六十年史纲 1949-2009[M].广州：暨南大学出版社，2011.

[59] 陈孔立.台湾历史纲要 [M].北京：九洲图书出版社，1996.

[60] 何海兵.台湾六十年 [M].上海：上海人民出版社，2009.

[61] 张海鹏，陶文钊.台湾史稿 [M].南京：凤凰出版社，2012

[62] 秦风.岁月台湾:1900 年以来的台湾大事记 [M].桂林：广西师范大学出版社，2015.

[63 李松林.台湾政局 60 年 [M].北京：人民出版社，2013.

[64] 洪卜仁，萧德洪.台湾光复前后 (1943—1946)[M].厦门：厦门大学出版社，2010

[65] 张春英.台湾问题与两岸关系史 [M].福州：福建人民出版社，2014.

[66] 黄嘉树.国民党在台湾 [M].台北：大秦出版社，1994

[67] 何荣幸.学运世代——众声喧哗的十年 [M].台北：时报文化，2001.

[68] 刘国深.民进党意识形态研究 [M].北京：九州出版社，2005.

[69] 刘国深等.台湾政治概论 [M].北京：九州出版社，2006.

[70] 鞠海涛.民进党意识形态研究 [M].北京：九州出版社，2004.

[71 张文生，王茹.民进党选举策略研究 [M].北京：九州出版社，2004.

[72] 杨毅周 . 民进党政治派系研究 [M]. 北京：九州出版社，2004.

[73] 陈星 . 民进党权力结构与变迁研究 [M]. 北京：九州出版社，2012.

[74] 李睿 . 台湾地方选举中的派系研究 [M]. 北京：中国社会科学出版社，2014.

[75] 王建民，赵会可，陈险峰，吴宜，郭艳 . 泛蓝·泛绿：台湾政坛 [M]. 北京：九州出版社，2007

[76] 周忠菲 . "台独"的国际社会背景 [M]. 北京：九州出版社，2009.

[77] 张嵘 . 台湾地方派系与国民党关系的演变 [M]. 北京：九州出版社，2014.

[78] 孙代尧 . 台湾威权体制及其转型研究 [M]. 北京：中国社会科学出版社，2003.

[79] 郭中军 . 台湾地区民主转型中的民粹主义 :1987—2008[M]. 上海：学林出版社，2014

[80] 李敖 . 李敖有话说之台湾假象 [M]. 北京：中国友谊出版公司，2008.

[81] 宋桂芝，杨益茂 . 台湾：历史与现状 [M]. 北京：北京理工大学出版社，2015.

[82] 王为 . 台湾地区政治研究 [M]. 北京：世界知识出版社，2011.

[83] 杨华基 . 台湾族群问题与政治生态 [M]. 福州：福建人民出版社，2013.

[84] 郭建平 . 美国亚太战略调整与台湾和平稳定问题研究 [M]. 北京：中共中央党校出版社，2014

[85] 严安林 . 台湾对外关系大变局 [M]. 上海：上海社会科学院出版社，2011.

[86] 胡文生 . 和平发展视角下的台湾问题 [M]. 北京：九州出版社，2012.

[87] 彭怀恩 . 台湾政党政治 [M]. 台北：风云论坛出版社，1994.

[88] 中共中央台湾工作办公室 , 国务院台湾事务办公室 . 中国台湾问题 [M]. 北京：九州出版社，2015.

[89] 吴重礼 . 政党与选举：理论与实践 [M]. 台北：三民，2008.

[90] 陈星 . 台湾民主化与政治变迁：政治衰退理论的视角 [M]. 北京：九州出版社，2013.

[91] 祝基滢 . 政治传播学 [M]. 台北：三民书局，1983.

[92] 彭怀恩 . 政治传播与沟通 [M]. 台北：风云论坛有限公司，2004.

[93] 杨久华. 台湾政治转型过程中表达自由问题研究 [M]. 北京：知识产权出版社，2012.

[94] 林逢庆. 知识分子与反对运动 [M]. 台北：前卫出版社，1993.

[95] 李筱峰. 台湾民主运动四十年 [M]. 台北：自立晚报，1987.

[96] 佟文娟. 过程与分析：媒体与台湾政治民主化 [M]. 厦门：厦门大学出版社，2009.

[97] 郭岱君. 台湾往事：台湾经济改革故事 (1949—1960)[M]. 北京：中信出版社，2015.

[98] 林仁川，黄福才. 台湾社会经济史研究 [M]. 厦门：厦门大学出版社，2002

[99] 单玉丽. 台湾经济 60 年 (1949～2009)[M]. 北京：知识产权出版社，2010.

[100] 周呈奇. 战后台湾经济增长思想研究 [M]. 北京：九州出版社，2007.

[101] 盛九元，胡云，严安林. 台湾的都市化与经济发展 [M]. 北京：九州出版社，2009.

[102] 朱磊. 台湾产业与金融研究 [M]. 北京：九州出版社，2012.

[103] 萧新煌. 台湾社会文化典范的转移 [M]. 台北：立绪文化，2002.

[104] 邹振东. 台湾舆论议题与政治文化变迁 [M]. 北京：九州出版社，2014.

[105] 张茂桂. 族群关系与国家认同 [M]. 台北：业强出版社，1993.

[106] 陈孔立. 台湾民意与群体认同 [M]. 北京：九州出版社，2013.

[107] 刘红. 台湾"国家认同"问题概论 [M]. 北京：九州出版社，2013.

[108] 廖信忠. 我们台湾这些年 [M]. 重庆：重庆出版社，2009.

[109] 廖信忠. 我们台湾这些年 2[M]. 南京：江苏人民出版社，2014.

[110] 蒋勋. 少年台湾 [M]. 南京：译林出版社，2012.

[111] 瞿海源，王振寰. 社会学与台湾社会 [M]. 台北：巨流图书公司，2009.

[112] 林嘉诚. 社会运动与社会变迁 [M]. 台北：黎明文化事业公司，1992.

[113] 王金寿，等. 社会运动的年代 [M]. 台北：群学，2011.

[114] 刘重义. 网际时代的台湾民族运动 2.0[M]. 台北：前卫出版，2013.

[115] 张莉. 台湾"公民投票"考论 [M]. 北京：九州出版社，2007.

[116] 林冈. 台湾地区政党政治研究：以社会分歧与选举制度为分析视角 [M].

北京：中国社会科学出版社，2014.

[117] 黄代珩 . 论社会转型从台湾民间社会向公民社会转化 [M]. 北京：五洲传播出版社，2013.

[118] 唐桦 . 文化研究视域下的台湾社会：音乐、电影及其他 [M]. 厦门：厦门大学出版社，2015.

[119] 彭维学 . "台独"的社会基础 [M]. 北京：九州出版社，2008.

[120] 阎立峰 . 思考中国电视：文本、机构和受众 [M]. 西安：陕西人民教育出版社，2009.

[121] 郭庆光 . 传播学教程 [M]. 北京：中国人民大学出版社，2011.

[122] 黄汇 . 版权法上的公共领域研究 [M]. 北京：法律出版社，2014.

[123] 江南 . 蒋经国传 [M]. 北京：中国友谊出版公司，1984.

[124] 何海兵 . 台湾六十年 [M]. 上海：上海人民出版社，2009.

[125] 许清茂 . 海峡两岸文化与传播研究 [M]. 厦门：厦门大学出版社，2005.

[126] 茅家琦 . 台湾 30 年 [M]. 郑州：河南人民出版社，1988.

[127] 陈振明，陈炳辉 . 政治学：概念、理论和方法 [M]. 北京：中国社会科学出版社，1999.

[128] 中国时报编辑委员会 . 中国时报五十年 [M]. 台北：中国时报社，2000.

[129] 李立 . 民进党浮沉内幕 [M]. 北京：华文出版社，2012.

[130] 季忠 . 社会辩证法研究 [M]. 长春：东北师范大学出版社，2015 年 .

[131] 张彦华 . 台湾大众传媒与政党政治关系衍变研究 [M]. 北京：九州出版社，2017.

[132] 陈扬明，陈飞宝，吴永长 . 台湾新闻事业史 [M]. 北京：中国财政经济出版社，2002.

[133] 杨志良 . 台湾大崩坏：挑战没有希望的未来 [M]. 台北：天下远见，2012.

[134] 俞可平 . 权利政治与公益政治——当代西方政治哲学评析 [M]. 北京：社会科学文献出版社，2000.

[135] 郭中军 . 台湾地区民主转型中的民粹主义：1987—2008[M]. 上海：学林出版社，2014.

[136] 周阳山 . "自由宪政"与民主转型 [M]. 台北：东大图书股份有限公司，

1993.

[137] 许介鳞.李登辉与台湾政治 [M].北京：社会科学文献出版社，2002.

[138] 黄光国.民粹亡台论 [M].北京：中国友谊出版公司，1995.

[139] 张文生，王茹.民进党选举策略研究 [M].北京：九州出版社，2004.

[140] 江宜桦.自由民主的道路 [M].北京：新星出版社，2006:47.

[141] 苏蘅.竞争时代的报纸，理论与实务 [M].台北：时英出版社，2002.

[142] 潘家庆.媒介理论与现实 [M].台北：天下文化出版有限公司，1991.

[143] 张巨岩.权力的声音——美国的媒体和战争 [M].北京:生活·读书·新知三联书店，2004.

[144] 黎贤钛.企业管理者的跨越 [M].杭州：浙江大学出版社，2007.

[145] 中共中央宣传部全国宣传干部培训中心 中共中央宣传部新闻局编.新闻宣传和新闻改革——新闻研讨报告集 [C].青岛：青岛出版社，1989.

[146] 黄清龙.新媒体时代传统媒体如何突围？ [A].复旦大学.2017 年传播与社会发展海峡暨港澳学术论坛论文集 [C].上海：复旦大学，2017.

[147] 郭正亮.民进党转型之痛 [M].台北：天下远见出版股份有限公司，1998.

期刊文献：

[1] 李良荣，徐晓东.互联网与民粹主义流行 [J].现代传播，2012，（05）.

[2] 罗士俐.外部性理论的困境及其出路 [J].当代经济研究，2009，(10).

[3] 沈满洪，何灵巧.外部性的分类及外部性理论的演化 [J].浙江大学学报（人文社会科学版），2002，(01).

[4] 余仕麟.新旧福利经济学的价值观差异［J］西南民族大学学报（人文社科版），2004，(6).

[5] 南方朔，韩福东.南方朔：台湾报禁解除前后 [J].时代教育（先锋国家历史），2008，（08）.

[6] 李京.台湾政治转型中蒋经国的民主思想与改革抉择 [J].宁波大学学报（人文科学版），2013，（01）.

[7] 周建仁.同盟理论与美国"重返亚太"同盟战略应对 [J].当代亚太，2015，（08）.

[8] 刘燕南.台湾报坛将进入"后三国时代"?——从《自由时报》的窜升谈起 [J].台湾研究集刊，1996，(02).

[9] 张景全，刘丽莉.成本与困境：同盟理论的新探索 [J].东北亚论坛，

2016，（02）.

[10] 曾明财 . 新闻界最寒冷的冬天 [J]. 目击者（双月刊），1999：09.

[11] 方原 . 中时财经记者三合一作业，联合优退优离二百余人走路 [J]. 目击者（双月刊），2001，（01）.

[12] 澄丽国际媒体研究小组 . 网路对传统媒体的影响 [J]. 广告杂志，2001，（07）.

[13]《电脑杂志》编辑部 . 互有涨跌的二〇〇〇年 [J]. 电脑杂志，2001，（07）.

[14] 陈志成，黄顺利 . 面临裁员，员工总是最后知道 [J]. 目击者（双月刊），2001，（08）.

[15] 徐蕴康 . 中时、联合两大报系的吸金大法 [J]. 商业周刊，2001，（04）.

[16] 潘正德 . 新经营模式 [J].《联合报系》月刊，2000：（10）.

[17] 杨丽君 . 王文彬:《联合报》系两年内缩 10% 员工 [J]. 商业周刊，2001，（05）.

[18] 田习如 . 台湾三大报"深层结构"大探索 [J]. 财讯，2000，（11）.

[19] 苏希亚 . 赤裸炒作新闻，乱象不输从前 [J]. 目击者（双月刊）.2000，（06）.

[20] 游淳惠 . 台湾新闻媒体发展剖析:从政府控制到资本家控制 [J]. 新闻界，2015，（05）.

[21] 林劲 . 现阶段台湾政治生态及其走向初析 [J]. 中国评论，2018，（08）.

[22] 吴江，顾智锦 . 中国公众的平等与特权观念调查报告 (2012)[J]. 人民论坛·学术前沿，2012，（11）.

[23] 许开轶 . 解析"台湾民主"的困境 [J]. 当代世界与社会主义，2009，(04).

[24] 姜添辉 . 台湾高等教育的发展与不均等问题 [J]. 清华大学教育研究，2009，（03）.

[25] 梁刚 . 微博公共领域的民粹主义倾向论析 [J]. 当代世界与社会主义，2014，（03）.

[26] 张彦化 . 威权统治时期台湾报业与政党关系衍变及相互规训（1949—1986）[J]. 福建师范大学学报（哲学社会科学版），2017，（01）.

[27] 张彦化 . 台湾大众传媒经济权力的扩张效应 [J]. 内蒙古大学学报（哲学

社会科学版），2014，（09）．

[28] 张彦化 . 大数据时代国内传媒产业的挑战与机遇 [J]. 现代传播（中国传媒大学学报），2013，（11）

[29] 张彦化 . 民粹主义思潮与影视传媒的文化担当 [J]. 学习与实践，2015，（01）．

[30] 张彦化 . 大众传媒市场失灵态势下政府结构化介入策略 [J]. 内蒙古社会科学（汉文版），2015，（03）．

[31] 谢晋洋，张彦化 . 国内 SNS 网站的差异化经营 [J]. 新闻爱好者，2009，（12）．

[32] 张彦化 . 政治传播与表演政治 [J]. 新闻研究导刊，2016，（08）．

[33] 张彦化，崔小燕 . 数字信息产品著作权资本的运作逻辑、效应及其治理——基于传播政治经济学的批判性视角 [J]. 编辑之友，2017，（12）．

[34] 张彦化 . 文化创意产业与信息传播科技结合新形态探析——基于经济学视角的思考 [J]. 内蒙古社会科学（汉文版），2013，（09）．

[35] 张彦化 . 网络出版物著作权侵权成因及对策分析——基于传播学的分析视角 [J]. 编辑之友，2014，（04）．

[36] 张彦化 . 风险社会中传媒协助治理群体性事件的思考 [J]. 宁夏大学学报（人文社会科学版），2013，（01）．

学位论文：

[1] 沈游振 . 台湾"基督长老教会"政治论述之分析 [D]. 台北：台湾大学，2010.

[2] 夏士芬 . 台湾七次"修宪"过程中的媒体角色（1991—2005）[D]. 台北：中国文化大学，2011.

[3] 刘洪涛 . 二十世纪拉丁美洲民粹主义研究 [D]. 上海交通大学，2009.

[4] 佟文娟 . 过程与分析：媒体与台湾政治民主化 [D]. 厦门：厦门大学新闻传播学院，2008.

报纸文献：

[1] 林敏霖：四年前退选李登辉要挟 [N]. 台湾日报，2001-11-01.

[2] 张鼎焕 . 亲民党：李像毒蜘蛛吃掉国民党 [N]. 民 众 日 报，2001-08-22.

[3] 亲民党批李是毒蜘蛛 [N]. 台湾日报，2001-08-22.

[4] 唐嘉邦 . 投桃报李 苏助林荣三参股台视 [N]. 中国时报，2013-06-21.

[5] 街头的民众 [N]. 中国时报，2004-12-06.

[6] 南方朔. 如果政治都变成了市场 [N]. 中国时报，2004-06-28.

[7] 陈康澄. 旺旺大股东抢购中时 [N]. 香港商报，2008-11-05.

[8] 魏国金. 火烧公车泄愤 拉 46 人陪死 [N]. 自由时报，2013-06-09.

[9] 鲁钢. 清大退休教授：全是选举骗局 [N]. 中国时报，2014-06-07.

[10] 富权. 蔡英文对"缩短最后一里路"不屑一顾 [N]. 新华澳报，2014-05-29.

[11] 林世英."政府"应该尽快稳定社会安定人心 [N]. 台湾时报，2014-05-03.

[12] 张振峰. 蓝：本届"绿委"占台 41 次 [N]. 台湾时报，2014-05-14.

[13] 顾佳欣，季志翔. 新党号召 五四走上街头爱国 [N]. 中国时报，2014-05-02.

[14] 普京选总统带旺俄楼市 [N]. 信息时报，2012-03-04.

[15] 陈晓星. 台湾选举：一场烧钱的游戏 [N]. 人民日报 (海外版)，2011-09-19.

[16] 陈由豪事件扁一再改口诚信破产 [N]. 联合报，2006-06-21.

[17] 汤雅雯. 台湾学生数学程度差距冠全球 [N]. 中国时报，2014-04-24.

电子文献：

[1] 张春英. 中国国民党与台湾政党政治 [OL]. http://news.ifeng.com/history/zhongguojindaishi/special/gmddh/detail_2012_10/08/18091749_0.shtml 2012-10-08.

[2] 王建民. 国民党下台内幕 [OL]. http://book.sina.com.cn/excerpt/sz/rw/2012-03-30/1555296865_2.shtml.

[3] 王建民. 王建民：蔡英文的治理理念只会加速台湾衰落 [OL]. 中国新闻网，2015-04-27.http://www.chinanews.com/tw/2015/04-27/7236233.shtml

[4] 邓允光. 民粹工具化让台湾边缘化 [OL]. 搜狐网，2017-09-30.https://www.sohu.com/a/195897680_100003674

[5] 政商两栖的红人——林荣三 [OL]. http://www.china.com.cn/chinese/TCC/haixia/19682.htm.

[6] 杨丽环宣布退出国民党 陈学圣面临挑战 [OL]. 凤凰网，2018-08-09.http://wemedia.ifeng.com/72968033/wemedia.shtml

[7] 朱炼. 涉桃园合宜住宅弊案 远雄集团董事长裁定 500 万交保 [OL].http://news.china.com.cn/live/2014-05/31/content_26917880.htm,2014-05-31.

[8] 龚学鸣. 远离真相 壹传媒做假新闻罄竹难书 [OL].

http://news.takungpao.com/hkol/topnews/2014-01/2171581.html，2014-01-12.

[9] 唐筱恬、王正宁. 王金平火了 发飙 10 分钟 [OL]，

http://www.chinatimes.com/newspapers/20140419000309-260102，2014-04-19.

[10] 台湾选举经费透视 [OL]. http://www.huaxia.com/sp/rbtj/2009/02/1324378.

html，2009-02-19.

[11] 徐和谦. 旺旺董事长收购中国时报集团 [OL]. http://www.caijing.com.

cn/2008-11-05/110026332.html，2008-11-05.

二、英文部分

专著：

[1] Brian Mcnair.*An Introduction to Political Communication*[M].New
York:Routledge,2011.

[2] LL Kaid，DD Nimmo，KR Sanders.*New Perspective on Political
Advertising*[M], Carbondale,Southern Illinois University Press,1986.

[3] McNair,Brian.*Cultural chaos: journalism, news, and power in a
globalised*[M].New York:Routledge,2006.

[4] George Putnam.*Books and Their Makers During the Middle Ages*[M].New
York:Hillary House,1962.

[5] Erik Allardt and Stein Rokkan,eds.*Mass politics:Studies in political sociology*
[M]. New York:Free Press,1970.

[6] Michael Mandelbaum.*The Nuclear Revolution：International Politics before
and after Hiroshima*［M］.Landon：Cambridge University Press，1981.

[7] Curran and M.Gurevitch(eds).*Mass media and society*[M]. London: Arnold,
1991.

[8] McChesney，*R. Rich media, poor democracy: Communication politics in
dubious times*[M].New York: New Press,1999.

[9] J.H.Altschulll. Agents of power: *The role of the news media in human
affairs*[M] .New York:Longman, 1984.

[10] Franklin，B. *Newszak and news media*[M].London :Arnold,1997.

[11] Jackson, P. Stevenson, N. and Brooks, K. *Making sense of men's*

magazines[M].Cambridge: Polity Press,2001.

[12] Betting, Ronald V.,& Hall, Jeanne L.*Big media, big money*[M]. Lanham:Rowman and Little field Publishers,Inc., 2002.

[13] Jeff and Marie Blyskal,PR.*How the public relations industry writes the news*[M].New York:William Morrow&co.,1985.

[14] Gans,H.J. *Deciding what's news*[M]. New York: Panteon,1979.

[15] Sigal.L.V.*Reporters and officials: The organization and politics of news making*[M].Lexington,Ma: Heath,1973.

[16] Herman, E.S. & Chomsky,N. *Manufacturing consent: The political economy of the mass media*[M].New York:Pantheon Books,1988.

[17] Herbert I. Schiller.*Communication and cultural domination* [M].New York: Pantheon Books,1976.

[18] Walter Lippman.*Public opinion*[M].New York:Free Press,1965.

[19] Pnian Lahav,ed.*Law in modern democracies*[M].New York:Longman,1985.

[20] Linz.*Transitions to Democracy*[J].The Washington Quarterly,1990,(3).

[21] Wu,Jaushieh Joseph. *Taiwan's Democratization: Forces Behind the New Momentum*[M].Hong Kong:Oxford University Press, 1995.

[22] Dafydd Fell.*Party Politics in Taiwan:Party change and the democratic evolution of Taiwan 1991-2004*[M].New York:Rutledge,2005.

[23] Moody,Peter R.,Jr.*Political Opposition in Post-Confucian Society*[M].,New York and other cities:Praeger,1988.

[24] Lucian W. Pye. *The spirit of Chinese politics : a psychocultural study of authority crisis in political development*[M]. 胡祖庆译 . 台北：台湾风云论坛出版社，1992.

[25] Winckler,Edwin A.Susan Greenhalgh.*Contending Approaches to the Political Economy of Taiwan*[M].Armomk,NY and London:M.E.Sharpe,Inc.,1988.

[26] Tien,Hung-mao.*The Great Transition:Political and Social Change in the Republic of China*[M].,Stanford:Hoover Institution Press,1989.

[27] Gold,Thomas B.*State and Society in the Taiwan Miracle*[M].Armonk,NY and London:M.E.Sharpe,Inc.,1986

[28] Lee,Wei-chin,and Te-yu Wang eds.*Sayonara to the Lee Teng-hui*

Era:Politics in Taiwan,1988-2000[]M.Lanham,Md.:University Press of America,2003.

[29] Ting,Lee-hsia Hsu.*Government Control of the Press in Modern China (1900-1949)*[M].,Cambridge:Harvard University Press,1974.

[30] DK Berman.*Words like colored glass : the role of the press in Taiwan's democratization process*[M].Colordo:Westview Press Inc,1992.

[31] Lucian W. Pye. *Communications and political development*[J].The Canadian Journal of Economicsand Political Science,1964,(08).

[32] Harry Levins. *Scholar seeks to lessen grip over first amendment*[N]. St. Louis Post-Dispatch, 1997-01-11.